钱稻孙的《万叶集》翻译研究

孙伏辰 著

西安交通大学出版社
XI'AN JIAOTONG UNIVERSITY PRESS
国家一级出版社
全国百佳图书出版单位

图书在版编目(CIP)数据

钱稻孙的《万叶集》翻译研究 / 孙伏辰著．—西安：
西安交通大学出版社，2021.10
ISBN 978-7-5693-0359-9

Ⅰ．①钱… Ⅱ．①孙… Ⅲ．①钱稻孙-翻译理论-
研究 ②和歌-翻译-研究-日本 Ⅳ．①H365.9②I313.072

中国版本图书馆 CIP 数据核字(2021)第 141944 号

钱稻孙的《万叶集》翻译研究
QIANDAOSUN DE《WANYEJI》FANYI YANJIU
著　　者　孙伏辰
责任编辑　李　蕊
责任校对　刘志巧

出版发行　西安交通大学出版社
（西安市兴庆南路 1 号　邮政编码 710048）
网　　址　http：//www.xjtupress.com
电　　话　(029)82668357　82667874(市场营销中心)
(029)82668315(总编办)
传　　真　(029)82668280
印　　刷　西安五星印刷有限公司

开　　本　710 mm×1000 mm　1/16　**印张**　14.5　**字数**　284 千字
版次印次　2021 年 10 月第 1 版　2022 年 3 月第 1 次印刷
书　　号　ISBN 978-7-5693-0359-9
定　　价　78.00 元

如发现印装质量问题，请与本社市场营销中心联系调换。
订购热线：(029)82665248　(029)82665249
投稿热线：(029)82668531　(029)82665371

可喜的成果与今后的期冀

孙伏辰著《钱稻孙〈万叶集〉翻译研究》序

孙伏辰博士的学术专著即将出版，可喜可贺。

2014年，西安交大外国语学院成立了“语言文化系统学”交叉学科博士点。孙伏辰成为首批考入的博士生，将钱稻孙《万叶集》翻译作为研究方向。凭着积极上进的拼劲和敏捷的办事能力，用四年时间完成了学业，期间还到北京调查了钱稻孙发表译文的民国杂志，发掘了第一手资料。孙伏辰不仅是我带的首位博士生，也是交大外国语学院该学科博士点成立以来的首位博士学位获得者。榜样的力量是无穷的，她的毕业无疑给学院其他攻读学位的人带来很大的动力。这部以其博士论文为基础的专著的出版，也会给我国从事中日古典文学比较研究的青年学者起到一定的激励作用。

钱稻孙的《万叶集》翻译可谓日本诗歌汉译中的精品，无论是文字表达还是其对翻译精益求精的执着精神，都值得我国当下的日本诗歌译者学习借鉴。学界以往关于钱稻孙的《万叶集》翻译只有零星、概略的论述，本书是首部相对系统、深入的专著。

本书内容可分为三部分：第一、二、三章厘清翻译的外围问题，综述先行研究，调查钱译在不同时期的文本形态，探明了钱稻孙所参照的《万叶集》注释本；第四、五、六章属于翻译的本体论部分，就译文的文体、修辞特点，所受《诗经》的影响以及枕词翻译等问题作了专论；第七、八章为综述部分，将钱译与同时期及后来的译文作比，并阐述钱稻孙的翻译思想问题。其中，本体论部分的难度最大，有些博士论文中阐述的内容并未收入本书，有待今后发表。

我对孙伏辰博士的建议是，熟读甚至背诵《万叶集》中的经典和歌以及钱稻孙的经典佳译，做到能脱口而出、如数家珍的程度，这样便于对和歌原文及译文建立更为深刻的理解，对钱稻孙的翻译之妙获得全面的体会。这种基于出声诵读的传统治学方式，恰恰是当下学界整体所欠缺的。目前唯论文评价的学术机制单一，社会风气浮躁，研究者往往忽略了对文本的深读细读。

做学问是长期的过程，厚积才能薄发，博士学业的完成是开始而不是结束。本书的出版是孙伏辰对于钱稻孙《万叶集》翻译研究的阶段性总结，预祝其今后再接再厉，取得新的成果。

金　中

2020 年 11 月 30 日

于西安交大青教公寓

目 录

Contents

第一章　绪　论

钱稻孙(1887—1966)是我国的翻译家、教育家，涉猎文学、音乐、戏剧、美术、医学等诸多领域，精通日语、意大利语、法语、德语，译有《神曲一脔》《造型美术》《汉译万叶集选》《近松门左卫门井原西鹤选集》《罗生门》《中医治疗经验》《东亚乐器考》等书。钱稻孙出生于吴兴钱氏家族，幼年时期随祖父钱振常学习过儒家经典。他自幼便跟随父亲钱恂赴日，在日本完成了小学至高中阶段的教育。此后，他又随家人游学欧洲。1910 年回到中国之后，钱稻孙曾与鲁迅共事，交往密切。1927 年起，他先后在清华大学、北京大学等校任教。1949 年中华人民共和国成立以后，钱稻孙一直从事教学及翻译工作，直至 1956 年退休。

第一节　研究目的及意义

一、研究目的

本书以钱稻孙的《万叶集》中译文为研究对象，经历了从初步意向到细致深化的研究过程。笔者在梳理和歌翻译研究史的过程中搜集到了最早的一部《万叶集》中译本——《汉译万叶集选》，其译者正是钱稻孙。无论是从《万叶集》在日本文学史上的地位，还是从《汉译万叶集选》在中国翻译文学史上的地位来看，对钱稻孙《万叶集》中译本的研究在和歌翻译史以及和歌翻译研究史上都是无法绕开的课题。笔者在进一步整理万叶和歌翻译研究文献的工作中发现，与钱稻孙相关的研究成果很少，而且已有研究在研究对象、研究内容以及研究方法上或多或少地存在一些问题，尤其缺乏对钱稻孙翻译思想的详实考察和深入分析，结论难免以偏概全、有失公正。因此，为全面考察钱稻孙翻译万叶和歌的经过，客观公正地进行译本批评，必须利用科学有效的研究方法深入译本内部从而揭示译者的翻译思想。

钱稻孙在《万叶集》的翻译事业上倾注了大量的心血，他的翻译成果不仅仅是以译本这一种形式呈现，还包括发表于民国期刊上的和歌译文。因此，若要对钱稻孙的《万叶集》翻译进行全面地研究，这些译文、译本均应纳入研究考察的范围。为从历史上纵观译者的翻译过程并深入挖掘其翻译思想的根源，需要全面搜集相关资料和统计整理数据。然而，展开这项研究工作并非易事。自20世纪30至60年代，钱稻孙断断续续地进行万叶和歌的翻译工作，他所参考的《万叶集》注释本和相关研究著作、甚至译稿，有一部分已在20世纪40年代中期被国民党毁掉。因此，如何最大程度地搜集相关资料成为本研究首要解决的难题之一。另一方面，已有研究尚未明确译者翻译当时所参考的《万叶集》文本及相关研究文献。由于《万叶集》在流传过程中产生过诸多版本和注释本[①]，不同注释本对于同一首和歌可能有不同的释义，译者参考的注释不同也可能会导致译文间的差异。然而钱稻孙的译本并未收录原文及训读文，甚至也未罗列出翻译所参考的注释本，这对译本的研究工作造成很大的困难。

为解决上述问题，笔者先后赴国内外10余所图书馆，并利用大成老旧刊全文数据库、全国报刊索引等数据库尽可能全面地搜集资料。首先，搜集钱稻孙的《万叶集》译文及译本。据调查，邹双双在介绍钱稻孙一书《「文化漢奸」と呼ばれた男》(2014) 的附录部分罗列出《北平近代科学图书馆馆刊》(以下简称《馆刊》)《书滲》《中和月刊》《惟神道》《北大文学》《中国留日同学会季刊》《日本研究》《东西》《译文》等9种参考的期刊杂志，除此之外笔者又搜集到《中国文学》和《中华周报》这2种刊物。综合起来，钱稻孙万叶和歌的译文散见于这11种民国时期的杂志。另外还有《日本诗歌选》(1941)、《樱花国歌话》(1943)、《汉译万叶集选》(1959)、《万叶集精选》(1992)、《万叶集精选(增订本)》(2012)这5部，收录了钱稻孙对万叶和歌的译著。其次，对钱稻孙参考的《万叶集》文本及相关研究文献进行搜集。最后，搜集涉及钱稻孙的思想言论和翻译活动的史料，揭示译者的翻译思想。

在搜集上述资料的过程中，笔者发现对于同一首和歌，钱稻孙最多给出了7种译文。他的译文形式灵活，兼顾原文词语的发音与意义，重视原文的修辞手法，译文注释恰当适度。当然，任何译文都不可能完美。笔者从最初的认识到研究细化的过程中，努力挖掘的是钱稻孙译本中值得后人借鉴的经验，并进一步反思当代译者所缺失的地方以及日本诗歌翻译实践和翻译研究中的现实问题，以此来抛砖引玉，提供参考，期望未来有更多优秀的译者翻

①《万叶集》古写本、版本、校本和定本从平安中期的『桂本』至佐佐木信纲等编『定本万葉集』(1948)主要有28种；现存《万叶集》注释本从仙觉著『万葉集注釈』(1269)至阿苏瑞枝著『万葉集全歌講義』(2006)主要有32种。

译出优秀的译本，更好地服务读者、服务社会。

二、研究意义

正如邱魏[1]23所说：“钱稻孙的研究还有很多路需要走。”对钱稻孙的翻译手法及翻译思想的研究应该广泛结合其他学科，多角度、多方面、多方法地探索翻译的规律、内容、目的等。笔者通过调研发现，有关钱稻孙的《万叶集》翻译研究仍以个案分析为主要方法，以形式探讨为主要研究内容，研究结论难免以偏概全、有失公正。具体问题表现在以下四个方面：

(1)研究资料不足，研究成果零星分散，研究过程未成体系。(这里所说的研究资料包括涉及钱稻孙翻译思想、翻译过程的文献，如信笺、日记、回忆录、散文、论文、著作等；钱稻孙在翻译过程中所参考的文本及相关文献；钱稻孙在期刊杂志上发表的万叶和歌简介、译文，以及先后出版的与《万叶集》相关的译本等。)首先，目前的研究局限于个别译文和个别译本，尚未清晰完整地梳理出译者的整体翻译思路，对于译本和译者的评价过于主观、片面。其次，已有研究着重分析译文的形式和语言，而忽略了对歌体、修辞等问题的探讨。最后，已有研究并未揭示出译者翻译思想形成的原因。

(2)译本中的遗留问题仍未得以解决。已有研究虽指出译本存在缺少原文、缺少对所参考注释本的说明等问题，然而这些问题并未得以深入探讨和解决，因而给未来的译本研究带来困难。

(3)缺乏翻译思想层面的研究成果。如何使钱稻孙译本研究跳出单纯语言研究的框架，上升到翻译思想的层面，解决为何译、怎么译的问题，需要适用于日本诗歌翻译研究的理论作为支撑。已有研究提及钱稻孙深厚的古文功底源自幼年时期的家庭教育，他重视翻译中的“信”，尽力再现原文的形与神。然而这些观点始终未能跳出语言层面，缺乏对译者如何践行中国传统翻译思想的系统分析。

(4)从研究方法上看，因缺乏对译本进行定量分析而导致研究结论主观化。目前针对钱稻孙译本的批评，主要以少量译文为对象，采取个案研究的方法。比如，钱稻孙对《诗经》有所借鉴，这一观点在学界已成定论。那么他为何借鉴、怎样借鉴等一系列应进一步解决的问题却未展开讨论。

笔者认为要解决以上四点问题，必须打开研究思路，拓展研究范围，采取科学有效的研究方法进行全面系统地考察。因此，本书的学术意义在于全面梳理钱稻孙翻译《万叶集》的经纬，在统计数据的支撑下分析译者翻译手法上的特点，进一步揭示译者的翻译思想。

李文俊[2]指出，为使中国的文学翻译水平再提高一个层次，应着重指出译者的成功经验，客观全面，且较为深入细致地对译品的可改进之处进行分析。因此翻译批评应以“实事求是、与人为善、严谨”[3]为原则。三国支谦[4]在《法句经序》中提到“其传经者，当令易晓，勿失厥义，是则为善。”鸠摩罗什[5]论及佛经翻译时说：“天竺国俗，甚重文藻。其宫商体韵，以入弦为善。”马建忠也提出[6]“善译”的看法为：“夫而后能使阅者所得之益，与观原文无异，是则为善用也已。”这说明自古翻译大家们主张的“善”即为“信”或“忠实”，一方面忠实原文，一方面忠实读者，使读者受益。因此，中国传统译论要求译者兼顾对原文和译文的“信”。“善”不仅对翻译活动，对翻译批评也同样起着指导作用，也就是说翻译批评要肯定译者的贡献及译本的有益之处。本书的社会价值在于挖掘钱稻孙翻译思想中值得借鉴的部分，促进未来有更多译者翻译出能够真正服务社会、服务读者优秀译本。

第二节　国内外研究文献综述

20世纪40年代初国内外学界开始关注钱稻孙翻译的《万叶集》，笔者从宏观性评价和学术研究这两个层面对迄今为止已有的研究进行了整理。

一、对钱稻孙《万叶集》翻译的宏观评价

我国国内主要从译文形式和译者翻译态度两方面评价钱稻孙的翻译成就。20世纪50年代，楼适夷[7]对钱稻孙以文言体翻译《万叶集》的做法提出以下意见和建议。

銭先生の昔の翻訳（旧体詩）は非常に古雅典麗であるが、よりさまざまな読者のことを配慮して、そしてより一層自由に原詩の風格を伝達することができることを考え、やはり口語体または卑近な文言で訳したほうがより適切だ（そうしないと、訳文まで注解をつけなければならない）、と考えを改めた。律格もより自由になっても構わない。一つの形式に固執しなくてもよい。[7] 139

楼适夷指出钱稻孙以旧体诗的形式翻译和歌，虽古雅典丽，但考虑译文要面向一般大众，同时也能相对自由地传达原诗的风格，还是用口语体或者浅显的文言文来翻译更合适。这与格律诗相比，表达更为自由，也无需不拘泥于一种形式。可见，从读者类型、接受程度和对表达的自由度上看，楼适

夷并不赞同以格律诗的形式翻译和歌，他主张形式和格律自由。

1979 年李芒[8]针对和歌的翻译问题(主要围绕《万叶集》的汉译)，简明扼要地概括出钱稻孙采取的两种翻译手法：其一是借鉴《诗经》的形式和语言，其二是以五言或七言四句来翻译万叶和歌。

> 已故钱稻孙先生曾于一九五六年在日本出版过一本《汉译万叶集》，共选译了长短歌三百首。据我看，他无论在正确理解和表达原歌的内容，还是在译歌的形式，如遣词造句等方面，都达到了相当高的水平，值得效法之处不少。只是有一个问题，还需要商榷。就是他的大部分译歌，都用的是《诗经》笔法，文字过于古奥，一般读者很难读懂。它同《万叶集》原歌的古文相比，似乎有一定的距离。也就是说，原歌并不象译歌那么难懂。这种译法不利于让更多的中国读者了解《万叶集》，恐怕是不可取的。然而，钱译这本书依然是百花中的玫瑰，应该予以珍视；一则可作后来译者的重要借鉴，二则可供少数水平高的人们阅读欣赏。[8]38

李芒对钱稻孙的翻译手法从正负两方面给出评价。李芒认为钱稻孙在解读和表达原文以及译文的形式和用词上都具有相当高的水平，因此其译本应得以珍视。另一方面，李芒指出钱稻孙借鉴《诗经》的笔法，语言古奥，少数水平高的读者能够阅读欣赏，然而一般水平的读者很难读懂。李芒自身作为日语语言研究方面的学者，通过原文与译文的对比，发现直接阅读原文反而更容易理解。这一评价与上述楼适夷的观点接近，他们都能够客观地评价钱稻孙的译文，肯定译者翻译水平的同时指出问题，始终站在翻译文学应服务大众的立场上进行翻译批评。

李芒接下来讨论[8]38-39以五言或七言四句翻译《万叶集》的做法时说："以短歌而论，一首三十一音所包括的内容有多有少，句法多种多样，为此，似应从原歌的内容和句法出发，采取相应的译法而不宜在形式上强求统一。"李芒以 8 首古今和歌名作为例，阐明和歌翻译宜用唐诗宋词的形式和语言，既能避免译文古奥难懂，又能再现和歌的特点。因此，他主张立足原文内容和句法，使用四言、五言、七言、长短句等非定型译法。

1991 年文洁若[9]在《我所知道的钱稻孙》一文中提到，她 1962 年至 1965 年间作为人民文学出版社的编辑被派去向钱稻孙学习日本古典文学，与钱稻孙有过一段师生之谊。在这篇文章中，文洁若详细记述了钱稻孙在此四年间的工作和生活状况，以及对自己的指导和帮助。该文中有如下几处提及钱稻孙的翻译贡献、翻译态度和翻译风格。

> 于是只好请钱先生先放下已翻译了五卷的《源氏物语》，改译近松的作品和江户时代著名小说家井原西鹤的选集。同时，钱先生还在补译《万叶集选》……[9]55-56
>
> ……《近松门左卫门·井原西鹤选集》，而且这两部作品难度之大，绝不下于《源氏物语》。钱稻孙的译文填补了我国对江户时代文学翻译介绍的空白，而且这是无人所能代替的。[9]56-57
>
> 周作人译书，从来不打底稿，总是考虑成熟后，用毛笔一挥而就。钱稻孙则是用钢笔写蝇头小楷，一遍遍地修改。[9]59-60
>
> 除了钱稻孙，很难设想还有第二个人能把这么一部艰深的学术著作译得如此通俗易懂，而且文字优美。他花了整整一年的时间，跑了上百趟图书馆，查阅了大量有关参考书，真是做到了废寝忘食的地步。[9]61
>
> 钱稻孙先生生前所改译的《万叶集选》和他后来补译的其他万叶和歌，计划由中国友谊出版公司作为单行本出版……[9]62

文洁若记录了钱稻孙的翻译过程，可见其对《万叶集》翻译事业的执着。上述第二段中虽未涉及万叶和歌的翻译，但提到钱稻孙翻译的江户文学为中国的日本文学翻译作出了很大贡献。事实上，1959 年在日本出版的钱译《汉译万叶集选》是第一部《万叶集》中译本，这部译本填补了中国的日本翻译文学上的空白。钱稻孙所翻译的作品是学界公认的难译之作，只有抱有强烈的使命感才能担此重任。第三段和第四段中再次提到译者废寝忘食、不辞辛苦，也证明了钱稻孙在做学问方面的态度。第五段中文洁若提到的《万叶集选》是 1959 年由日本学术振兴会出版的《汉译万叶集选》，所谓“改译”即是修改 1959 年前发表在民国期刊上的译文。而“补译”的目的无疑是译者希望给中国读者呈现出《万叶集》的全译本。终于 1992 年由文洁若编辑的钱译《万叶集精选》在我国得以正式出版。

2006 年文洁若[10]在《〈源氏物语〉与钱稻孙》一文中谈到：“当初他译的《源氏物语》，根据的是岩波书店出版的《日本古典文学大系 14》，岸德平校注的版本。……他告诉我，书架上那些书大部分是岩波书店老板岩波雄二郎无偿地赠送给他的”。这段回忆对考察钱稻孙参考的《万叶集》注释本提供了重要的线索。

2004 年伊广谦[11]以纠正《中国医籍大辞典》中误将译者“钱稻孙”写成“钱

稻孙节”(实为“钱稻孙节选”之意，此处为该书误写)为契机，在文章中简单介绍了钱稻孙的出身、留学经历、工作经历等，并在该文第四段中提到钱稻孙的翻译成就。

> 钱稻孙在学术上的成就，在翻译事业方面比较突出。……他译出了《万叶集选》，受到中日学界的一致好评。所译《东亚乐器考》，难度甚大，而钱译之精妙，被认为不可思议。所译近松门左卫门、井原西鹤的作品，是公认的艰深难译的日本古典名著，钱稻孙译文被认为“化俗为雅，俗中有雅”的风格，不禁令人联想到我国的元杂剧、明清传奇。我曾读过钱的译本，深有同感。[11]60

伊广谦指出，钱稻孙翻译的日本古典文学作品都是学界公认的难译之作，其译文十分精妙。上述文字中透露出来三个信息：一是赞扬钱稻孙勇于挑战古典难译作品；二是钱稻孙的《万叶集》译本是中日学界公认的佳译；三是钱稻孙在翻译日本古典文学上追求“雅”。上文中所谓“化俗为雅，俗中有雅”即在翻译通俗作品时也能兼顾文采，善于利用中国经典文学的创作手法使日本古典名著的“雅”不至于丧失。

曾维德[12]1-5在2012年出版的《万叶集精选(增订本)》中宏观地介绍了钱稻孙的翻译风格，最后以“撷择精到，注释详备，信达雅正”这12个字作为评价的结论。他从四个方面总结出钱稻孙翻译手法的特点：第一，译文文体形式多样。译者的目的是“仿葩经而译，非随意为之。和歌草创时，五七调尚未定型，颂唱的内容如《诗经》流露的先民淳朴之风。是故成歌时代较早的，多以诗经、楚辞之体译就；晚出的，则用五言、七言韵体。盖欲借我国诗歌形式的发展，从而体现和歌演进的脉络。”第二，循用真字，保留原文的文学意象。曾维德说：“钱稻孙绎译时，刻意保留日语习用的文学意象”，“特在翻译中循用真字，让读者多少能窥瞥得本来面目”。第三，保留和歌的传统修辞法。尤其是枕词，“钱氏仍尽可能地译出，勉力传达中日之于文化、文学上的异趣”。第四，严谨的翻译态度。曾维德提到“为求吃透原文，尽得风流神髓，钱氏一心欲广罗博摭各家注释考论、图册照片，藉以晓识书中谈到的种种名物建筑、习俗掌故。”以上评论为系统全面地展开钱稻孙的《万叶集》翻译研究指明了方向。

2014年刘宜庆[13]在《钱稻孙：文化汉奸载浮载沉》一文中梳理了钱稻孙的生平。全文主体部分有以下四项内容：钱稻孙与鲁迅共事教育部；钱氏译笔——文采斐然一大家；悲观和畏惧使钱稻孙主动附逆下水；书散人亡共沉浮。刘宜庆在对钱稻孙的悲惨结局深表遗憾的同时，从正面肯定了钱稻孙在翻译和教育方面的贡献。

> 钱稻孙在民国以一支译笔闻名，他是日本文学研究专家，是和周作人齐名的翻译家。钱稻孙能成为翻译家，得益于吴兴钱氏家族。[13]68
>
> 钱稻孙从事翻译，中西贯通，外语水平高，国学根基深厚。在翻译领域，他最大的贡献是对日本古典文学的翻译。钱稻孙有着深厚的日本语言和文学功底，对日本文化的深刻理解不在周作人之下。他译出了《万叶集选》，译稿全部用文言，或四言、五言、七言或杂言，受到中日学界的一致好评。[13]68
>
> 译文①虽然只有一帖，可贵之处是译者做出了多达五十处的注释。译者的用心和专致，可见一斑。[13]68-69

刘宜庆指出，钱稻孙从事翻译工作具备普通人不可比拟的条件，那就是来自书香世家的良好教育和丰富的留学经历。过硬的外语水平和文字功底是翻译工作者应具备基本条件，钱稻孙深厚的语言文字功底是其译本深受学界好评的原因。刘宜庆认为钱稻孙的译文形式灵活多样，注释丰富详尽。

总结起来，我国国内对于钱稻孙《万叶集》译文评论属于一种宏观的印象式批评，肯定钱稻孙语言文学功底深厚，对原文的理解准确到位，译文形式灵活多变、古雅具文采，译者翻译态度认真严谨，同时也指出其译文语言古奥不易被广大受众接受。

日本学界高度评价了第一部《万叶集》中译本——《汉译万叶集选》。1942年4月17日『東京朝日新聞（朝刊）』[7]上登载了一篇题为『中国へ響く「万葉の心」』的文章，其中对钱稻孙的翻译有以下评论：

> 中国におけるわが上代文学研究の第一人者としての氏が蘊蓄を傾けて訳出した和歌は巻一から十七までで、計約二百首、訳語の選択、韻律の正確さなど関係協力者②の絶賛を博する出来栄え、佐佐木博士の選になる

①这里的译文指的是《源氏物语》的译文，钱稻孙译出五帖，仅第一帖“桐壶”译文留存至今。

②这里所说的协力者是佐佐木信纲、东大名誉教授市村瓒次郎、庆大教授前川三郎和东大讲师桥本成文。

万葉秀歌三百首の完訳今年いっぱいには出来上る予定。[7] 103

「氏」指钱稻孙，「和歌」指《万叶集》。该文大力称赞钱稻孙是在中国从事日本上代文学研究的第一人，他倾力选译的万叶和歌从第一卷到第十七卷约200首，恰当的译语和准确的韵律博得了合作者极大的赞美。这段话中透露出三个信息：一是至1942年4月，钱稻孙已公开发表200首收录在第一卷至第十七卷中的万叶和歌。然而事实上，在1942年前的民国期刊上已经登载了钱稻孙发表的第十八卷至第二十卷的万叶和歌译文，说明该报道的统计并不全面。二是钱稻孙被誉为日本上代文学研究者。之所以有如此高的评价，笔者推测是因为译文详尽的讲解和注释，从中反映出译者广罗各家学说的严谨态度和学术水平。三是日本汉学大家佐佐木信纲之所以委托钱稻孙翻译《万叶集》，是根据钱稻孙已经公开发表的译文，从选译规模、译语选择、节奏韵律等方面综合考虑而决定的。

日本学者对钱稻孙《万叶集》翻译的评价主要集中在《汉译万叶集选》的后记部分。佐佐木信纲[14]185-188于1959年5月为此书撰写了《汉译万叶集选缘起》一文，该文主要说明了译本的出版经过：从委托钱稻孙翻译，再交由铃木虎雄博士修改，最后由吉川幸次郎负责校对。

新村出[14]在同年5月1日于洛北小山居为该书撰写了一篇《后语》，也谈到《万叶集》的出版过程，同时表达对参与人员的谢意。其中还提到两个重要信息：

英譯萬葉歌選の刊行されるころ、 相期せずして、 北京の銭稲孫氏が、 すでに漢譯萬葉歌選を、 一雑誌に発表されつつあったのを、 私は僚友鈴木虎雄博士に由って知り、 示されて其の賛辞と評語を聞いたことがあった。[14] 189

それには既に銭氏の佳譯の好適なるものが、 存するから、 それに多少の増修を煩はし、 適當に按配して、 速かに出版したいものだとの希望を切述されたのであった。[14] 190

上述第一段文字说明，钱稻孙早在1940年《英译万叶集选》出版前就已经公开发表了万叶和歌译文，并且得到铃木虎雄(后来作为《汉译万叶集选》的翻译参与人对钱稻孙的译文提出修改意见)的称赞。第二段文字转述的是佐佐木信纲的愿望。《英译万叶集选》出版之后，佐佐木信纲迫切希望尽快出版英语以外的译本，因得知钱稻孙发表的“佳译”，计划将这些“佳译”稍作增补和修改，故而委托钱稻孙承担翻译的重任。

在新村出这篇文章之后另附有一篇《跋》，这是当时负责《汉译万叶集选》校对工作的日本汉学家吉川幸次郎[14]于同年5月5日所撰写的。该文简单介绍了钱稻孙的家庭背景和留学经历，并对译者及其译本给以高度评价。

> 先生は、このしごとをされるのに、最も適した方である。というよりも、先生をのぞいては、この仕事をなし得る人はなかったであろう。[14] 196
>
> この翻譯が、中国の詩としても美しい限りであるのは、先生の手に成ればこそである。[14] 197

吉川幸次郎认为除钱稻孙外，无人能胜任《万叶集》翻译工作。他赞扬钱稻孙的译文即使看作中国的诗歌也是最美的，译者深厚的古典文学功底与其良好的成长环境密不可分。

以上国内外对钱稻孙的翻译态度和翻译手法的评价过于宏观，缺乏对译者翻译过程的梳理与分析，缺乏对译本深入详实的考察。楼适夷和李芒给出的正负两方面评价启示今后的日本文学翻译研究需要拓展研究对象，深入译本内部细化研究过程，挖掘译者的翻译思想。

二、对钱稻孙《万叶集》翻译的学术研究

笔者在这一小节中按已有研究成果发表的时间顺序和各研究结论之间的联系进行梳理。1960年伊藤博[15]发表了一篇《汉译万叶集选》的书评，正式深入译文内部从学术层面评价钱稻孙的译本。伊藤博在简单介绍该译本的选译情况和出版经纬之后，也提到钱稻孙的家庭背景。

> まことに中国、日本、西洋の三つの教養をかねそなえた銭氏こそは、漢譯萬葉の最適任者といえよう。本書はそうした尊い教養と誠實との結晶であって、かりそめには開けない。[15] 52

伊藤博认为，钱稻孙自小接受的良好家庭教育使他具备中国、日本和西方三种教养，是翻译万叶集的最佳人选。他的这部译本便是高贵教养与诚实的结晶。

伊藤博认为[15]53钱稻孙倾向于逐词逐句翻译，这是一种几乎与原文对译的手法。在译文的形式特点上，伊藤博指出[15]54-55钱稻孙对于特别古朴的诗

歌(如第 1 号)以"兮字调"的古体诗译出，其目的是为了表现原诗古朴的格调与口传文学的特点。比第 1 号时代晚一些的诗歌(如第 2 号)以「四言」的古体诗译出，晚于柿本人麻吕创作的长歌，多译为五言排律诗。伊藤博这篇书评的学术意义在于他指出了《汉译万叶集选》存在的四点问题。第一，个别和歌译文偏离原文(如第 131 号)。第二，第十三卷实际选译长歌 22 首，解说部分误写为 23 首。第三，在译本收录的 311 首万叶和歌中，由译者钱稻孙本人亲自挑选的仅 20 余首，其余均为委托人佐佐木信纲所选。然而译本中并未标明哪些和歌为译者本人所选，故而无法考查选译目的。第四，译本中仅收录译文而缺少原文，甚至译者所使用的《万叶集》注释本也未注明，这给后来的译本研究造成困难。伊藤博客观真实地反映了译本存在的问题，可见已有译本有待进一步修订和完善。

松冈香在 1989 年和 1990 年连续发表了两篇研究钱稻孙的万叶和歌译文的学术论文。她在 1989 年的论文中指出[16]2-5，周作人主张意译，追求正确传递原诗的内容，而钱稻孙更重视音律。钱氏重视诗歌的气氛，他认为翻译传递出的不仅是原诗的大意，还有原诗作为韵文的特点，他将万叶原诗解体之后，再重组为中国诗经形式。这样的翻译手法虽不能完全与原诗"等值"，却在某种程度上传递出原诗的风貌，尤其是钱稻孙对枕词的翻译凸显了枕词独有的魅力。松冈香通过对比《日本诗歌选》与《汉译万叶集选》中重复选译的 18 首和歌(分别为第 1、48、133、338－350、802、803 号)的译文，认为[16]10 无论是从语句排列、押韵的完成，还是从对原诗意境的再现上看，《汉译万叶集选》均优于《日本诗歌选》，更具中国古诗的完整形式。

1990 年松冈香收录进《汉译万叶集选》中的柿本人麻吕的 6 首和歌(分别为第 29、36、38、45、196、199 号)进行分析，发现[17]26-34 钱稻孙充分发挥枕词的隐喻功能，即使对于同一个枕词，也会在不同的意境之下给出不同的译文。钱稻孙在修辞方面善于使用拟人、对仗等手法使译文整齐有序。与此同时，松冈香也指出译文的三点不足之处。其一，译者有时忽略了原诗的余韵，导致译文仅停留在对景物的描写，而淹没了诗歌深层的情感。其二，有些译文过于直白，很难使读者体会到原诗的含蓄。其三，译者有时为追求押韵而不顾原文的修辞，以强烈的语调露骨地表达原诗的隐含意义，削弱了原诗的深奥妙趣。总之，松冈香认为钱稻孙将原文的意境通过中国古诗的形式表现出来，许多意蕴都能够完美地传达出来。然而另一方面，由于古诗受其形式的限制，难以使原诗的余韵和诗人的情感得到释放。

2006 年王文欢[18]在其硕士论文中较为全面地搜集了译者的翻译成果。王文欢将译者翻译手法上的特点归纳如下：一是注重对历史和考古研究成果的译介；二是注重中日文化在考古学、文献学、民俗学、宗教和艺术上交流沟通的具体表现；三是注重东方文化的整体性。王文欢从文化视角出发，认为译文形式灵活，民俗风情及历史文化方面的注释丰富，期待钱稻孙的翻译成就能够得到普遍认可和深入研究。

2007 年甄文康[19]基于李芒对《汉译万叶集选》的批评，在深入分析译文之后指出，钱稻孙译文更符合“信达雅”的标准，译者贯穿于翻译过程中的归化思想是建立在“文化对等”之上的，是对中国古典文化的继承和发扬。

吴卫峰[20]主要围绕钱稻孙的《万叶集》译文，探讨和歌翻译的形式问题。他在 2007 年发表的文章中，从异文化体验视角出发，指出[20]64-71钱稻孙的译文并不拘泥于诗经的风格，而是根据原文的内容和形式以不同的文体译出，这种以汉诗的形式翻译和歌的做法会湮没和歌本身的特点。

欧米の詩歌を古典漢詩に訳すことは、 中国にかぎらず、 日本の明治初期にも行われていたが、 日本では言文一致運動のあと、 中国では魯迅・周作人兄弟たちが始めた「白話運動」のあと、 段々と姿を消して行き、 舞台を原作品の言葉と形式を重視する口語訳に譲った。[20] 62

吴卫峰指出，日本在明治初期之前与中国的做法一样，也是以汉诗的形式翻译西方的诗歌。然而日本在言文一致运动之后，翻译更重视原文的语言和形式，倾向于口语体的形式。吴卫峰分析了《汉译万叶集选》中的 11 首和歌(分别为第 1、15、132、133、235、251、338、571、1456、1457、4245 号)，认为[20]68钱稻孙即使在白话文运动之后仍然坚持以诗经体、楚辞体、六朝五言和七言的古诗形式翻译日本和歌，这样的做法可能无法使译文读者从这些汉诗形式中体会到《万叶集》的艺术特征。吴卫峰通过对比钱稻孙、杨烈、李芒和赵乐甡的译文，认为除赵乐甡的译文是四言古诗调外，其余译本均为五言诗形式。

和歌の翻訳に当たって、 和語による歌という異文化の作品の言語的審美的特徴をいかに中国人の読者に伝え、和歌という異文化を体験してもらうというより、日中間に存する千年以上の文化的繋がりを維持することに重点を置いているように思われる。[20] 69

吴卫峰认为，和歌翻译汉诗化重在表现中日间的文化渊源，并非将和歌作为不同于中国文化的异文化作品来看待，因而难以表现其不同于汉诗的异趣，他主张和歌翻译不应模仿汉诗作为定型诗的形式，而应采取口语体来表现和歌的特质。

2010 年吴卫峰[21]从翻译口语化的角度出发再次探讨了钱稻孙的翻译手法。吴卫峰在该文中罗列出 1937 年至 1944 年间钱稻孙发表于《北平近代图书馆馆刊》《中国留日同学会季刊》《中和月刊》《日本研究》这四种刊物上的万叶和歌译文，指出[21]12钱稻孙的口语诗与吸收了西方语法、近代词汇的近代口语诗不同，是一种民谣风格，甚至还能够从中窥视到元明散曲的影子。吴卫峰同时强调，钱稻孙对歌谣、元明散曲等口语体译法的摸索从 1940 年开始贯彻其一生的翻译事业。

邱巍[1]在《吴兴钱家 近代学术文化家族的断裂与传承》(2009)一书中谈到有关钱稻孙的一些研究成果。全书除绪论和结语外分为七章内容，包括：钱氏家族的背景，钱振伦、钱振常和钱恂的生平、著述及思想，单士厘的生平、著述及留学经历，钱玄同的生平及思想，钱稻孙的生平、译著及其与日本文学的关系，钱三强的生平及科学事业。邱巍纠正并补充了钱稻孙生平的一些细节部分，主要集中在绪论第三部分第五小结和第六章。

> 文洁若的《我所知道的钱稻孙》在《读书》杂志上的发表，是这种回归的一个标志。此后学界对钱稻孙的认识于文洁若此文。[1]22
>
> 最新的则是王文欢的《钱稻孙对日本文化的译介书评》，此文是目前唯一一篇从正面估价钱稻孙的翻译工作的，其中对钱稻孙译著译文的整理，也是目前最为全面的收集。[1]23

邱巍在第六章专论钱稻孙的生平、学术和思想，第一节梳理其生平的一些细节，第二节罗列出钱稻孙的学术成果，并归纳出钱译的几个特点。第一，钱稻孙对每一个作品都会找到一种中国本土文体来传达意境，他所追求的不仅是文字间的“信”，还有风格上的“信”；第二，钱稻孙的译著之所以少而精，是因为他的翻译建立在深入研习原作的基础之上，他的作品与个人的精神心智相当契合，因而译作既有“形貌”，也不失“神韵”。另一方面，邱巍认为钱稻孙的骨子里对汉学传统有相当的认同，他的译著虽为后世难以超越的经典，然而在白话盛行的时代，古典化翻译很难被一般受众接受。邱巍的这部专著是对 2009 年之前的研究结论的补充，同时为之后钱稻孙及其翻译研究提供了重要的资料。

2012 年金伟、吴彦[22]在梳理了自明代中期至 1949 年以后的万叶和歌翻译史，民国时期的部分主要论及谢六逸和钱稻孙的万叶和歌翻译。

謝訳の長短を量る時に、まず、彼が白話詩体を選んだことを肯定すると同時に、その短所を見逃すこともできない。原歌の意味を正確に伝える上では、韻文である歌のリズムや、原歌の語順（語順倒置）に潜んだテンションなどを出さないといけない。謝訳和歌のもっとも問題になるところは、律動のない長い叙述的な歌句で歌意を貫くこうとしたことである。[22]134-135

金伟指出，谢六逸采取口语体的译法是将和歌与汉诗区分对待，谢译的最大问题是忽略了原文作为韵文的节奏，其翻译目的是传达原文的意思，他认为[22]135谢六逸缺乏日本文学，尤其是日本古典文学方面的专业知识和研究方法，文学作品的翻译实践经验不足。金伟[22]136-138评价钱稻孙作为在中国系统译介《万叶集》的第一人，其对旧体诗译法的尝试具有时代意义，然而钱稻孙以旧体诗翻译《万叶集》的做法是其个人偏好，并不一定适合万叶和歌，这种译法不但抹杀了谢六逸以白话诗体翻译和歌的功绩，更在某种程度上对之后的和歌翻译产生了恶劣的影响。金伟以第 28 号和歌译文为例，认为钱稻孙翻译使用的字词并不符合原文的意思，甚至出现偏离原文的问题。

銭氏の言葉づかいは常に外面的効果、或は古さを表現するために古めかしい用語を追求して、歌の内包する部分とは融合しにくい。さらに、見た目は整然とした形を持っているものの、原歌のリズムを壊して、詠唱の音楽感や感情の流れを失っている。[22]137

金伟批评[22]138钱稻孙对万叶和歌以旧体诗翻译的尝试是失败的，认为译者缺乏和歌翻译方面的必要理论和认识。金伟进一步将 1949 年之后出版的 5 部《万叶集》译本作以对比（包括杨烈的《万叶集》、李芒的《万叶集选》、檀可和赵玉乐的《万叶集选译》（香港出版）、赵乐甡的《万叶集》、金伟和吴彦的《万叶集》），主张[22]143翻译万叶和歌应尽量避免熟语和固定表达，避免汉语的辞藻带给和歌过多的负担，应尽力在译文中保留和歌特有的表达方式和修辞法，如枕词、序词、掛词尽可能译出。

2015 年田中幹子[23]反驳了金伟对钱稻孙译文的批评。田中幹子对比了第 28 号和歌的钱译和金译，指出[23]43-44这首和歌在不同的注释本中有不同的解释，而且不同译者对原文的理解不同，钱译兼顾不同的解释，可见钱稻孙对每一首和歌都能够深入研究，追求最接近和歌原本的译文。田中幹子高度评价[23]44钱稻孙的《万叶集》译文，称赞他在古典文学方面具有深厚的造诣。

2014年田寨耕[24]基于耐达“功能对等”理论，用意义上的对等，韵律和格律上的对等，韵味、意境和风格上的对等三条原则分析钱稻孙翻译的《万叶集精选》，认为钱稻孙的译文虽优美流畅，却在格律上对原文改动较大，未能保留原文本身的韵味和意境。

金中在《日本诗歌翻译论》(2014)一书中，基于对《万叶集精选》的全面统计结果，指出[25]26钱稻孙将文言体视为和歌翻译正统、主要的文体；白话则为副次、补充的文体。从这两种文体与原文风貌的接近度上看，金中认为[25]26钱稻孙的白话译文接近歌谣，虽巧致却流于浅白，并不适合古雅、厚重的和歌。相比之下，文言译文更合适。

2014年由日本东方书店出版的邹双双[7]著『「文化漢奸」と呼ばれた男』一书是迄今为止第一部专论钱稻孙的书，全书由「戦前の銭稲孫と日本」「戦時中の翻訳活動と日本」「戦時中の是非」三个部分构成。作者基于大量的史料，从钱稻孙与日本的渊源入手梳理其留学背景、文化活动、翻译实践，以及与日本的关系等，深刻分析了钱稻孙在抗战期间的思想倾向和文化态度。上述三个部分共分为九章内容，关于钱稻孙的翻译活动集中在第二部分。作者梳理了《汉译万叶集选》从翻译到出版的过程，分析译者翻译手法的特点，肯定了钱稻孙在翻译方面的贡献。可以说，邹双双是继文洁若之后详细解读钱稻孙的人，该书的出版让更多人了解了这位曾与鲁迅共事、与周作人齐名的翻译大家。

邹双双统计发现《汉译万叶集选》的311首和歌译文中有64首四言短诗、7首四言长诗、100首五言短诗、53首五言长诗、12首七言短诗、27首七言长诗、48首非定型的韵文。邹双双指出[7]119钱稻孙之所以多用四言和五言的短诗形式翻译，是因为短诗与三十一音的短歌内容量对应。邹双双在谈及钱稻孙模仿《诗经》的翻译手法时，以第1号、第8号和第1273号和歌为例，发现[7]121-122钱译多用“兮”的特点，又以第8号、第131号和第3400号为例，指出钱译中存在过多旧字，这对不习惯旧字的读者带来阅读理解上的困难。邹双双在第七章前两节中简单梳理了抗战前后《万叶集》在中国的译介情况。第三节中通过对第1号雄略歌五种译文的分析，推测[7]140 1992年出版的《万叶集精选》中很可能收录了钱稻孙翻译当时的草稿。在第四节中邹双双[7]144将钱稻孙的译文与谢六逸、杨烈、李芒、赵乐甡、金伟等几位译者的译文进行对比分析指出，钱稻孙之所以执着于古调文言，是因为深受其家风的影响，也为寻求海外知己。邹双双整理出的钱稻孙的译文和译著为钱稻孙研究提供了丰富的资料，其研究重点在于钱稻孙的生平，而翻译活动仅为其中的一部分内容，尤其是关于钱稻孙的《万叶集》翻译研究并未系统展开。

2016年李安特[26]在其硕士论文中对比了钱稻孙、杨烈和赵乐甡的“东歌”译文，一方面肯定了钱稻孙具有深厚的文学功底，其译文词句优美，另一方面指出钱稻孙的译文难懂，不易被普通受众理解，不能使《万叶集》在中国得以广泛传播。

笔者对上述已有研究的结论归纳如下：第一，钱稻孙的译文以文言为主、白话为辅，借鉴《诗经》的文言译文古奥难懂；接近民谣和元曲的白话译文面向的是一般读者。第二，译者对原文的理解准确、深刻，重视传递原文中的文化信息。第三，译者重视表现原文的意境和发挥枕词的隐喻功能。第四，译者对原文的考证详实可信，对译文的注释恰当适度。另一方面，钱稻孙的《万叶集》翻译存在两大问题：一是译本未罗列出译者参考的《万叶集》文本；二是文言译文受古诗形式和语言的限制，不仅造成读者理解上的困难，也不利于再现原文的特点。

第三节　研究方法、研究框架及主要贡献

一、研究方法

本书主要采取四种研究方法，即文献考据法、个案研究法、比较法和定量法。学界目前对钱稻孙的译文研究主要采取个案分析法，针对少量和歌进行定性分析，缺乏对整个译本的考察。笔者认为翻译研究极其复杂，为客观全面地考察译者翻译过程、风格和思想，需要针对具体问题选择具体的研究方法。比如影响译者翻译风格的因素有译者的生活经历、个性特点、学识素养等。这必然需要整理并分析大量相关文献。如果仅停留在个别译文上，势必导致翻译评价主观化。另外，为获得有力的数据，本书尝试将语料库研究方法应用于个别章节中对译本的高频字、叠字进行计量分析，从而归纳出译者翻译手法上的特点。本书将以上几种研究方法相互结合、取长补短，从宏观和微观两方面解决已有研究的问题。

二、研究框架

本研究动态地看待钱稻孙翻译《万叶集》的过程，从翻译背景到翻译手法，最后上升到翻译思想的研究层面。笔者将着力以下四个研究重点：第一，梳理钱稻孙的万叶和歌翻译由杂志译文走向译本的发展经过，明确译文受众及译者的翻译目的；第二，考察钱稻孙参考的《万叶集》文本及相关研究文献；

第三，定量与定性相结合，分析钱稻孙译文的文体与修辞特点、其译文中借鉴《诗经》的地方，以及其对于枕词翻译的特点；第四，总结钱稻孙的翻译思想，多角度剖析其思想根源。

本书共分为九章，除绪论和结论外，第二章至第八章为研究主体部分。第一章绪论为研究综述，在整理已有研究结论并指出问题的基础上，阐明本研究的意义和主要创新点。第二章和第三章梳理译者翻译《万叶集》的经过，探讨其翻译目的、译文受众等问题。其中，第二章整理钱稻孙自 1937 年至 1957 年间发表的译文，从翻译活跃期、转变期和重振期这三个时期考察译文的样态及变迁，分析译文间的差异；统计分析 1959 年至 2012 年先后出版的三部《万叶集》译本的选译情况、存在的问题及三部译作相互间的差异。第三章考察钱稻孙参考的《万叶集》文本及相关研究文献，包括《万叶集》版本、注释本、历史语法书类、研究性质的书籍以及研究论文等。第四章至第八章分析钱稻孙的翻译手法，肯定译者的翻译贡献以及《万叶集》译本的学术价值和社会价值，同时指出译本中存在的问题。其中，第四章以译文收录量最多的《万叶集精选(增订本)》为中心，探讨钱稻孙翻译的文体与修辞；第五章探讨钱稻孙对《诗经》的借鉴；第六章分析枕词的翻译手法；第七章从横向和纵向两方面对比钱稻孙与其他译者在翻译风格上的差异。第八章总结钱稻孙的翻译思想，多角度剖析其思想根源。第九章为全书结论，归纳总结前八章的内容。

三、主要贡献

本书基于已有研究结论，对国内外关于钱稻孙翻译研究的成果及问题进行整理与分析，考察译本出版的过程，分析译者的翻译策略，揭示译者的翻译思想，以期全面客观地评价译者及其译本。本书有以下四点创造性成果：

第一，拓展研究对象，考察译文受众的感受、译者的翻译目的及译本中存在的问题。本书不再局限于个别译文或单个译本，而是将研究对象拓展至收录钱稻孙万叶和歌译文的九种民国期刊、两部日本诗歌中译本以及先后出版的三部《万叶集》中译本，进一步分析译文及译本的问题。通过考察不同阶段译文的样态及变迁，笔者发现钱稻孙自 20 世纪 40 年代初开始不再拘泥于文言译文，而是增加白话译文以适应不同层次读者的需求。1943 年前的译文受众是通晓日语并具有一定中文古文修养的人群；1943 年后随着白话译文的出现，受众扩大为一般读者。笔者通过对比同一首和歌的不同译文，发现钱稻孙之所以对前译进行修改或重译，其目的之一是使译文不断接近原文，之二是追求译文接近中国传统诗歌，之三是订正旧译中的错误。目前译文收录量最多的《万叶集精选(增订本)》仍遗漏了17首民国时期的译文，因此钱稻孙选译的总量应为731首和歌，译文达1052种。

第二，本书指出钱稻孙的《万叶集》译本中未清晰罗列出译者参考的注释本，笔者通过对相关文献的全面考察，弄清了这一研究史上的遗留问题。钱稻孙参考的主要有出自鸿巢盛广、契冲、佐佐木信纲编的注释本，以及风间书房和岩波书店出版的注释本，除此之外另有相关研究文献53部。

第三，利用语料库研究方法，考察译者对《诗经》的借鉴。笔者将《诗经》《楚辞》和《万叶集精选(增订本)》这三个平行语料库进行对比，根据“兮”字在文内的位置与意义，将钱稻孙译本中“兮”字的用法细化为6类。笔者在对叠词的统计中发现钱稻孙借鉴了《诗经》叠词词意和用法以表现原文的引申意义。译者对8首和歌的译文形式采取《诗经》一、三字反复的句式，以此来渲染恢宏的场面和气势。关于序词的翻译，钱稻孙借鉴“兴”的表现手法，将序词译成一组诗联。

第四，本书进一步拓展了研究范围。笔者在探讨译者翻译手法的同时，深入挖掘其中的翻译思想，多角度剖析思想根源。迄今为止，有关钱稻孙的研究始终围绕其翻译策略进行，而忽略了对译者翻译目的及译文受众等问题的探讨，研究范围始终停留在语言层面，导致研究结论主观、片面。笔者通过对钱稻孙《万叶集》翻译的系统研究，发现译者在翻译过程中对原文进行多方面考察，他所使用的参考文献多达53种，译文注释详尽。钱稻孙以“信达”为旨，兼用文言与白话两种文体，注释恰当适度。他深受儒家美学思想和传统译论“信达雅”的影响，追求文采与内容的统一，“尽善尽美”的翻译观也受其自身双重文化取向、个人经历、兴趣及语言功底等多方面的影响。钱稻孙对翻译事业的热爱与执着，积极进取、谦逊好学的研究态度，一丝不苟、务真求实、广泛参考、不断改进的研究精神值得当代翻译者学习。

第二章　钱稻孙翻译《万叶集》的“经纬”

根据已有研究的统计和笔者的补充[①]，钱稻孙的万叶和歌译文散见于《北平近代科学图书馆馆刊》(以下简称《馆刊》)、《书滲》《中和月刊》《惟神道》《中国留日同学会季刊》《北大文学》《日本研究》《东西》《中国文学》《中华周报》《译文》等十一种杂志。此外还有《日本诗歌选》和《樱花国歌话》这两部收录少量万叶和歌译文的日本诗歌选译本。钱稻孙的《万叶集》翻译成果最终以《汉译万叶集选》《万叶集精选》和《万叶集精选(增订本)》这三部选译本的形式呈现于世。

迄今为止，已有研究仅围绕个别译本探讨钱稻孙的翻译手法，缺乏对期刊杂志上的译文进行全面考察，研究结论难免主观化和片面化。为全面了解钱稻孙翻译万叶和歌的过程及其翻译目的，并进一步明确译文面向的读者群和读者层等问题，本书以 1937 年至 2012 年间的杂志译文及选译本为研究对象，分析登载于不同刊物上的的译文的样态及变迁，进而探讨钱稻孙的翻译观，以期客观地评价译者及其译作。

第一节　杂志译文的样态及变迁

从 1937 年的《馆刊》至 1957 年的《译文》，在这 20 年间，钱稻孙先后出版了《日本诗歌选》和《樱花国歌话》两部日本诗歌选译本。因其中收录的少量万叶和歌译文为杂志旧译，故可视这两部为钱稻孙《万叶集》翻译的阶段性成果。根据译文在不同阶段的样态及变化情况，以下笔者将 1937 年至 1957 年这 20 年划分为三个时期，逐一进行讨论。第一个时期为翻译实践活跃期，从 1937 年 9 月《馆刊》创刊号至 1943 年 3 月《樱花国歌话》出版为止；第二个时期为翻译手法转变期，从 1943 年 12 月至 1945 年 2 月《日本研究》出版为止；第三个

①《中国文学》和《中华周报》两种杂志是笔者对先行研究资料的补充。其中《中国文学》仅有 1944 年第 1 卷第 4 期中收有 4 首钱稻孙的万叶和歌译文；1945 年第 2 卷总第 34 期的《中华周报》收录一篇钱稻孙所作题为“谈谈万叶集”的文章，此文仅是关于《万叶集》的简介，并未收录任何诗歌译文。

时期为翻译事业重振期，从 1957 年 8 月第 50 期《译文》出版至 1966 年钱稻孙去世为止。

一、翻译活跃期：从《馆刊》到《樱花国歌话》

1937 年 9 月至 1943 年 3 月是钱稻孙的万叶和歌译文发表数量最多的时期，这些译文主要集中在《馆刊》《书渗》《中和月刊》《中国留日同学会季刊》等四种刊物上。作为翻译活跃期的阶段性成果，《日本诗歌选》和《樱花国歌话》这两部日本诗歌译作分别于 1941 年 3 月和 1943 年 3 月出版。

《馆刊》于 1937 年 9 月由北平近代科学图书馆创刊，创刊号的封面页有当时名望很高的学者张伯英的签名及印章(张伯英，字“勺圃”)。第 2 号开始《馆刊》封面最上方的“北平近代科学图书馆”更换为“北京近代科学图书馆”。第 5 号开始《馆刊》改为《馆栞》，以古字“栞”替换“刊”，封面有钱稻孙的签名及印章。第 5 号这一期是图书馆“开馆二周年纪念号”。

《馆刊》在当时是级别比较高的学术刊物，登载的文章涉及文学、文化、思想、语言、教育、历史等诸多方面的，读者不乏专家学者等文化层次高的人群。创刊号至第 6 号(钱稻孙的和歌译文发表于这 6 期中)的作者大多为日本学者，中国学者仅有几位。创刊号中收录 13 篇文章，除 3 篇无署名外，其余 10 篇中仅有钱稻孙和傅仲涛这 2 位中国学者，另外 8 位为永井潜、中正夫、山室三良等日本学者。笔者统计发现，6 期杂志中共收录 49 位作者的文章，3 位中国学者，46 位日本学者。在所有作者当中，钱稻孙发表的文章数量最多，共 8 篇，除《〈潮音〉讲演》1 篇、《译歌——小径》1 篇、《枕草子・徒然草・抄译》1 篇外，其余 5 篇均为万叶和歌译介。

1937 年至 1939 年间，钱稻孙在《馆刊》上共选译万叶和歌 21 首，和歌原文、训读及译文均收录其中。译文统一为文言体，无一例白话文，形式有四言、五言、七言和杂言。其中创刊号、第 2 号、第 3 号和第 5 号中的译文，每句之间以空格间隔(创刊号以顿号隔开)；第 6 号的译文各句句末出现句号。1937 年 9 月创刊号上[27]的《日本古歌诠译二则》是钱稻孙最早发表的一篇万叶和歌译介，这二则分别是第 1 号《泊濑朝仓宫御宇天皇御制歌》(因此歌相传为雄略天皇所作，故被称为“雄略歌”)和第 2 号《高市岗本宫御宇天皇登香具山望国之时御制歌》。从这两首的篇幅看，第 1 号雄略歌的解说和译文占到 5 页半，第 2 号仅占 1 页。因此，笔者以雄略歌为例进行如下探讨更具代表性。

钱稻孙在这篇雄略歌的译介文中，用 28 个小段落(见下表 2-1)对《万叶集》书名的由来、雄略歌中的人名地名、诗歌形式、创作风格、字音字意、词语用法、枕词特点等逐一进行了详细的解说。

表 2-1 《馆刊》创刊号中关于雄略歌的解说

段落	主要内容	主要文字摘录
1	《万叶集》成书年代、书名由来、收录数量、歌风特点、历史地位	①此「万葉集」开章第一歌也。 ②格调多雄厚纯朴，迥非后世之纤巧柔弱。 ③（佐佐木信纲）推崇为日本文学之母。 ④今此篇其词意并皆古朴可喜者也。
2-3	雄略天皇简介、「泊瀬」的读音、宫址所在	⑤松冈静雄氏谓ハツ犹言フト，大也。
4-6	万叶假名的解说、雄略歌的原文及训读	⑥此歌原文据鸿巢盛广氏全释所本。 ⑦如是文字，即今其国人亦不易读。故近多有改写今文之本。录其改写之文。
8-9	古代歌谣形式、雄略歌的修辞特点	⑧高野辰之氏日本歌谣史论证上古歌谣，至有全词过半为感语气词者。 ⑨小林好日氏日本文法史云：古代语视今时语，其盛用感动助词，为可注意之一事。 ⑩山田孝雄氏奈良文法史，……係助词者，有所係于述语之助词，间尝易其名曰强调助词，以便初学日文者。
10-17	字词的读音、意义；语句的释义	⑪歌谣在反复咏叹，征之三百篇而亦然。 ⑫木村正辞氏万叶集美夫君志云：闲字于韵镜在二十一转山摄，当读カナ。 ⑬鸿巢氏与此吉闲二字有所考见，而未敢改易前人之说，其实可从也。
18	枕词「ソラミツ」与被枕词「ヤマト」的语义关系、枕词中的典故	⑭枕词者，语辞之藻饰。 ⑮枕词类不可译，今偶一试，未可为训也。 ⑯日本书纪神武天皇卷言天孙曰饶速日命。
19-24	字词的读音、意义；语句的释义	⑰許曾，己曾，皆コソ之假名；山田氏所谓係助词。
25-28	译文及翻译策略	【译文】有女陟岡、携圭及筐、以彼圭筐、采菜未遑、之子焉居、我欲得詳、曷示我氏、毋使我彷徨、天監茲大和、悉我宅京、無或不秉我承、維以我為兄、亦昭我氏名

续表

段落	主要内容	主要文字摘录
		⑱以天皇之尊，其天真熙然若是，其造语之亲蔼复若是；则译文宜择真率古朴之体，庶见其情也。爰用三百篇之格调。 ⑲译文用韵通庚阳，葩经然也。 ⑳译事有时不能无所损益字句，凡以达而信为旨。今译于之子焉居下，用我欲得详；是愿闻之意，易句法以协调。

以上所罗列的内容可归纳为六个要点：第一，文本问题。《万叶集》注释本诸多，雄略歌原文及训读文的录入以鸿巢盛广的注释本为准(见⑥⑦)。第二，翻译原则。翻译以"信达"为旨，有时改换句法为求通顺(见⑳)。第三，译文形式与语言风格。万叶和歌被佐佐木信纲赞誉为日本文学之母，格调雄浑纯朴，开篇雄略歌直率古朴，因而译者模仿《诗经》翻译此歌(见①②③④⑱⑲)。第四，枕词翻译。枕词具有修饰功能，有些蕴含典故。译者认为枕词不可译，在此仅为尝试(见⑭⑮⑯)。第五，译文读者。译者在文章中所讲解的内容充分考虑到日语初学者的接受程度(见⑩)。第六，参考文献。钱稻孙在翻译过程中参考的文献除《万叶集》文本及相关研究文献外，还有日文语法、日本文学、日本历史等方面的书籍(见③⑤⑥⑧⑨⑩⑫⑯)，他搜集广泛、考察详尽。鉴于《馆刊》的学术性特点，再加之译者的详细讲解，不难看出钱稻孙翻译当时所面对的是中日学者、日语学习者等人群，为方便读者学习和研究，他尽可能给出详尽的讲解。以下是钱稻孙参考的雄略歌文本及译文：

泊瀨朝倉宮御宇天皇御製歌

籠毛輿、 美籠母乳、 布久思毛輿、 美夫君志持、 此丘爾、 菜採須兒、 家吉閑、 名告沙根、 虛見津、 山跡乃國者、 押奈戸手、 吾許曾居、 師告名倍手、 吾己曾座、 我許者、 背爾告目、 家乎毛名雄母、

(万葉集・卷一・1/引自馆刊，创刊号，1937)

籠モヨ、 ミ籠持チ、 フグシモヨ、 ミフグシ持チ、 此ノ岳ニ、 菜採マス兒、 家聞カナ、 名告ラサネ、 虛見ツ、 山跡ノ國ハ、 押並ベテ、 吾コソ居レ、 シキ並ベテ、 我コソ座セ、 我コソハ、 背トハ告ラメ、 家ヲモ名ヲモ、

(同上)

有女陟岡、 携圭及筐、 以彼圭筐、 采菜未遑、 之子焉居、 我欲得詳、 曷示我氏、 毋使我彷徨、 天監茲大和、 悉我宅京、 無或不秉我承、 維以我為兄、 亦昭我氏名、

（同上）

以上译文是四言为主，五言、六言为辅的文言体，各句间以顿号隔开。钱稻孙对雄略歌的认识集中在一个“古”字上，为体现古诗的风格刻意模仿《诗经》的形式和语言。笔者通过与原文的对比发现译文有如下几处差异：首先，原文语句在译文中改变位置。「此ノ岳ニ、 菜採マス児」被分别置于译文第一句和第四句；其次，原文的对句形式在译文中未采取对偶句形式，而是合并为一句。前四句「籠モヨ、 ミ籠持チ、 フグシモヨ、 ミフグシ持チ」合为一句“携彼圭筐”；「押並ベテ、 吾コソ居レ、 シキ並ベテ、 我コソ座セ」合为二句“悉我宅京、 无或不秉我承”。最后，原文单句被拆分为两句或者增译一句。「家聞カナ」拆译为“之子焉居、 我欲得详”两句；「名告ラサネ」增译“毋使我彷徨”。对于这些翻译处理，钱稻孙作出以下说明：

> 译事有时不能无所损益字句，凡以达而信为旨。今译于之子焉居下，用我欲得详；是愿闻之意，易句法以协调。曷示我氏下，足以毋使我彷徨句，则原文所未出之语，而意在达ネ字之情。无或不秉我承句，亦易语以协调，俾与上句悉我宅京不见重复；而与义会不至损。[27]6

如译者本人所述，为追求与前四句的结构、节奏及押韵的协调，刻意将「家聞カナ」拆译为“之子焉居、 我欲得详”两句。同样，增译的“毋使我彷徨”一句也有此意图，同时「ナ」所含有的轻微焦躁、命令的语气通过增译此句在译文中得以强化，这样能够帮助读者理解求婚场面中天皇盼望对方回应的焦急心情。另有「押並ベテ、 吾コソ居レ、 シキ並ベテ、 我コソ座セ」这组对句在译文中改为“悉我宅京、 无或不秉我承”的四六句形式，翻译手法是将原文这组对句的意思用“悉我宅京”四字概括，同时增译“无或不秉我承”六言句表达天皇欲以辽阔疆土博得女子倾心的愿望。原文末句

「家ヲモ名ヲモ」在译文中舍弃『家』字，仅译出「名」之意。[①]

可见，钱稻孙最初的翻译旨在表现原文的气势和传达诗人的情感，而非忠实原文的结构形式，因而为达到“传情”的目的采取合并、拆译、改译、增译、减译等一系列手法。

在《馆刊》之外，另有《书滲》也是北京近代科学图书馆创办的日文杂志，每月集中报道馆内相关事宜，同时登载一些诗歌、散文，属于非学术类刊物。

目次

《书滲》目录(1939.1)

《书滲》1939年1月号为“開館二周年記念事業報告號”，上图目录部分可以看到第一项是关于开馆纪念的内容。第二项日志记录图书馆日常事宜，所占页数最多。第三项有关记念展览会情况。之后登载一些日语学校的报道、学生作文、图书馆阅览报告等，这一期杂志内容共计8页，比《馆刊》一期的文章收录量少。登载的文章中，除钱稻孙的译文是汉语外，其余均为日文，很明显《书滲》的读者是日本人和懂日语的中国人。第四项“訳句蟲彫”是钱稻孙的俳句译文，采取日汉对译的上下排版方式，通篇无任何讲解和注释。

1939年4月至1942年7月间钱稻孙在《书滲》上发表万叶和歌译文26首，排版采取上为译文、下为日语训读的对译形式。译文均为文言体，有四言、五言、七言和杂言形式。除1939年8月号的“易马问答”4首添加标点外（长歌句末逗号句号相间；反歌句末均为句号），其余译文每句间以空格间隔。除“乞食者歌二首”（1940年5月号）的译文下方有地名和个别

①关于钱稻孙雄略歌翻译的研究论文，笔者正式发表于2020年第2期《日语学习与研究》，题为“钱稻孙的雄略歌翻译研究”。

词语意义的简单解释外，其余译文均无任何注释和解说。

《中和月刊》是20世纪40年代初钱稻孙主要发表和歌译文的学术期刊，该刊自1940年至1945年发行于北京，是研究民国史，特别是民国社会史、学术史的第一手重要文献。

《中和月刊》设有图画、别录、时事荟记、书林偶拾、专载等栏目，网罗大批有影响力的作者为其撰稿，因而在当时的学术界、知识界、政界影响很大。杂志封底页“徵稿簡章”的第一条声明“本刊以研究學術灌輸知識發揚東方文化樹立民眾信念為宗旨”，收录的稿件为学术类文章，涉及东方文化思想的各个方面。钱稻孙的万叶和歌译文分别发表于5期之上，共计85首。与《馆刊》相比译文注释较少，多为作者生平、诗歌背景和地名的简介。1941年第2卷第2期上登载《万叶集》第1卷的和歌译文共26首，译文前的“編者附志”有如下叙述：

> 萬葉集乃奈良時代和歌之總集。奉敕編纂。差與禹域之葩經相似。全書二十卷。長短歌無慮五千餘首。作者上自帝王下至民庶咸備焉。所用文字緣尚在有今用假名以前。故全用漢字代之。音訓羅雜。紬繹匪易。錢君取而選譯之。以中土之韻文傳彼邦之偉作。字斟句酌。艱寄所難。讀者必能知其用心之苦焉。[28]6

这段文字的编者为谁，钱稻孙并未提及，也很难考证。于静[29]在对林辰收藏的沦陷区期刊的研究中说：“《中和》月刊的版权页一直登在封底位置，编辑者为中和月刊社，实际主编为翟兑之。”翟兑之①就是翟宣颖，擅长骈文和对李白、刘禹锡文集诗集的研究，笔者推测，上述对钱稻孙译文进行评价的编者很可能就是翟宣颖。该文中提到“差與禹域之葩經相似”，“葩经”指的是《诗经》，意思是《万叶集》与《诗经》相似。接着提到万叶假名音读和训读复杂难辨，难以理清头绪，言外之意是说万叶和歌不易译，而钱稻孙却不畏困难，字斟句酌，采取模仿中国韵文的翻译手法。

《中和月刊》仅收录译文，原文及训读文均未出现。译文为文言体，有四言、五言、七言和杂言形式；译文字词句间无标点，每句间以空格间隔。译文前后附有诗歌背景、地名、内容等的简短介绍。与《馆刊》重复选择的7首诗歌中，译文差异最大的是雄略歌。

---

①翟兑之，名宣颖，湖南善化人。曾任北洋政府国务院秘书长、燕京大学教授等职务。著有《中国骈文概论》《李白集校注》《刘禹锡集笺注》等。

泊瀬朝倉宮御宇天皇御製歌

籠毛輿、美籠母乳、布久思毛輿、美夫君志持、此丘爾、菜採須兒、家吉閑、名告沙根、虛見津、山跡乃國者、押奈戸手、吾許曾居、師告名倍手、吾己曾座、我許者、背爾告目、家乎毛名雄母、

（万葉集・卷一・1/引自馆刊，创刊号，1937）

有女涉岡　攜圭及筐　以彼圭筐　采菜未遑　之子焉居　我欲得詳　曷示我氏　毋使我彷徨　天監茲大和　悉我宅京　無或不秉我乘　維以我為兄　亦昭我氏名

（钱译一/引自馆刊，创刊号，1937）

筐兮筐兮　明筐在旁　圭兮圭兮　利圭在掌　之姝者子　採菜在岡　之子具焉居　曷告我爾名　天監茲大和　率我所舍　率我所坐　今我則告爾我名亦我家

（钱译二/引自中和月刊，第2卷第2期，1941）

以上两种译文均模仿诗经的形式和语言，然而翻译手法差异较大，可视译文二为重译。对比发现译文二在语序、修辞等方面更接近原文。译文一将原文第五、六句移至首位，「籠もよみ籠持ちふくしもよみぶくし持ち」、「おしなべて吾こそをれしきなべて吾こそませ」这两组对句在译文二中以对偶形式表现出来。末三句的差异在：译文一“维以我为兄”在译文二中删除了“以我为兄”这层意思，也就是说原文中「我コソハ　背トハ告ラメ」这二句在译文二中并未给出翻译。笔者认为应该是译文二所参考的文本与译文一不同，在钱稻孙提及的文本(契冲、鸿巢盛广、山田孝雄、佐佐木信纲这4位学者的文本)中，译文二的内容与契冲著『万葉代匠記』[30]的雄略歌训读最为接近。因此笔者推测译文二参考的原文训读出自该本，摘录如下：

天皇御製歌

籠(こ)もよ　み籠(こ)持ち　掘串(ふぐし)もよ　み掘串(ふぐし)持ち　この岳(おか)に　菜摘ます児　家聞かな　名告(の)らさねそらみつ　大倭(やまと)の國は　おしなべて　吾(われ)こそ居(を)れ　敷きなべて　吾(われ)こそ坐(を)れ我こそは告(の)らめ　家をも名をも

（万葉集・卷一・1/引自契冲，1938：221）

根据以上分析，可以断定钱稻孙 1941 年重译雄略歌的主要原因，其一为使读者更全面地了解不同的文本；其二为追求更接近原文的译文而进行重译。这两点都是译者对原文作者和译文读者的“信”。

作为 1939 年至 1941 年万叶和歌翻译的阶段性成果，由北平近代科学图书馆编辑、东京文求堂书店出版的《日本诗歌选》于 1941 年 3 月问世，这是钱稻孙最早的一部日本诗歌中译本。山室三良在译本《跋》中提到：

昭和十二年の六月頃から銭先生に譯していただいた萬葉の歌などがつもりつもって相當の数になったので此處に集めて一巻とした。始めの裡はこちらから歌を選んで無理にお願いしたのを此の頃では先生があれこれとお好きなものをさがし出して下さる様になった。[31]1

钱稻孙自 1937 年 6 月至 1941 被日方委托翻译的万叶和歌已有一卷的规模，起初所选和歌由日方决定，后由钱稻孙按个人意愿决定。山室三良[31]1将钱稻孙的译文比喻为「珠玉」，称赞该译本的出版实现了中日两国人民的殷切期待，是钱稻孙在日本文学译介上的最初成就。

该译本收录诗歌共计 149 首，排版采取原文和译文对照的方式，无注释解说。其中收录万叶和歌 44 首，占诗歌总量的 30%，笔者考察发现 44 首万叶和歌中有 40 首①的译文是从 1937 年 9 月至 1941 年 3 月的《馆刊》《书渗》和《中和月刊》中挑选出来并原样移入译本中的，其余 4 首(第 6、1818、3786、3787 号)为新增译文。具体分析如下：

(幸讃國安益郡之時軍王見山作歌)反歌

山越しの風を時じみ寝る夜落ちず家なる妹をかけて偲びつ

(万葉集・巻一・6/引自日本诗歌选，1941)

山風不時來　中夜難成寐　念我閨中婦　夜々長相待

(日本诗歌选， 1941)

---

①这 40 首分别是第 1、2、3、4、5、48、133、153、255、317、318、338、339、340、341、342、343、344、345、346、347、348、349、340、802、903、924、1088、3314、3315、3316、3317、3885、3886、4094、4095、4096、4097、4292、4465 号和歌。

志貴皇子懽御歌

石(いは)ばしる垂水(たるみ)の上(うえ)のさ蕨(わらび)の萌(も)え出(い)づる春(はる)になりにけるかも

（万葉集・卷四・1818/引自日本诗歌选，1941）

石之激兮　垂水之上　維蕨拳拳　春其既王

（日本诗歌选，1941）

春(はる)さらば插頭(かざし)にせむと吾(わ)が思(も)ひし櫻(さくら)の花(はな)は散(ち)りにけるかも

（万葉集・卷十六・3786/引自日本诗歌选，1941）

方谓春来时　将以簪吾首　所思在樱花　摧落乃无有

（日本诗歌选，1941）

妹(いも)が名(な)にか々せる櫻花咲(さくらはなさ)かば常(つね)にや戀(こ)ひむいや年(とし)のはに

（万葉集・卷十六・3787/引自日本诗歌选，1941）

彼妹之名樱　樱则岁岁花　我心之所恋　恋其长无涯

（日本诗歌选，1941）

以上4首和歌译文中，第1818号以四言诗经体翻译，第一句和第二句重复使用"之"字；第一句句末"兮"字延长语音；第三句叠字"拳拳"是对初春萌芽时的蕨菜的描写，原文与译文内容量相当，基本采取逐句对译的手法。其余3首和歌译文均以五言四句翻译，语言接近唐诗，较四言诗经体容易理解，整体看来基本也是逐句对译，最后一首第3787号多处以同音反复的手法强调原文的重点，第一句句末和第二句句首反复"樱"字，第三句句末和第四句句首反复"恋"字，突出樱花与恋人、赏樱与思念的关联性。

该译本选取古今著名诗人的代表作品，收录万叶之外的和歌有61首、俳句29首、歌谣12首和现代诗3首。译文之后附有《作者小考》，摘录如下内容：

文武帝大宝元年(耶稣纪元七〇一)为遣唐使少录而入唐。故精通汉学和佛学。所作长歌十首，旋头歌一首，短歌五十一首，散文七篇，汉诗二首，均见万叶集。其诗不咏自然及恋爱，而已对于妻子之质直之爱，疫病、贫穷、老、死，等人生之黑暗方面为题材，乃其特色。天平五年(耶稣纪元七三三)以七十四岁卒。[31]107

上述文字是关于山上忆良的介绍。《作者小考》侧重介绍作者创作概貌、作品题材、诗歌风格等。周作人在为该译本撰写的跋中谈到[31]3“诗言志”和“情动于中”时说：“志就是动于中的情也，世间或曰神，或曰国家，分出许多间隔来，但此只以理论，若是情则不但无隔而且无不可通，此不佞所以对于作诗与读诗的人特致敬意，以其同有通情达意之功也。”在周作人看来“诗言志”和“诗言情”归根结底都是作者寄托于诗歌中的某种情感，不关乎民族和信仰。人类的情感是互通的，作者通过创作所追求的就是人与自然万物达到情感的相互交流与沟通的境界，因此读者欣赏并理解诗歌的思想内容就是通作者之情、达作者之意。谈及《万叶集》时，周作人[31]3又说：“使我们得如中国的古诗一样，则其所得亦将无同”，也就是说读者阅读《万叶集》译文如果能够获得阅读中国古诗的同样的感受就实现了异文化间的沟通，这就是原文作者与译文读者之间的、超越民族和信仰的情感互通。周作人[31]4对钱稻孙模仿中国古诗的翻译手法称赞道：“达日本人的情意，能使读之如诵中国古诗”，这是对钱稻孙翻译思想的认可，即翻译最终要达到原文作者与译文读者互通的目的，从而使译文读者对原诗中潜在的各种情感感同身受。

《中国留日同学会季刊》创立于1942年9月，该刊1943年第5号“徵求留學日本回憶錄啟事”中提到因增设“日本留学回忆录”专栏，特征收有留学经历者的来稿，落款为“中國留日同學會文化部部長 錢稻孫謹啟”，当时钱稻孙就是以这个身份主持此刊物。征稿的内容包括言论、论著、译述、介绍(日本生活文化)、书评、史料(留学历史及掌故)、文艺、日文日语讲座、画报等。

钱稻孙在1942年第2期和1943年第3期上发表译诗25首，其中1942年的《讲译日本新选《爱国百人一首》(一)》中有23首万叶和歌。这23首集中以日汉对译(同年第3期上发表的“安贵王歌一首并短歌”同样采取对译形式)的方式排列，译文统一为文言体，有四言、五言和杂言形式，每首前附有诗人的中文简介。钱稻孙提到[32]96翻译《爱国百人一首》是“以介于读者。或者于日本之风习、故事、诗歌、及日本此时之教育精神所在，有可参考，则未始无补于理解。”他希望通过译介此诗集使中国人了解日本的风俗习惯、文学及教育思想。进而钱稻孙[32]96又说“至若译事之未能信达，非遑计矣”，可见“信达”二字是他坚持的翻译标准。钱稻孙之后补充完整100首诗歌的译文，并将《爱国百人一首》更名为《樱花国歌话》，该译本在1943年作为《中国留日同学会丛书》之一正式出版，这就是《爱国百人一首》最早的中译本。

1943年3月钱稻孙翻译的《樱花国歌话》由中国留日同学会正式出版，该诗集可以视为钱稻孙翻译活跃期的另一个代表性成果。钱稻孙在《同声月刊》上发表的《樱花国歌话序》一文中说明[33]1942年《中国留日同学会季刊》上以《日本爱国百人一首》为题是原打算将23首万叶和歌的译文首先作为第一篇发表出来，因此标注“(一)”，剩余的77首从12月1日至1月29日仅用短短两个月时间全部译出。周作人为《樱花国歌话》作《小序》，他说[34]《爱国百人一首》的特点是诗歌中多有爱国诗句，体现了日本的一种国民性，而钱稻孙之所以更名为《樱花国歌话》是因为“原本百人一首之名，令人联想日本之歌牌，为新年儿女子之玩具”，为避免读者将此诗集与《小仓百人一首》混淆。该译本中所收录的译文为五言四句和七言四句形式，对比1942年的杂志译文可以确定，钱稻孙将杂志译文原样移入译本中的。周作人评价[34]说：“关于日本诗歌之鉴赏、解说、翻译、为事择人，无过钱先生者”，高度赞扬钱稻孙在日本诗歌的研究与翻译方面的造诣。

在对以上四种杂志及两部译本的分析来看，钱稻孙在翻译活跃期采取文言体翻译，四言、五言、七言和杂言的非定型译法贯穿始终。译文及译本主要面向的读者是既懂日语，又具备中文古文素养的人群，包括日语初学者。笔者认为探讨钱稻孙在其翻译过程中是否忠诚于译文读者，首先需要明确译者在其所处的时代中面对的读者群体和层次。钱稻孙采取中国古诗的形式和语言，解说详细，讲解中出现日文等翻译手法，应该面向的是20世纪三四十年代具有一定中国古文和日文修养的读者。

二、翻译转变期：《日本研究》的白话译文

《日本研究》是1930年1月至1931年12月由上海新纪元月刊社发行的中国最早的研究日本的杂志，1943年至1945年间由北京日本研究社编辑发行。钱稻孙在此期间以《万叶一叶》为题发表译文，白话译文的出现标志着其翻译思想的转变。

关于该杂志的征稿内容，1943年第1卷第1期“稿约”中写道“限纯学术性质之文字”，“限介绍日本事情，研究日本文物之译著”。《日本研究》与《馆刊》《中和月刊》同属于学术类期刊，钱稻孙在该刊上对万叶和歌的讲解十分细致，甚至一字一词都做出详实的考证，这与《馆刊》创刊号上的思路一致。

为进一步深入译文内部揭示译者的翻译思想和策略，下面以译文变化最多的雄略歌为例进行分析。钱稻孙翻译雄略歌所参照的注释本在1943年第1卷第4期文中有如下明示：

先从文库本佐佐木信纲博士编的「白文万葉集」照抄出来看：

籠毛與　美籠母乳、　布久思毛與　美夫君志持　此丘爾　菜採須兒　家吉閑　名告沙根　虚見津　山跡乃國者　押奈戸手　吾許曾居　師告名倍手　吾己曾座　吾許者背爾告目　家乎毛名雄母[35]96

同是岩波文库有同是佐佐木博士编的「新訓万葉集」，且从那里也照抄出来：

籠もよ　み籠持ち　掘串もよ　み掘串持ち　此の岳に　菜摘ます兒　家聞かな　名告らさね　そらみつ　やまとの國は　おしなべて　吾こそ居れ　敷きなべて　吾こそ坐せ　我こそは告らじ　家をも名をも[35]96

用现今的白话，试译作谣歌体：

筐儿也，拿的好筐儿　签子也，拿的好签子　在这山冈上　挑野菜的小娘子你家住在那里你叫什么名字　大天底下这大和地　全是我在镇定的全是我在治理的　我的家，我的名　可都不来告诉你[35]97

译文通篇11行，仅首句、第三句和倒数第三句句末添加逗号，其余部分独立成行无任何标点。白话译文中首句和第三句句末的语气词“也”，第二句和第四句的“筐儿”“签子”，还有“小娘子”“可都不来”这些通俗的口语词增加了译文的民谣调。末二句“我的家，我的名 可都不来告诉你”与上一小节中罗列的《馆刊》和《中和月刊》的译文不同，此处利用否定词“不”表达出“如果你不同意我的求婚，我就不会告诉你我的家和我的名”这层意思，而钱稻孙在《馆刊》和《中和月刊》中强调的是“我要告诉你我的家和我的名”，他对此改译解释如下：

原来古本有「類聚古集」与「古葉略類聚抄」两书所录，这「目」字都作「自」字，新训取这「自」字，读作「じ」也。不过这「目」字与「自」那字，虽只是一撇之差，却分教读法两歧，句意相反了。我于这一首，有两个旧译，都不曾取「自」字意。[35]96

佐佐木信纲的文本中为「自」字，按「じ」的读音，其意应为否定。钱稻孙在两个旧译(《馆刊》和《中和月刊》)中取「目」字(《馆刊》中提到此处参考鸿巢盛广的注释),而此处根据佐佐木信纲的注释取「自」字,译为否定。可见注释不同会影响译者的理解和译文的意思。至于为何钱稻孙一改文言体而选择接近民谣的白话文,原因之一如译者本人所说[35]97的"现在一时高兴,……用现今的白话,试译作谣歌体",出于个人兴致、意愿或者喜好,包括标点符号的使用也是如此;原因之二推测是20世纪40年代初接受楼适夷的建议,以白话体翻译以满足更广泛的读者。[7]139

基于对雄略歌的分析结果,《日本研究》上的译文可归纳为以下四个特点:

第一,收录原文及训读形式,对于同一个字在不同注释本中的不同读音和意义,钱稻孙在进行详细的分析和解释之后,阐明自己的观点及翻译目的。

第二,收录文言体和白话体两种译文(除1944年第2卷第2期发表的第894号"好来好去歌"仅有文言译文外,其余5期中均为文白并存)。

第三,白话译文标点较多。没有标点符号的介入,诗人寄托于诗歌中的情感在读者阅读过程中变得稀薄,同时繁体字也对现代读者造成阅读上的不便。上一节提到《中和月刊》《日本诗歌选》《中国留日同学会季刊》《樱花国歌话》中的译文每句间空格,无任何标点;《馆刊》《书渗》中个别译文仅有顿号、逗号和句号;《日本研究》中的文言译文无标点,而白话译文均有,而且较之前丰富,有逗号、句号、问号、感叹号,可见译者的做法是为迎合白话译文的形式需要。

第四,对内容和主题相似的诗歌采取集中译介的方式。在1944年第2卷第3期[36]中钱稻孙依据正宗敦夫著《万叶集总索引》将《万叶集》全二十卷所有关于"抓绕眉毛根脚"内容的诗歌逐一抄录、解说并给出译文①。另在1944年第2卷第5期[37]上选译《筑前國白水郎歌十首》。

上述可见,钱稻孙在20世纪40年代初开始不再拘泥于文言译文,而是增加白话译文以适应不同层次读者的需求。

三、翻译重振期:《译文》的集中选译

1957年《译文》杂志中收录的文章是钱稻孙第一次发表于杂志上的有关万叶和歌的译介。在《译文》这一期上,钱稻孙对《万叶集》的成书时期、文学地位、歌体歌风,以及各卷特点逐一进行介绍。这一期中收录20首万叶和歌的译文,译文均为文言体,注释仅在脚注部分罗列。

---

①关于"骚眉"主题的诗歌,钱稻孙集中选译在1944年的《日本研究》第2卷第3期上,共计8首,分别是第562、993、2408、2575、2614、2808、2809、2903号和歌。

钱稻孙在1957年时说[38]58：“现在几乎没有人不知道日本有部文学古典叫‘万叶集’，可是很少机会见到面。”这说明当时中国人对《万叶集》“只知其名、不知其意”，因为在当时的条件下很难有机会阅读原作，可见钱稻孙译介《万叶集》不仅能够满足中国读者了解这部古典作品的愿望，也能够填补我国在日本文学翻译史上的一处空缺。钱稻孙又说[38]59：“他们一向以此集比于我国的诗三百篇，而和歌史上每一次的歌风振作，莫不以学习、研究万叶集为其前提、动机的。至于其时的制度、风俗、服色、起居，以及其与我国的交往，中国思想、技术的东流之跡，都足以引起我们今日的兴趣。”钱稻孙在此特别提到中国思想、技术的对外传播，正如孙致礼指出[39]的翻译工作者要把“引介异域先进文化、促进中华文化再现辉煌视为自己的根本任务和神圣职责。”从这一观点上看，钱稻孙译介《万叶集》，不仅能使中国读者通过翻译的途径再认识自国文化的优秀之处，也能使外国读者欣赏中国诗歌的“美”，从而引起学习中国优秀文化的兴趣。

第二节　杂志译文的收录统计及差异分析

笔者对搜集到的九种杂志译文进行统计，如下表2-2所示钱稻孙共计选译165首万叶和歌，其中31首为重复选译，其余134首均选译一次。

表2-2　民国期刊中的和歌译文收录情况

刊名	选译情况	文章标题	《万叶集》和歌序号	发表刊号及时间
馆刊	选译21首，收录原文、训读及译文	日本古歌诠译二则[27]	1、2	创刊号(1937.9)
		日本古歌诠译(二)[40]	4465、4466、4467	第2号(1937.12)
		日本古歌诠译(三)[41]	3、4	第3号(1938.3)
		万叶集抄译[42]	48、255、317、318、802、803、924、1088、1418、4292	第5号(1938.12)
		日本古歌诠译(四)[43]	3314、3315、3316、3317	第6号(1939.7)

续表

刊名	选译情况	文章标题	《万叶集》和歌序号	发表刊号及时间
书滲	选译26首，收录训读及译文	对译[44]	4465、4466、4467	4月号(1939.4)
		对译[45]	3314、3315、3316、3317	8月号(1939.8)
		对译[46]	2	3月号(1940.3)
		对译[47]	3885	4月号(1940.4)
		对译[48]	3886	5月号(1940.5)
		贺陆奥国出金诏书歌一首并短歌[49]	4094、4095、4096、4097	7月号(1940.7)
		对译[50]	892、893	12月号(1940.12)
		对译万叶[51]	1740、1741	1月号(1941.1)
		丹比真人笠麻吕下筑紫时作歌一首并短歌[52]	509、510	2月号(1941.2)
		对译[53]	4331	3月号(1941.3)
		对译万叶集[54]	45、46、47、48、49	7月号(1942.7)
中和月刊	选译85首，仅收录译文	万叶集选译[28]	1、2、5、8、13、14、15、16、17、25、28、29、36、38、45、46、47、48、49、50、52、62、63、76、77、79	第2卷第2期(1941.2)
		万叶集选译(二)[55]	131、132、133、135、140、153、167、181、184、185、194、196、199、207、210、217、220、230	第2卷第3期(1941.3)

续表

刊名	选译情况	文章标题	《万叶集》和歌序号	发表刊号及时间
中和月刊	选译 85 首，仅收录译文	万叶集选译(三)[56]	235、239、257、264、266、297、304、315、317、318、319、320、322、324、328、337、338、339、340、341、342、343、344、345、346、347、348、349、350	第 2 卷第 4 期(1941.4)
		万叶歌译汉[57]	1809、1811	第 3 卷第 2 期(1942.2)
		万叶集选译[58]	506、527、571、800、801、802、803、892、893、894	第 3 卷第 7 期(1942.7)
中国留日同学会季刊	选译 25 首，收录训读及译文	讲译日本新选「爱国百人一首」(一)[32]	235、238、328、364、506、927、956、972、978、996、1791、3644、3922、3923、3925、4097、4262、4328、4342、4370、4373、4374、4402	第 2 期(1942.12)
		安贵王歌一首并短歌[59]	534、535	第 3 期(1943.3)
北大文学	选译 2 首，仅收录译文	水江浦岛子歌[60]	1740、1741	第 1 期(1943.1)
日本研究	选译 27 首，收录原文、训读及译文	万叶一叶[35]	1	第 1 卷第 4 期(1943.12)
		万叶一叶[61]	20	第 2 卷第 1 期(1944.1)
		万叶一叶[62]	894、895、896	第 2 卷第 2 期(1944.2)

续表

刊名	选译情况	文章标题	《万叶集》和歌序号	发表刊号及时间
日本研究	选译27首，收录原文、训读及译文	万叶一叶[36]	562、993、2408、2575、2614(3首)、2808、2809、2903	第2卷第3期(1944.3)
		万叶一叶[63]	2351、2352	第2卷第4期(1944.4)
		万叶一叶[37]	3860、3861、3862、3863、3864、3865、3866、3867、3868、3869	第2卷第5期(1944.5)
中国文学	选译4首，收录训读及译文	万叶一叶[64]	85、86、87、88	第1卷第4期(1944.11)
中华周报	未选译	谈谈万叶集[65]	——	第2卷第34期(第48号1945.8)
译文	选译20首，仅收录译文	万叶集(选译)[38]	20、21、131、132、207、210、317、318、319、505、506、892、904、1018、1129、1273、1740、1809、1811、3791	第50期(1957.8)

按译文发表年代排列，1949年前的译文集中发表在《馆刊》《中和月刊》《书滲》《中国留日同学会季刊》和《日本研究》这五种刊物上。1937年至1940年间的译文主要发表在《馆刊》和《书滲》这两种杂志上，1941年至1945年间译文集中发表于《中和月刊》《中国留日同学会季刊》和《日本研究》这三种刊物，其中《中和月刊》的选译量最多，共计85首。《馆刊》和《日本研究》收录原文、训读及译文；《书滲》《中国留日同学会季刊》和《中国文学》收录训读及译文；《中和月刊》《北大文学》和《译文》仅有译文，原文及训读均未收入。

表 2-3 选择诗歌在《万叶集》中的分布情况

卷号	和歌序号	选译量
一	1、2、3、4、5、8、13、14、15、16、17、20、21、25、28、29、36、38、45、46、47、48、49、50、52、62、63、76、77、79	30
二	85、86、87、88、131、132、133、135、140、153、167、181、184、185、194、196、199、207、210、217、220、230	22
三	235、238、239、255、257、264、266、297、304、315、317、318、319、320、322、324、328、337、338、339、340、341、342、343、344、345、346、347、348、349、350、364	32
四	505、506、509、510、527、534、535、562、571	9
五	800、801、802、803、892、893、894、895、896、904	10
六	924、927、956、972、978、993、996、1018	8
七	1088、1129、1273	3
八	1418	1
九	1740、1741、1791、1809、1811	5
十		0
十一	2351、2352、2408、2575、2614、2808、2809	7
十二	2903	1
十三	3314、3315、3316、3317	4
十四		0
十五	3644	1
十六	3791、3860、3861、3862、3863、3864、3865、3866、3867、3868、3869、3885、3886	13
十七	3922、3923、3925	3
十八	4094、4095、4096、4097	4
十九	4262、4292	2
二十	4328、4331、4342、4370、4373、4374、4402、4465、4466、4467	10

从上表所罗列的 165 首和歌在《万叶集》各卷的分布情况看，钱稻孙选译作品的覆盖面广，除以咏物歌为主的第十卷和东歌集中的第十四卷外，钱稻孙在其余十八卷都有选译的和歌。整体看来，居于《万叶集》重要地位、与宫廷人物事件相关的前三卷选译量大，传说典故较多的第十六卷、集中收录防

人歌的第二十卷和以山上忆良作品为重点的第五卷相对选译量较多。再结合表2-2来看，前五卷集中发表在《中和月刊》上，第十六卷主要是《中国留日同学会季刊》、第二十卷主要是《日本研究》。

关于重复选译的31首和歌的译文之间的变化可细分为以下两种情况讨论：第一种情况是重复选择的31首中有8首[①]和歌的译文完全相同，罗列如下：

柿本朝臣人麻吕作歌

やすみしし　吾が大君　高照らす　日の皇子　神ながら　神さびせすと太敷かす　都を置きて こもりくの　泊瀬の山は　真木立つ　荒山道を　石が根　楚樹おしなべ 坂鳥の　朝越えまして　玉かぎる夕さりくれば　み雪降る　阿騎の大野に　旗薄　篠をおし靡べ 草枕　旅宿りせす　古思ひて

（万葉集・卷一・45/引自书滲，7月号，1942）

神君日儲光八隅　東出鑾輿別帝閭　泊瀬森陰荒山木　叢根岩隙路崎嶇
晨鳥出林度峻坂　征途夕暝雪霏如　翩繙筱薄安騎野　枕草追思隨侍餘

（中和月刊，第2卷第2期，1941；书滲，7月号，1942）

（柿本朝臣人麻吕作歌）反歌四首（之二）

真草刈る荒野にはあれど黄葉の過ぎにし君が形見とぞ来し

（万葉集・卷一・47/引自书滲，7月号，1942）

陁靡荒垧采茅薄　先世曾是鳴鑾鐸　茲來厥為仰遺風　紅葉未衰遽隕落

（中和月刊，第2卷第2期，1941；书滲，7月号，1942）

（柿本朝臣人麻吕作歌）反歌（之四）

日並みし皇子の尊の馬竝めて御獵立たしし時は来向かふ

（万葉集・卷一・49/引自书滲，7月号，1942）

昔年太子日雙斯　並馬郊原旌旆馳　歲末嘗廢此田獵　今又其時仰舊儀

（中和月刊，第2卷第2期，1941；书滲，7月号，1942）

①这8首分别是第45、47、49、802、1741、3315、3316、3317号和歌。

思子等歌一首

瓜はめば　子ども思ほゆ　栗はめば　ましてしぬばゆ　いづくより来りしものぞ　まなかひに　もとなかゝりて　安寝しなさぬ

（万葉集・巻五・802/引自馆刊，第5号，1938）

食瓜思吾兒　食栗益相思　之子何自來　俾予徒無寐

（馆刊，第5号，1938；中和月刊，第3卷第7期，1942）

（咏水江浦岛子）反歌

とこよへにすむべきものをつるぎたちなが心からおそやこの君

（万葉集・巻九・1741/引自书渗，1月号，1941）

已許仙鄉住　凡思何自紛　一念斯利刃　愚矣哉此君

（书渗，1月号，1941；北大文学，第1期，1943）

（易马问答四首）反歌（之一）

いづみかはわたりせふかみわがせこがたびゆきころもものぬれむかも

（万葉集・巻十三・3315/引自馆刊，第6号，1939）

泉河涉渡深。諒君征裳浸。

（馆刊，第6号，1939；书渗，8月号，1939）

（易马问答四首）反歌（之二）

まそかゞみもたれどわれはしるしなしきみがかちよりなづみゆくみれば

（万葉集・巻十三・3316/引自馆刊，第6号，1939）

我有明鏡無所用。見君跋涉從泥中。

（馆刊，第6号，1939；书渗，8月号，1939）

（易马问答四首）反歌（之三）

うまかはゞいもかちならむよしゑやしいしはふむともわはふたりゆかむ

（万葉集・巻十三・3317/引自馆刊，第6号，1939）

易马将毋妹步行。已乎践石愿偶征。

（馆刊，第6号，1939；书渗，8月号，1939）

根据以上整理，《书渗》中第45号、第47号、第49号、第3315号、第3316号、第3317号这6首译文是从《馆刊》和《中和月刊》中原样移入的，其中第3315号、第3316号和第3317号连续3首同年1939年分别见于《馆刊》和《书渗》。

第二种情况是重复选择的31首中另外23首①和歌译文存在标点符号不同、改换或增译词句、重译这三种不同程度的变化，以下分别进行讨论。

1. 标点符号不同

第2号、第1740号和第3314号和歌译文以下两种不同杂志中仅为标点符号的差异。

舒明天皇登香具山望國之時御製歌

大和には　群山あれど　取よろふ　天の香具山　登立ち　國見をすれば　國原は　煙立ち立つ　海原は　かまね立ち立つ　うまし國ぞ　秋津島　倭の國は

（万葉集· 卷一· 2/引自书渗， 3月号， 1940）

惟此大和、丘陵孔多、靡克有加、香具峨峨、爰躋其上、瞻我邦家、野則升煙、水則飛駉、豐兮美哉、惟此大和、

（馆刊，创刊号，1937）

惟此大和　丘陵孔多　靡克有加　香具峨峨　爰躋其上　瞻我邦家　野則升煙　水則飛駉　豐兮美哉　惟此大和

（书渗，3月号，1940）

第2号和歌的译文在《馆刊》中每句句末添加顿号，以此间隔各句以求通

---

①这23首分别是第2、20、46、48、131、132、207、210、235、317、318、319、328、506、803、892、893、894、1740、1809、1811、3314、4097号和歌。

顺。《书渗》中译文各句句末以一字空格间隔，无任何标点。第 2 号还有另一种情况将在后面讨论。

詠水江浦島子

春日光彌漫　步出澄江岸　飄蕩見漁舟　遐想古老傳　水江浦島子　海上行舟慣　松魚赤鬣魚　矜能釣不倦　一去杳七日　遺家不復戀　遠逾蒼海外　邂逅海若媛　惝恍共話言　歡悅成繾綣　攜手去仙鄉　海闕奐宮觀　雙雙處其中　長結神仙眷　不老亦不死　人間歲月換　無奈凡世愚　不能免羈絆　興言謂妹子　且欲白吾願　歸告父母來　須臾不逾旦　妹曰若還思　仍複來霄漢　似今長相守　此匣莫開看　盟誓一再三　叮嚀幾千萬　刹那返澄江　尋覓家鄉遍家鄉乃無有　奇哉信疑幻　念我出家門　璿璣才三轉　如何垣已頽　如何人已散　玉匣其有靈　或還我舊貫　便忘旦旦誓　開盒一微線　未開一線隙　白雲從中竄　直飛去仙宇　飄渺停天半　搖袂攘臂追　顛僕躑躅喚　追喚複何及　倏焉魂魄澌　朱顏改皺面　白髮代青鬢　一息遷延斷　溘然終壽算　水江浦島家　宛見在漪瀾

（书渗，1 月号，1941）

春日光彌漫，步出澄江岸。飄蕩見漁舟，遐想古老傳。水江浦島子，海上行舟慣。松魚赤鬣魚，矜能釣不倦。一去杳七日，遺家不復戀。遠逾蒼海外，邂逅海若媛。惝恍共話言，歡悅成繾綣。攜手去仙鄉，海闕奐宮觀。雙雙處其中，長結神仙眷。不老亦不死，人間歲月換。無奈凡世愚，不能免羈絆。興言謂妹子，且欲白吾願。歸告父母來，須臾不逾旦。妹曰若還思，仍複來霄漢。似今長相守，此匣莫開看。盟誓一再三，叮嚀幾千萬。刹那返澄江，尋覓家鄉遍。家鄉乃無有，奇哉信疑幻！念我出家門，璿璣才三轉。如何垣已頽！如何人已散！玉匣其有靈，或還我舊貫。便忘旦旦誓，開盒一微線。未開一線隙，白雲從中竄。直飛去仙宇，飄渺停天半。搖袂攘臂追，顛僕躑躅喚。追喚複何及！倏焉魂魄澌。朱顏改皺面，白髮代青鬢。一息遷延斷，溘然終壽算。水江浦島家，宛見在漪瀾。

（译文，第 50 期，1957）

如上述所列，第 1740 号和歌的译文在《书渗》中每句之间以空格间隔，无任何标点。在《译文》中全文添加逗号、句号和感叹号这三种标点。钱稻孙在划线部分三句句末用感叹号强调浦岛子看到人间岁月更迭、昨是今非的场面时充满疑惑和惊恐的内心世界。除此之外，每两句以逗号和句号划归为一组诗联，上一节中笔者提到《日本研究》的白话文中添加标点符号，以适应白话文的特点。译者在1957年仍将和歌以文言体译翻译，并采取繁体形式书写，可见其追求译文再现原文的古雅格调。然而在这种借鉴中国古代传统诗歌形式的译文中却添加标点符号，一是考虑现代读者的阅读方便，二是表现原文字里行间隐藏的强烈的、丰富的感情。

易马问答四首(之一)

つぎねふ　やましろぢを　ひとづまの　うまよりゆくに　おのづまし　かちよりゆけば　みるごとに　ねのみしなかゆ　そこもふに　こゝろしいたし　たらちねの　はゝがかたみと　わがもたる　まそみかゝみに　あきつひれ　おひなめもちて　うまかへわがせ

(万葉集・卷十三・3314/引自馆刊，第6号，1939)

山背道上嶺連岡。他人夫婿並乘黃。徒步厥有我家郎　吾每見之涕浪浪　思念及之心痛傷。慈母遺我有明鏡。蜻蛉帔子兩攜將。往易乘馬良人良。

(馆刊，第6号，1939)

山背道上，嶺連岡。他人夫婿，並乘黃。徒步厥有，我家郎。吾每見之，涕浪浪。思念及之，心痛傷。慈母遺我，有明鏡。蜻蛉帔子，兩攜將。往易乘馬，良人良。

(书渗，8月号，1939)

第3314号和歌的以上两种译文仅为标点符号的差异。《馆刊》中的标点使用并不规范，画线部分的三句间以空格隔开，其余句子间均为句号。《书渗》中的标点统一为逗号、句号间隔使用，逗号部分为四言，句号部分为三言。也就是说，钱稻孙将每一组七言句分别用逗号隔开为四言和三言，阅读起来节奏感更强，充分表现出原文五七音交替的特点。

2. 改译、增译

有19首和歌(第2、46、131、132、207、210、235、317、318、328、319、506、803、892、893、894、1809、1811、4097)在《译文》中除添加标点符号外，译者还更换字词、改变结构。以下4首和歌译文属于译者笔误或编辑印刷错误。

（柿本人麻吕作歌）反歌四首（之一）

安騎の野に宿る旅人うち靡き眠も寝らめやも古おもふに

（万葉集・巻一・46/引自书渗，7月号，1942）

隨從宵征安騎野　相與披蕪曲肱臥　孰還成寐同行者　往事懷思跡已墮

（中和月刊，第2卷第2期，1941）

隨從宵征安騎野　相與披蕪曲肱臥　就還成寐同行者　往事懷思跡已隨

（书渗，7月号，1942）

以上两种译文仅划线部分有两处不同，即“就”与“孰”、“随”与“堕”。原文末二句「眠も寝らめやも古おもふに」的大意为“行旅之人在怀古忧思中如何能够旅宿安眠”，表达作者对往昔的怀念之情。“孰”为反问语气，接近原文「やも」的意义；第二句末字“卧”与第四句末字“墮”押韵，强调往日痕迹荡然消逝的遗憾。由此可以判断《书渗》译文将《中和月刊》旧译中“孰”与“堕”更换为“就”与“随”应该是当时笔误或编辑、印刷错误。

安部女郎歌一首

吾が背子は物な念ほし事しあらば火にも水にも吾無けなくに

（万葉集・巻四・506/引自鸿巢盛广[66]，1930）

我君子兮，毋憂思兮。苟有事兮，火兮水兮，我無不之兮！

（中和月刊，第3卷第7期，1942）

我君子兮，毋憂思兮。苟有事兮，火兮水兮，我無不赴兮！

（译文，第50期，1957）

第506号译文在以上两种杂志中仅一字之差，最后一句第三个字“之”与“赴”二字不仅在用法上相差很大，意义上也完全不同。原文之意为“为君子甘愿赴汤蹈火”，因此“之”字意思不通，应该是《中和月刊》的误译或者编辑错误，之后在《译文》中得以更正。

（贫穷问答歌一首）反歌

世の中を憂いとやさしと思へども飛立ちかねつ鳥にしあらねば

（万葉集・巻五・893/引自书渗，12月号，1940）

亦知生人生　無非憂與羞　所恨不為鳥　何如飛去休

（书滲，12 月号，1940）

亦知生人世　無非憂與羞　所恨不為鳥　何如飛去休

（中和月刊，第 3 卷第 7 期，1942）

第 893 号和歌的两种译文仅有一字之差，原文初句「世の中を」在《书滲》中译为"亦知生人生"，很明显"生人生"意思不通，《中和月刊》中改为"生人世"才是原文「世の中を」的意思。因此，这种情况应归为笔误或编辑、印刷错误。

见菟原处女墓歌一首

菟原郡　葦屋鄉　垂髫有女方八歲　繭居不出深閨藏　直待紅妝梳寶髻　未許鄰家窺片光　悒鬱少年苦相望　紛紜問訊如堵牆　中有丈夫子二人　茅渟郎與菟原郎　發忿爭求兩不下　不辭焰火願赴湯　橫刀負矢怒相向　劍拔在手檀弓張　處子心傷不可安　低言告母泣闌干兒一寒家小女子　乃令壯士相仇殘　生終不得成燕婉 莫若須之在黃泉　痛隱衷腸斷寸寸芳魂一去不復還　當夕茅渟夢見之　遂亦追踪去九原　落剩菟原孤另一　呼天搶地切齒嫉仇匹寧甘輸後塵　尋根往逐一劍畢　族人共議树標幟　俾永斯情傳勿失　處女幽城奠當中　迤左迤右壯士壓，傳聞事雖未及見，卻比新喪淚橫溢。

（中和月刊，第 3 卷第 2 期，1942）

第 1809 号和歌"生終不得成燕婉"在《译文》中变化一字为"坐終不得成燕婉"，该句下句为"莫若須之在黃泉"，上下文联系来看，《译文》应该是笔误或编辑错误。

以下 15 首和歌译文属于后者译文的改变较前者意义更清晰准确、表达更生动、更具文采的情况。

舒明天皇登香具山望國之時御製歌

大和には　群山あれど　取よろふ　天の香具山　登立ち　國見をすれば　國原は　煙立ち立つ　海原は　かまめ立ち立つ　うまし國ぞ　秋津島　倭の國は

（万葉集・卷一・2/引自书滲，3 月号，1940）

惟此大和　丘陵孔多　靡克有加　香具峩峩　爰躋其上　瞻我邦家　野則升煙　水則飛鴎　豐兮美哉　惟此大和

（书滲，3月号，1940）

維此大和　丘陵孔多　靡弗具瞻　香具峩峩　爰躋其上　瞻我邦家　煙騰於竈　濛濛田野　亦自海沼　鷗飛婆娑　豐美國哉　維此大和

（中和月刊，第2卷第2期，1941）

以上划线部分对比可见两点明显差异：其一，原文共13句，《书滲》译文减译为10句；《中和月刊》译文为12句；其二，原文中「國原は　煙立ち立つ　海原は　かまめ立ち立つ」这组对句有4句，《书滲》减译为2句；《中和月刊》保留4句，更突出原文对偶句的特点，以及对句表现的宏大气势。其三，原文第三句「取よろふ」的两种译文“靡克有加”与“靡弗具瞻”，后者更符合原文的气氛，表现出原野一片辽阔的场面。因此，在1940年《书滲》译文基础上修改而成的1941年的译文，无论从句数还是气氛上都更接近原文。

柿本朝臣人麻呂從石見國別妻上來時歌二首(之一)[①]

石見の海　角の浦回を　浦なしと　人こそ見らめ　潟なしと　人こそ見らめ　よしゑやし　浦は無くとも　よしゑやし　潟はなくとも　鯨魚取り　海邊をさして　和多豆の　荒磯の上に　か青なる　玉藻沖つ藻　朝羽振る　風こそ寄せめ　夕羽振る 浪こそ来寄せ　浪のむた　彼よりかくより　玉藻なす　寄り寝し妹を　露霜の　おきてし来れば　この道の　八十隈毎に　萬づたび　かへりみすれど　いや遠に　里は放りぬ　いや高に　山も越え来ぬ　夏草の　思ひしなえて　偲ぶらむ　妹が門見む　靡けこの山

（万葉集・卷二・131/引自鸿巢盛广，1930）

濱海石見國，　海曲都農浦，　人則云無浦，　人則云無渚，　縱浦不足觀，縱渚不足取，　鯨波集渡津，　岩上青綸組，　朝並風扇搖，　夕和水波舞，　隨

---

①关于原文训读的引用问题，钱稻孙在期刊文章中零星提及到契冲、鸿巢盛广、佐佐木信纲的注释本，笔者对比这三种注释本发现本章所引原文训读大致相同，内容上无出入。因此，为研究方便，本章中对于民国期刊上未登载原文训读的译文，其原文均以钱稻孙在1937年《馆刊》创刊号上最初提及的鸿巢盛广注释本为参考。

波靡左右，因依共妹處，不謂霜露結，剔離我踽踽，修途八十曲，曲曲萬回顧，去家既已遠，度嶺彌益阻，妹念我如何，憔悴秋日蕪，山乎為我夷，俾望妹在戶。

（中和月刊，第2卷第3期，1941）

石見之滬，都农之浦。人則云無浦，人則云無沽；縱浦無足观，縱沽無足取；鯨波所聚會，和多豆之滸。蕩漾岩石間，搖曳青綸組。朝与風同扇，夕与水共舞。隨波左右靡，彼此相依互。妹亦如柔藻，依予共寢处。乃若霜露凝，留别我独去。修途八十曲，曲曲万回顧。离家既已远，度嶺弥益阻。妹其苦念予，憔悴夏草枯。山乎为我夷，俾見妹在户。

（译文，第50期，1957）

对比以上两种译文，完全相同的仅划线部分的五句。首先，形式上看前两句「石見の海　角の浦回を」在《译文》中以四言译出，应该是第一句对应原文的四字，第二句以对偶形式强化节奏。

其次，从句数上看，《中和月刊》为22句，《译文》为26句。其中增译“和多豆之浒”；“荡漾岩石间，摇曳青纶组”这两句和“彼此相依互，妹亦如柔藻，依予共寝处”这三句是分别将《中和月刊》的“岩上青纶组”和“因依共妹处”拆分而成。对比原文「和多豆の」对应的是“和多豆之浒”；「荒磯の上に　か青なる」对应“荡漾岩石间，摇曳青纶组”；「彼よりかくより　玉藻なす　寄り寝し妹を」对应“彼此相依互，妹亦如柔藻，依予共寝处”，这说明钱稻孙在20世纪50年代将旧译重新修改，旧译减译或合并的句子在新译时重现增译、拆译，使译文在句数句法上更接近原文。

再次，从句法上看，「朝羽振る　風こそ寄せめ　夕羽振る　浪こそ来寄せ」这组对句在《中和月刊》中译为“朝並風扇搖，夕和水波舞”，《译文》改换为“朝与風同扇，夕与水共舞”，意思上虽无出入，用字上追求对仗，两句第二个字将“並”、“和”统一为“与”，第四个字“同”、“共”强烈表达“我”想起与“妹”朝夕相伴的过去，更感伤如今离别的无奈。

最后，从修辞手法上看，原文「露霜の　おきてし来れば」这两句在《中和月刊》中译为“不謂霜露結，剔離我踽踽”，《译文》中改为“乃若霜露凝，留别我独去”，意义更清晰。「露霜の」是「おきて」的枕词，意为霜露凝结或霜露消逝，后者译文使用“乃若”二字容易使人产生在秋天霜露凝结时离别的凄凉感，“离别”本身又意味着消失，即相聚的日子如霜露般转瞬即逝。从这个意义上看，《译文》更容易使读者理解枕词的隐含意义，从而体会和歌中蕴含的诗人的情感。

以上分析说明，钱稻孙在《译文》中对旧译的改变，一是力求译文从内容和句数句法上更接近原文，二是为便于读者理解，改换字词使译文的表达更清晰。

第207号长歌的译文与上述情况一样。句数上《中和月刊》为22句，《译文》为26句。对比原文「さねかづら　後も逢はむと　大船の　思ひたのみて　玉かぎる　磐垣淵の　こもりのみ　戀ひつつあるに」这几句在《中和月刊》以“菟絲女蘿終合並 且匿深淵戀戀情”两句译出，译者对「大船の　思ひたの」做了省略不译的处理。在《译文》中扩充为“菟絲女蘿終相並，長會有期且自盟。托心巨舟堅以定，甘忍深淵綣綣情”这四句，其中“長會有期且自盟”在原文中虽无对应的句子，意思上可视为对「後も逢はむ と大船の　思ひたの」的强化，强调人生必有一死，终能再与亡妻见面的坚定信念。后句“托心巨舟堅以定”是利用枕词「大船の」隐含的“大船坚固、平稳”的联想意义证明这种信念的坚定不动摇。原文「吾が戀ふる　千重の一重も　慰むる　心もありやと　吾妹子が　止まず出で見し」这几句在《中和月刊》中译为“往者我竢常于庭 千疊幽情或得傾”，《译文》扩充为“兾或相逢形若影，素昔竢我常此迎。悲懷縈疊難尽罄，倘亦千絲慰一莖”这四句，其中“兾或相逢形若影，素昔竢我常此迎”是对「吾妹子が　止まず出で見し」句意的扩展，意为“‘我’站在亡妻常来的地方寻找她的影迹”，强化悲情色彩。第四句“倘亦千絲慰一莖”中的“千絲慰一莖”和原文「千重の一重も」结构句式对应。

(柿本朝臣人麻呂從石見國別妻上來時歌二首)反歌之一

石見のや　高角山の　木の間より　我が振る袖を　妹見つらむか

(万葉集・卷二・132/引自鸿巢盛广，1930)

石見兮高角山　從林中兮我袖翻　妹相望兮在戶　其亦我兮見旃

(中和月刊，第2卷第3期，1941)

石見兮高角山；从林中兮我袖翻。妹望予兮在戶；其亦我兮見旃。

(译文，第50期，1957)

第132号和歌的以上两种译文仅第三句改动二字，钱稻孙在《中和月刊》中原译为“妹相望”，而在《译文》中改译为“妹望予”。原文末两句「我が振る

袖を　妹見つらむか」意为“妹子可望见我挥袖”，强调“我”担心恋人看不到“我”挥袖的样子，寄托着切莫将“我”遗忘的心愿。因此，“妹望予”比“妹相望”更接近作者的意图，表现的是希望恋人一直不忘“予”（我）的心情。可见《译文》改换字词使原文的意思更清晰。

柿本朝臣人麻吕妻死之后，泣血哀恸作歌二首（其二）

現身と　念ひし時に　たづさへて　吾が二人見し　走り出の　堤に立てる　槻の木の　こちごちの枝の　春の葉の　茂きが如く　念へりし　妹にはあれど　憑めりし　見らにはあれど　世の中を　背きし得ねば　かぎろひの　燃ゆる荒野に　白妙の　天領巾隠り　鳥じもの　朝立ちいまして　入日なす　隠りにしかば　吾妹子が　形見に置ける　みどり児の　乞ひ泣く毎に　取り與ふ　物し無ければ　男じもの　腋ばさみ持ち　吾妹子と　二人吾が寝し　枕づく　嬬屋の内に　晝はも　うちさび暮し　夜はも　息づき明かし　嘆けども　せむすべ知らに　戀ふれども　逢ふよしを無み　大鳥の　羽易の山に　吾が戀ふる　妹は坐すと　人の言へば　石根さくみて　なづみ来し　よけくもぞなき　うつせみと　念ひし妹が　玉かぎる　ほのかにだにも　見えぬ思へば

（万葉集・卷二・210/引自鸿巣盛广，1930）

生前記得手携將，門外池塘共相羊，春榆枝葉隨在暢，密意濃情恰取況，吾於妹也方倚仗，奈何不免世無常，煙霧淒迷荒野曠，白布幡招竟殯葬。晨鳥一去忘囘向，落日西沈遂不光，遺念綠嬰猶在襁，喤喤泣乳我何當。男兒挾掖終無狀，獨守與君嘗共房，白晝苦淒夜嘆長，莫由相會但心傷。人云君在翼山上，跋涉塗泥尋来訪，舊日音容何由望，影且不逢空斷腸。

（中和月刊，第2卷第3期，1941）

以上两种译文划线部分的变化为：《中和月刊》中“方倚仗”、“遂不光”、“猶在襁”、“何由望”在《译文》中改为“兩倚仗”、“頓失光”、“犹褓襁”、“何处望”。这四句分别对应原文「妹にはあれど　憑めりし」、「入日なす　隠りにしかば」、「みどり児の乞ひ泣く毎に」、「念ひし妹が　玉かぎる　ほのかにだにも　見える思へば」。意思上看两种译文都做到了传情达意，但用词的略微不同使后者译文表达更清楚。“犹褓襁”的“褓襁”二字比“猶在襁”的“襁”字更清晰地阐明婴儿仍在襁褓的意思。对比“遂不光”和“顿失光”、“方倚仗”和“兩倚仗”、“何由望”和“何处望”，后者译文用词更生动。

与此例相同，第 892 号和歌译文也属于这种情况。《书渗》中“忘炊不復憶”在《中和月刊》[56]和《译文》中为“久疏忘炊術”；《中和月刊》和《书渗》中的“妻子相啼飢”、“為我胡獨小”、“曲伏廬中老”、“即茨土泥上”、“妻孥足旁繞”、“相向但苦惱”在《译文》中分别为“妻子並啼飢”、“胡独为我小”、“曲伏茅廬老”、“即茨泥土上”、“妻孥傍足繞”、“相对但苦惱”。“為我胡獨小”改为“胡独为我小”是为了与后句“胡独不我照”形成整齐的对仗。其余几处改动并未影响原意，后者译文表达更为生动。

天皇御游雷岳之時柿本朝臣人麻呂作歌

皇（おほきみ）は　神（かみ）にしませば　天雲（あまぐも）の　雷（いかづち）の上（うへ）に　廬（いほり）せるかも

（万葉集・巻三・235/引自中国留日同学会季刊，第 2 期，1943）

維皇斯神　爰在于天　雲雷之顛　為茲行殿

（中和月刊，第 2 卷第 4 期，1941）

維皇斯神　爰在于天　雲雷之上　為是行殿

（中国留日同学会季刊，第 2 期，1943）

第 235 号和歌的两种译文仅有两字不同，《中和月刊》第三句“雲雷之顛”的“顛”在《中国留日同学会季刊》中改为“上”，与原文「雷の上に」对应；第四句“為茲行殿”的“茲”改为“是”，意思上后者更易于理解。对比两种译文，后者更接近原文的表达，译文的语言较前者通俗。

山部宿彌赤人、望不盡山歌一首

天地（あめつち）の　分れし時ゆ　神（かむ）さびて　高く　貴（たぶと）き　駿河（するが）なる　布士（ふじ）の高嶺（たかね）を　天（あま）の原（はら）　ふりさけ見れば　わたる日の　影（かげ）もかくろひ　照（て）る月の　光も見えず　白雲（しらくも）も　いゆきはゞかり　時じくぞ　雪はふりける　語りつぎ　言ひつぎ行かむ　不盡（ふじ）の高嶺は

（万葉集・巻三・317/引自馆刊，第 5 号，1938）

肇自天地分　神靈御駿河　尊嚴崇富士　雲天仰嵯峨　運日景為翳　皎

月息其華　白雲迴避過　凝雪常不摩　傳言期不盡　願永富士歌

（馆刊，第 5 号，1938）

自天地之初分　鬱靈氣以特尊　崇鎮乎駿河之郡　不盡乃神山之君　撥天雲以瞻仰　既運日之自戢其光　亦明月之不見其爽　白雲不敢而往　淩雪不時其雰　傳之誦之以靡足　厥維不盡之高嶽

（中和月刊，第 2 卷第 4 期，1941）

自天地之初分，永尊严于高雯。崇鎮乎駿河之郡，不尽乃神山之君。仰雲天以瞻望，既運日之自戢其光，亦明月之不竟其爽。白云不敢而往，凌雪不時其雰，傳之誦之以靡足，厥維不盡之高嶽。

（译文，第 50 期，1957）

第 317 号和歌的上述三种译文，很明显《馆刊》五言译文形式简练，句数较少；《中和月刊》和《译文》的杂言译文更讲究文采，因此可视后两种译文为《馆刊》的重译。对比《中和月刊》和《译文》发现其共通点有以下三点：第一是多用“以”和“之”字延长语音，增强富士山的宏伟气势。第二是重视押韵，分、雯；郡、君；望、光、爽、望、雰；足、嶽等韵部相同；第三是多用对偶句。“崇鎮乎駿河之郡，不尽乃神山之君”、“既運日之自戢其光 亦明月之不見其爽”、“白云不敢而往，凌雪不時其雰”这三组中，每组两句相同之处用“之”、“不”，上下结构对仗整齐。原文「語り継ぎ　言ひ継ぎ行かむ」译为“傳之誦之”，句式上以“……之……之”对应「～継ぎ～継ぎ」。

《中和月刊》和《译文》有三句不同（划线部分），第一处原文「神さびて高く貴き」，《中和月刊》译为“鬱靈氣以特尊”，“灵气”二字对应的是「神さびて」，然而后句中有“神山”二字，因此《译文》改为“永尊严于高雯”避免词意重复，同时“高”字对应原文的「高く」。第二处「天の原　ふり放け見れば」的两种译文“撥天雲以瞻仰”和“仰雲天以瞻望”相比，后者与“仰望高天原”的原意更接近。第三处「照る月の　光も見えず」的两种译文“亦明月之不見其爽”和“亦明月之不竟其爽”仅一字之差，前者更接近原文字面意思，后者译文用“竞”字夸张地渲染富士山超越日月的光芒。从上述分析中可见，钱稻孙每一次的修改不仅使译文更加逐步接近原文的句式，也更重视文采修辞，甚至有时可能超越了原文的字面意义。钱稻孙在以下第 318 号反歌中也运用了同样的翻译手法。

(山部宿彌赤人、望不盡山歌一首)反歌

田子(たご)の浦(うら)ゆうち出(い)でてみれば真白(ましろ)にぞ不盡の高嶺に雪は零(ふ)りける

（万葉集・卷三・318/引自馆刊，第5号，1938）

出從田浦仰富士　嶺巔凝雪長皤皤

（馆刊，第5号，1938）

出從田兒浦　仰彼不盡嶺　皚皚雪一白　降在山之頂

（中和月刊，第2卷第4期，1941）

出從田兒浦，仰彼不盡嶺。白雪常皚皚，降在山之頂。

（译文，第50期，1957）

《馆刊》译文七言二句与《中和月刊》《译文》的五言四句在内容量上相当，然而句数上后两者更接近原文的五句句数。《中和月刊》与《译文》仅在第三句调整了语序，“皚皚雪一白”与“白雪常皚皚”比较，描述性词语“皚皚”更突出富士终年积雪的美景，而并非强调“白”的视觉色彩。

詠不盡山歌一首

なまよみの　甲斐の國　打ち寄する　駿河の國と　こちごちの　國のみなかゆ　出で立てる　不盡の高嶺は　天雲も　い行き憚かり　飛ぶ鳥も　翔びも上らず　燎ゆる火を　雪もて消ち　降る雪を　火もて消ちつつ　言ひもかね　名づけも知らに　靈しくも　坐す神かも　石花の海と　名づけてあるも　その山の　包める海ぞ　不盡河と　人の渡るも　その山の　水のたぎちぞ　日の本の　やまとの國の　鎮めとも　坐す神かも　寶とも　なれる山かも　駿河なる　不盡の高峯は　見れど飽かぬかも

（万葉集・卷三・319/引自鸿巣盛广，1930）

厥材宜弓　甲斐之邦　海波朝宗　駿河之封　崛夫彼此之國中　巍乎不盡之高峯　行雲為而斂跡　飛鳥戢而不風　騰燄為雪而凍　凍雪為火而融　語言有所窮　終莫狀其容　靈乎其崇　神其斯鐘　山上聚水以溶溶　世稱石花之澒　自山流溢以潨潨　人涉不盡之江　斯鎮國之明神兮莫比隆　斯日本

之寶山兮莫與雙　駿河不盡之靈嵩　仰不自知其疲慵

（中和月刊，第 2 卷第 4 期，1941）

《中和月刊》划线部分四句“厥材有弓”、“崛夫彼此之國中”、“飛鳥戟而不風”、“仰不自知其疲慵”在《译文》中分别是“生材宜弓”、“肇自远近之国中”、“飞鳥疲于上冲”、“仰无餍兮藐我躬”。原文初句「なまよみの」可写为「生弓の」，意为“生木之弓”。「飛ぶ鳥も　翔びも上らず」这句，《译文》“飞鳥疲于上冲”更接近原文字面意思；《中和月刊》“飛鳥戟而不風”是译者刻意与上文“行雲為而斂跡”形成整齐的对仗，因而将原意换为一种更具文采的表达。最后一句「見れど飽かぬかも」意为“看不厌”，因此译为“仰无餍兮藐我躬”是“不厌倦”之意，比“仰不自知其疲慵”更准确。

太宰少贰小野老朝臣歌一首

あをによし寧樂の京は咲く花の匂ふがごとく今盛りなり

（万葉集・巻三・328/引自中国留日同学会季刊，第 2 卷，1943）

美土維青　寧樂之京　如華斯馨　于今為盛

（中和月刊，第 2 卷第 4 期，1941）

猗歟丹青　寧樂之京　如華斯馨　于今為盛

（中国留日同学会季刊，第 2 卷，1943）

第 328 号和歌的以上两种译文不同之处在于对枕词的翻译。「あをによし」是「寧樂」的枕词，福井久藏[67]68根据古来诸家学说，归纳出「あをに」的汉字为「青丹」「青土」及「緑青」，《中和月刊》译为“美土維青”应该取的是「青土」二字；《中国留日同学会季刊》译为“猗歟丹青”取的是「青丹」二字。可见，钱稻孙并不拘泥某一种学说，而是了解多家解说，尽量将原文的相关信息在译文中更客观全面地表达出来。

（令反惑情歌一首）反歌

しろがねも黄金(こがね)も玉(たま)も何せむにまされる寶(たから)子みしかめやも

（万葉集・巻五・803/引自馆刊，第 5 号，1938）

黃白金玉何所有　多寶孰與多子侔

（馆刊，第 5 号，1938）

金银与白玉　于我何所有　多子斯为宝　多宝孰与侔

（中和月刊，第 3 卷第 7 期，1942）

第 803 号和歌两种译文的变化在于形式的不同，内容上并无增减或改变。钱稻孙起初在《馆刊》中译为七言二句，后在《中和月刊》以五言四句形式发表，其中末两句“多子斯为宝 多宝孰与侔”为对偶句，原文「まされる寶子みしかめやも」并非对句形式。可以说，后者译文是对新形式的一种尝试，译文更讲究修辞。

好去好来歌一首

神代より　言い傳て来らく　そらみつ　倭の國は　皇神の　厳しき國　言靈の　幸はふ國と　語り継ぎ　言い継がひけり　今の世の　人も悉　目の前に　見たり知りたり　人多に　満ちてはあれども　高光る　日の朝廷　神ながら　愛の盛りに　天の下　奏したまひ　家つ子ら　撰びたまひて　勅旨　戴き持ちて　唐の　遠き境に　遣はされまかりいませ　海原の　邊にも奥にも　神留り　うしはきいます　諸の　大御神等　倭の　大国靈　ひさかたの　天の御虚ゆ　見渡したまひ　事了り　還らむ日は　また更に　大御神等　船の舳に　御手うちかけて　墨縄を　はへだる如く　あちかをし　値嘉の岬より　大伴の　御津の濱邊に　直泊てに　御船は泊てむ　無く　幸くいまして　早帰りませ

（万葉集・巻五・894/引自日本研究，第 2 卷第 2 期，1944）

蓋聞神代來　天監茲倭國　神皇暢其威　語言靈其德　載紹覆載繼　言語述先則　今人孰不然　見知宛在即　人非不盈廷　君獨被恩色　於赫日神皇　隆寵世家職　君先奏國政　使君奉帝敕　秉節行唐土　唐土良遠域　邊海複遠海　神鎮各有直　咸來導君舟　為君宣神力　天神並地祇　靈倭之社稷　翔飛在昊天　亦維君是翼　事畢歸來日　神復佑君側　神手扶君舷　逕引如繩墨　近從智可岬　君舟不待息　直抵大伴津　繫纜海濱杙　康寧祈無恙　早歸祈無忒

（中和月刊，第 3 卷第 7 期，1942）

自從神世來　相傳云如斯　天鑒此倭國　皇神示莊嚴　語言顯靈奇　若是口口相承繼　傳言直到於今茲　以故即今世之人　亦皆當前共見知　朝廷嗣天日　高照有餘曦　雖則人滿域　神寵獨隆施　謂君先令德　嘗奏天下宜　選爾世家子　遣令敕旨持　君令使唐土　唐土良遠陲　於戲鎮海諸大神　坐領邊沿滄溟　觚來舟舳予指麾　於戲天神與地祇　及我倭國之社神　翔飛昊天守護垂　迨夫事畢歸來日　更乞諸神手挽之　直如張繩墨　引君舟隱移　遙從智可之靈岬　逕泊御津大伴涯　惟願使君欣無恙　早日歸來王者畿

（日本研究，第 2 卷第 2 期，1944）

第 894 号和歌两种译文形式上的区别在于《中和月刊》以五言形式翻译，《日本研究》以五言、七言（夹杂有一句六言“坐領邊沿滄溟”）的杂言形式翻译，长短参差的节奏使译文张弛有度，因此后者杂言形式的译文较前者更具气势。从句式和内容上看，后者译文更接近原文。原文前两句「神代より　言い傳て来らく」在《中和月刊》中合译为一句“蓋聞神代來”，在《日本研究》中拆分回两句“自從神世來　相傳云如斯”。「高光る　日の朝廷」在《中和月刊》中合译为“於赫日神皇”；在《日本研究》中拆分为两句“朝廷嗣天日　高照有餘曦”，其中“高照”、“天日”是直译原文。因此，后者译文更具文采、讲究修辞，具有最大化表现原文的特点。

（见菟原处女墓歌一首）反歌

墓の上に木の枝靡けり聞くがごと血沼壮士にし依りにからしも

（万葉集・卷九・1811/引自鸿巢盛广，1932）

處女墳上樹　枝枝向一方　如是我嘗聞　蓋在茅渟郎

（中和月刊 1942 年第 3 卷第 2 期）

《中和月刊》第三句“如是我嘗聞”在《译文》中改动一字，为“如是我所聞”，与原文对应的是第三句「聞くがごと」。从「ごと」的语义理解，“如……所”的这种表达更通顺。

（贺陆奥国出金诏书歌一首）反歌

天皇の御世栄えむと東なる陸奥山に金花さく

（万葉集・卷十八・4097/引自书滲，7 月号，1940）

將有慶于邦家　徵彼東國之涯　陸奥有山　金發其華

（书渗，7 月号，1940）

天皇聖代　其慶有加兮　東國陸奥　山燦黃金之花兮

（中国留日同学会季刊，第 2 期，1942）

第 4097 号和歌的以上两种译文内容量均等，对比原文发现，后者译文从表现手法上更接近原文。原文上半部分「天皇の御世栄えむと」赞美天皇治世繁荣，下半部分「東なる陸奥山に金花さく」赞美东国山花灿烂；在结构上后者译文以四言和杂言混合的形式，而且偶数句以“兮”结句，结构和节奏都很整齐。《书渗》译文第一句赞美天皇，后三句赞美东国，结构不匀称，与原文对比上下部分内容量比例上显得失衡。

3. 重译

第 20 号和第 48 号和歌在不同杂志中的译文差异较大，归为重译的情况。

天皇游猎蒲生野时，额田王作歌

あかねさす紫野行き標野行き野守は見ずや君が袖振る

（万葉集・卷一・20/引自鸿巢盛广，1930）

在这映红光的紫草地里， 禁围场上， 时来时往； 看场的人们不会看见吗？ 你直摇着衣袖！

（日本研究，第 2 卷第 1 期，1944）

驰骋茜紫野， 往来围禁场； 虞人岂无睹？ 君袖乃尔扬。

（译文，第 50 期，1957）

（轻皇子宿于安骑野时，柿本朝臣人麻吕作歌）反歌

東（ひむがし）の野にかぎろひの立つ見えて顧（かへり）みすれば月傾（かたぶ）きぬ

（万葉集・卷一・48/引自馆刊，第 5 号，1938）

流景灼東垌　回首月已傾

（馆刊，第 5 号，1938）

暖暖東方極目遙　初開宿霧覆葦苕　回首西流星漢澹　殘月在天懸未消

（书滲，7 月号，1942）

对比两种刊物收录的原文并未发现意义上的出入，然而译文的内容量差异较大。《馆刊》为五言二句与原文基本对等；《书滲》为七言四句，增译第一句“暖暖”；第二句“葦苕”与第三句“星漢”在原文并未明确提及，然而这几处增译使译文高于原文文采。可见，1938 年《馆刊》译文更接近原文，而 1942 年《书滲》译文是钱稻孙以原文为素材的一种创造性翻译，追求的是超越原文的艺术效果。

通过对以上三种情况的分析发现，钱稻孙在《译文》中对旧译的修改达到两个效果，其一是新译无论从句数句法上，还是对原意的表现上都更接近原文，译者理解得更准确到位。其二是旧译中一些笔误或编辑错误在新译中得以订正。

综上所述，从《馆刊》到《译文》，钱稻孙的万叶诗歌翻译在译本正式出版前已初具规模，选译各卷覆盖率高，译文重复率低是其翻译上的特点。在译文收录相对集中的《馆刊》《书滲》《中国留日同学会季刊》《中和月刊》和《日本研究》这 5 种刊物中，除《书滲》外其余均为学术期刊。笔者通过对同一首和歌不同译文的对比分析发现，钱稻孙之所以对前译进行修改或重译之后再重新发表，其目的一则使译文不断接近原文，二则追求以创造性翻译使译文表现出中国传统诗歌的文采；三是订正旧译中的错误。

第三节　《万叶集》中译本的产生及特点

继《译文》之后，1959 年第一部《万叶集》中译本——《汉译万叶集选》问世，这是钱稻孙二十年万叶和歌翻译的最大成果。随后他于 20 世纪 60 年代初大量增译，在他去世后的 1992 年和 2012 年分别由文洁若、曾维德编辑的《万叶集精选》和《万叶集精选(增订本)》在我国正式出版，这三部译本凝聚了钱稻孙自 20 世纪 30 年代至 60 年代倾注于《万叶集》翻译上的三十年心血。

一、出世本：《汉译万叶集选》

《汉译万叶集选》是《万叶集》最初的中译本，由佐佐木信纲委托钱稻孙翻译并于 1959 年在日本出版，该译本收录万叶和歌译文共计 311 首。

起初佐佐木信纲希望[14]185-186《万叶集》能尽快被翻译成各国语言，得以广泛传播。昭和 15 年(1940 年)由岩波书店出版的《英译万叶集》选译 1000 首诗歌，他迫切希望以此译本为基础，或选译 500 首、300 首、100 首的各国语言的系列译本。因此，他委托早在杂志上发表过相当数量万叶和歌译文的译者钱稻孙担此重任。新村出也提到[14]189，铃木虎雄博士曾大力称赞钱稻孙的译文。吉川幸次郎[14]196十分欣赏出身书香门第的钱稻孙，评价说钱氏幼年接受良好的家庭教育，并且精通中国、日本、西洋三种文化，因而《万叶集》翻译工作的承担者非他莫属。

关于选译情况，钱稻孙提到[14]2 311首和歌中，佐佐木信纲选定了280余首，其余20余首为自己所选。译文起初由佐佐木信纲委托市村瓒次郎修改，后因市村逝世转交铃木虎雄校阅，钱稻孙根据所提意见重新修改，最终由吉川幸次郎领导下的平冈武夫、市原亨吉、今井浦负责校对。这就是译本从委托到出版的大致过程。

《汉译万叶集选》的构成分为序、译文、汉译万叶集缘起、后语、跋这五个部分。

表2-4 《汉译万叶集选》的构成

构成	作者(页码)	内容摘录
序	钱稻孙 P_{1-3}	日本古典，古事记与万叶集尚焉，比于我之书与诗。 集凡二十卷收古歌四千五百有余首。 歌之古者或发句于三言四言，要以五七言文选取调，不押韵脚。
卷一～卷二十	钱稻孙 P_{4-183}	筐兮明筐　攜在旁　圭兮利圭　執在掌　之姝者子　採菜在岡 家其焉居　曷昭爾名　天監茲大和　率維我所舍　率維我所坐 我斯則告兮　我名亦我家兮
漢訳万葉集縁起	佐々木信綱 $P_{185-188}$	自分は、はやくから万葉集を各国の語に翻訳して、世界の人々に示したい… 折から長く日本に在住してをられた中国の銭稲孫君と、ドイツのツァヘル君とを知ることが出来たので…両君の快諾を得た。
後語	新村出 $P_{189-191}$	英訳万葉歌選の刊行されるころ、相期せずして、北京の銭稲孫氏が、すでに漢訳万葉歌選を、一雑誌に発表されつつあった…
跋	吉川幸次郎 $P_{193-198}$	先生をのぞいてはこの仕事をなし得る人はなかったであろう。 この翻訳が、中国の詩としても美しい限りであるのは、先生の手に成ればこそである。

如上表所列，《汉译万叶集选》的序言部分由钱稻孙用中文撰写，完成的时间是1956年。在译文之后另附委托人佐佐木信纲、出版参与人新村出、负责译本校对工作的吉川幸次郎为译本撰写后记，完成时间集中在1959年5月。从时间推测钱稻孙早在1956年完成了翻译工作。此外，他用现代汉语介绍万叶集的概貌及翻译修改过程，说明译文面向的是中国读者。

首先，钱稻孙提到[14]1："日本古典，古事记与万叶集尚焉，比于我之书与诗"，这里的"我"是与"日本"相对的概念，也就是"我国"，后面有一句提到"彼邦"，指的就是日本。"我"与"彼"明确了译者的立场，此书是为我国读者介绍日本古典作品而译。至于万叶集的历史地位，"比于我之书与诗"，也就是《古事记》与《尚书》，《万叶集》与《诗经》是普遍认可的一种对应关系。

其次，钱稻孙谈到[14]2《万叶集》相关研究文献时说："有图谱、索引、年表、传考、方志、舆图、辞典、语释，……而尤有读不成言之句，悬莫得解"，足见万叶和歌研究的困难。那么钱稻孙为何要选择翻译这部作品呢？他阐明以下三个方面原因：一是从《万叶集》出发，"朴质遒劲，迥非后世和歌之比"，因其诗风在和歌史独树一帜；二是从与中国文化的渊源出发，"史事有可徵焉，风俗有可见焉，方言传说有可玩焉，尤多与我一脉相通者"，也就是说，透过《万叶集》能够了解中国文化及其在海外传播的历史；三是从现实情况出发，"日本我近邻，我之通其文者且济济。而浏览罕及其古典，将知彼之谓何"，中国人虽通日文者多，然而很少有人了解近邻日本的古典文化，因此我们迫切需要"知彼"，从这点原因也能反映出钱稻孙积极吸收外来文化的开放式文化观。

基于上述原因，钱稻孙再次明确[14]2自己的翻译策略是"妄试韵译。以拟古之句调，庶见原文之时代与风格"，以韵文翻译，模仿古调，其目的是为再现原文创作时期的时代和作品风格。他采取文言译文，追求对原文时代风貌的再现，也是他"好古"情结的体现。

"乃有客见而许之，传闻于彼邦。于是其万叶学泰斗佐佐木竹柏园先生名信纲，……助予成之"[14]2，根据钱稻孙在《序》中的这段叙述证明他早在接受翻译委托前就产生了希望万叶和歌的译介能使中国读者"知己知彼"的想法。怀着这个期待，他在一系列杂志上发表译文，随后引起日本学界关注，于是顺理成章地接受翻译委托。因此，翻译《万叶集》并出版译本，对钱稻孙来说，能够实现他的目标，这正是他所盼望的；对委托方来说，能够达到传播日本文化的目的，也正是他们需要的。

最后钱稻孙[14]3在《序》结尾部分明示"用粗述万叶面貌，并记选译之始末于端，以贡我国之览及此书者”，他预设的读者无疑是中国人，而且是具有一定古文功底的中国人，归根结底他的翻译目的还是“知己知彼”。遗憾的是这部译本始终未能与我国读者见面，因钱稻孙后来被捕入狱，他与日本方面的一切往来也被中断，最终这部译本只在日本得以出版。

该译本正文部分包括注释和译文。译本中所有注释出现在译文前后，内容为诗歌收录情况、诗歌创作年代、人名地名、创作风格、思想内容、字词释义、传说典故、翻译策略等。译本收录311首和歌译文(选译万叶和歌311首，每首诗歌仅收录一种译文)，全部为文言体，有四言、五言、六言、七言和杂言形式；译文无标点，各句间以空格间隔。选译和歌在《万叶集》各卷分布情况如下：

表2-5 《汉译万叶集选》选译数量及译文分布情况

一	二	三	四	五	六	七	八	九	十	十一	十二	十三	十四	十五	十六	十七	十八	十九	二十
35	23	35	7	9	15	11	11	9	2	2	2	34	8	13	15	19	14	26	21

如上表统计，前三卷选译较为集中。第一卷所选和歌中有明确作者的，除柿本人麻吕7首、山上忆良1首、春日藏首老1首外，其余均为天皇、皇子、皇女等皇室贵族的作品，内容有游猎、行幸、迁居、赞颂、恋爱，大体以“喜事”为主。第二卷中柿本人麻吕的作品选译最多，共计13首，其余有太后、太上皇、舍人等宫廷相关人物的作品，主题多为离别、病伤、悼亡等“悲事”。因前两卷居于《万叶集》卷首的重要位置，汇集格调高古、文雅气派的和歌，这些和歌大多为皇室、贵族的作品，故而两卷中行幸、宴会、羁旅、恋爱、悼亡等与宫廷密切相关的内容极其丰富。

第三卷主要选译万叶代表歌人的作品，多为赴任、出游途中寄景抒情的羁旅歌，除大伴旅人赞酒歌13首、柿本人麻吕6首，山部赤人4首外，另有皇孙、朝臣的作品。第四卷选译赠答形式的恋歌4首。第五卷选译的9首和歌中除1首作者不详，其余8首均为山上忆良的作品，内容有规劝大众、思念亲子、哀叹世间、同情穷苦等，作品深受中国传统哲学思想的影响。第六卷选译山部赤人4首赞颂歌，另有1首僧侣作品。第七卷集中选有7首旋头歌，表现乡间田原的爱情。第八卷多为吟咏樱、梅、雪等自然风物，另选译2首山上忆良的七夕歌。第九卷选译的6首取材传说故事。

第十、十一、十二卷各选译2首，大多为即景抒情的作品，有七夕歌、寄物陈思歌和正述心绪歌。第十三卷覆盖杂歌、相闻、问答歌、挽歌四类，集中表现各歌类内容上的特点。第十四卷选译的东歌来自信浓国、长野国、常陆国、下总国歌等。第十五卷选译均为离别、悼亡等悲情色彩浓厚的作品。第十六卷选有戏作和乞丐的作品，与之前各卷内容相比极具世俗性。

第十七卷至第十九卷共选译59首内容并不重复，其中大伴家持的作品多达49首，占总量83%。第十七卷多为赠答、出游主题；第十八卷多为赞颂皇治；第十九卷吟咏花鸟风月、即景抒情，三卷合起来基本可以反映出家持作品的概貌。

第二十卷以防人歌为主，选译边陲将领和朝臣之作，另有大伴家持作品8首，其中2首反映其归隐思想。

根据以上分析，选译情况归纳如下：第一，覆盖率高。所选和歌的作者有天皇、皇后、皇子、皇女、朝臣、宫人、边陲将士、普通民众、乞食者等各阶层各身份的人物，覆盖杂歌、相闻、挽歌、譬喻歌、问答歌、防人歌等万叶和歌所有类别。内容丰富多彩，游猎、行幸、宴会、羁旅、赠答、咏物、悲别、悼亡等悲喜交加、公私夹杂的人生百味尽在收录之中。第二，各卷内容互为补充。比如第一卷以“喜事”为主，第二卷则为离别、悼亡的“悲事”。第十四卷东歌中未选译防人歌，而在第二十卷中集中译出。第三，重点选译万叶代表歌人的作品，突出万叶四期的不同歌风。按选译量排列如下：敏锐纤细的大伴家持(选译59首)、善于修辞的职业宫廷诗人柿本人麻吕(选译27首)、寄托忧伤于短歌的大伴旅人(选译14首)、伤感俗世的山上忆良(选译13首)、吟咏自然的山部赤人(11首)。第四，突出长歌的特点。《汉译万叶集选》收录长歌115首、短歌185首、旋头歌11首。《万叶集》中长短歌的比例约15∶1，而译本中的比例约1∶1，可见译者重视万叶长歌的翻译。

译本缺憾在于《万叶集》中的不少历史典故、民间传说并未收录其中，如第3350号男女相易里衣的常陆国歌、第3786号两壮士争妻的樱儿歌等，因选译的311首诗歌在总量4516首中仅占6.9%，无疑很多内容无法收录进去。

对比该译本与1937年至1957年的杂志译文发现，《汉译万叶集选》中有38首和歌①的译文与期刊译文完全不同，属于重译。钱稻孙在译本《序》中提到[14]3：“残存当年草底若干束。重加理董修补，再寄海外。承彼邦汉诗巨伯铃木豹轩先生权诸原文，定所未定。”因此，《汉译万叶集选》的大部分译文是

①这38首分别是第1、3、5、8、13、14、16、17、21、25、45、50、63、135、153、181、196、199、207、264、322、337、505、527、800、802、996、1791、3644、3791、3886、4094、4097、4331、4373、4402、4466、4467号和歌。

在早年旧译的基础上修改补充而成，仅少量进行重译，最终铃木豹轩(名虎雄)根据原诗权衡定稿。在此笔者明确两点问题：第一，311 首和歌中 38 首为重译，273 首为旧译所改，比例为 88%。因此，曾维德[12]5 在《万叶集精选(增订本)》的《增订本序》中说：“《汉译万叶集选》又是在早期刊登的译文中辑改而成”，此说法过于模糊，应该是 88%为辑改，其余为重译。第二，该译本中 280 余首诗歌为佐佐木信纲所选，虽所选诗歌序号并未明确，然而根据以上改译和重译的数据可以断定，佐佐木信纲所选定的诗歌大多仍为钱稻孙的旧译。换句话说，委托人所选定的也是译者之前所选的，二者意见是一致的。因此，无论是以杂志译文，还是译本为研究对象，都能够反映出译者的思路。下面以雄略歌为例对比三种文言译文的变化情况。

泊瀨朝倉宮御宇天皇御製歌

籠毛與、 美籠母乳、 布久思毛與、 美夫君志持、 此丘爾、 菜採須兒、 家吉閑、 名告沙根、 虛見津、 山跡乃國者、 押奈戸手、 吾許曾居、 師告名倍手、 吾己曾座、 我許者、 背爾告目、 家乎毛名雄母、

(万葉集・卷一・1/引自馆刊，创刊号，1937)

筐兮明筐 攜在旁 圭兮利圭 執在掌 之姝者子 採菜在岡 家其焉居 曷昭爾名 天監茲大和 率維我所舍 率維我所坐 我斯則告兮 我名亦我家兮

(钱译一/引自汉译万叶集选，1959)

有女陟岡、 携圭及筐、 以彼圭筐、 采菜未遑、 之子焉居、 我欲得詳、 曷示我氏、 毋使我彷徨、 天監茲大和、 悉我宅京、 無或不秉我承、 維以我為兄、 亦昭我氏名、

(钱译二/引自馆刊，创刊号，1937)

筐兮筐兮 明筐在旁 圭兮圭兮 利圭在掌 之姝者子 採菜在岡 之子其焉居 曷告我爾名 天監茲大和 率我所舍 率我所坐 今我則告爾 我名亦我家

(钱译三/引自中和月刊第 2 卷第 2 期，1941)

以上对比发现收录《汉译万叶集选》中的译文与《中和月刊》的译文最接近，改动有四处：其一是前四句由四言句改为长短句式，迎合原文的结构；其二

是第七、八两句由五言句改为四言句，与第五、六两句呼应，节奏更为轻松明快；其三是倒数第三、四两句由四言句改为五言句，增加“维”字以增强译文的气势；其四是末两句均以“兮”字结尾，体现出原文尾字「め」和「も」延长语气的效果。

正如伊藤博[15]54-55所指出的，译本中存在几处问题：一是缺乏原文或训读，也未注明所参考的文本，不便于原文与译本的对比，这对译本研究尤其是客观地进行翻译批评造成困难。二是统计错误，第十三卷实际选译长歌 22 首，解说部分误写为 23 首。三是目录部分缺乏选译和歌序号和标题的罗列，不便于读者查阅和研究统计。

关于译文之后收录的佐佐木信纲、新村出以及吉川幸次郎的附言，内容主要是关于该书翻译及出版情况的回忆，这部分笔者在第一章研究综述中已有涉及，此处不再赘述。

《汉译万叶集选》与《万叶集精选》和《万叶集精选(增订本)》最明显的不同是未收录白话译文。根据史料分析原因有两点：其一是译者个人原因。笔者考察 1943 年前的民国期刊，并未发现钱稻孙的白话译文，最早的白话译文出现在第二章中提到的 1944 年第 1 卷第 4 期《日本研究》中的雄略歌译文，可见钱稻孙 20 世纪 40 年代初接受佐佐木信纲委托前并未发表过白话译文。其二是委托者的原因。新村出[14]190谈及《汉译万叶集选》从委托到出版的经过时说，佐佐木信纲原想模仿善邻古国的近代语翻译，因得知钱稻孙的佳译，决定稍加增补、修改后迅速出版。这说明佐佐木信纲急于出版《汉译万叶集选》，此时正逢钱稻孙的“佳译”，因而舍弃原先以近代语翻译的想法，最终译文统一为钱稻孙旧译的文言体。所以钱稻孙是否保留原先的文言体，还是需要重译为近代语，最终决定的人应该是佐佐木信纲，这点也说明钱稻孙具有“忠”于本职的敬业精神。

二、增补本：《万叶集精选》

《汉译万叶集选》虽为《万叶集》最初的中译本却未能在我国出版。为让更多人了解钱稻孙这位翻译大家，同时使他的译作重放光芒，文洁若将出版《万叶集》译本一事始终挂在心上，她整理钱稻孙在 60 年代初的译稿，并参照《怒湃译草》的排版样式，将同一首和歌的几种译文全部编进译本中，另将注释和评论也收录进去，尽可能最大程度地保留钱稻孙三十年的心血。20 世纪 80 年代钱稻孙的次子钱端义与妻子袁凡尤携手重新抄录译稿后，由人民文学出版社古典部编辑宋红进行校勘，后又经李芒的指正，在钱稻孙辞世之后的第二十六年，也就是 1992 年，《万叶集精选》[68]由中国友谊出版公司正式出版，译者生前[14]3“贡我国之览及此书者”的愿望终于得以实现。整个出版过程历时三十年之久。

《万叶集精选》由万叶集介绍（代序）、译文及注释、编后记三部分构成。万叶集介绍是钱稻孙在 1957 年《译文》上发表的题为《万叶集（选译）》的介绍文，因译者早在 1966 年辞世而无法亲自撰写序言，文洁若便将他生前的这篇文章代用作该译本的《译者序》。

译本主体部分包括译文和注释。该译本仍未录入原文及训读，译文收录总量为 914 首（选译 692 首诗歌，其中 195 首诗歌有两种及两种以上的译文）。有文言、白话和文白混合三种文体，三言、四言、五言、六言、七言和杂言等诗体形式，译文、注释均为简体中文，有标点符号。注释以文内注释方式为主，均为钱稻孙所注（译稿中的讲解和注释由编者删去日文解说部分汇编而成），另有 6 处编者补充的尾注。注释内容有诗歌收录情况、诗歌创作年代、人名地名、诗歌风格、诗歌内容、字词句释义、传说典故、翻译策略等。编后记是文洁若对译文的整理过程、译本的排版出版经过以及对钱稻孙生平的简介，她强调编辑此译本“足以告慰这位孜孜不倦地从事了大半辈子日本文学翻译介绍工作的老先生于九泉之下”[68]281。

以下从三个方面对比分析《万叶集精选》与《汉译万叶集选》的差异。首先，选译、增译情况。上述提到《万叶集精选》中 692 首诗歌的 914 种译文来源于《汉译万叶集选》和钱稻孙的遗稿，关于这一点曾维德[12]5说：“按文洁若女士回忆，当时为钱稻孙整理《万叶集》译稿，参考了一九五六年①由日本振兴学会出版的《汉译万叶集选》，然受条件掣肘，未能参考钱稻孙一九四九年以前发表在期刊上的译文”。这段话说明未被收入《汉译万叶集选》中的译文和遗稿中的民国杂志译文应该是《万叶集精选》所遗漏的内容。

表 2-6　《万叶集精选》各卷和歌及译文增补情况

卷次	一	二	三	四	五	六	七	八	九	十	十一	十二	十三	十四	十五	十六	十七	十八	十九	二十
原文	17	44	36	13	13	6	55	16	7	19	39	19	14	40	5	11	1	0	2	24
译文	57	81	76	22	22	18	83	27	9	21	44	23	19	49	6	14	1	0	5	26

如上表所示，《万叶集精选》增补 381 首和歌，译文 603 种。增补详情如

①《汉译万叶集选》封底页的出版年为昭和三十四年（1959 年），文洁若也在《万叶集精选》“编后记”中说“一九五九年，他选译的《万叶集》曾由日本学术振兴会在东京出版”（钱稻孙 1992：279），可见此处说成 1956 年应该是笔误。

下：第一，增补短歌。《汉译万叶集选》中长歌和短歌的比例约为 1∶1；《万叶集精选》增选短歌 351 首，达长歌数量的四倍。第二，增补特定诗人的作品。如磐姬皇后思天皇御作歌 4 首、高市连黑人羁旅歌 3 首全部收入《万叶集精选》中。第八卷中山部赤人的 4 首在《汉译万叶集选》中仅收录 2 首，《万叶集精选》补录另外 2 首。第三，增补以传说故事为背景的长歌。如仙拓枝歌 3 首、樱儿歌 2 首。第四，在第七、十、十一、十二卷这四卷集中增补。《汉译万叶集选》中四卷共收录增补 17 首，尤其后三卷各选译仅 2 首。《万叶集精选》中四卷增补总量达 132 首，其中第七卷多达 55 首，多为咏月、咏云、咏雨、咏雪、咏鸟、咏雁、咏花、咏红叶等咏物歌，内容丰富。第五，增补东歌 40 首，突出地方文化特色。

其次，字词使用的差异。《万叶集精选》中“于昭”“于戏”“于维”“于赫”的“于”字在《汉译万叶集选》中均使用的是“於”字。

表 2-7 “於”字的变化

序号	《汉译万叶集选》	《万叶集精选》
5	肃躬瞻仰　於昭吾神王	肃躬瞻仰　于昭吾神王
199	於維我先王　八紘大一統	于维我先王，八弦大一统
972	於維我公　丈夫之雄	于维我公，丈夫之雄
315	於戲行在之堂矣	于戏行在之堂矣
3324	嗚呼於戲　誠恐誠惶	呜呼于戏，诚恐诚惶
894	於赫日神皇　隆寵世家職	于赫日神皇，隆宠世家职
926	於赫吾王出　芳野秋津原	于赫吾王出，芳野秋津原
917	於穆我君王　別苑奠海嶠	于穆我君王，别苑奠海峤
4099	於穆吾皇　稽夫古矣	于穆吾皇，稽夫古矣

笔者对该字进行考察发现，“於”读作[yú]时同“于”，作介词用，读作[wū]时作语气词用，表示赞美。《汉译万叶集选》中的“於赫”“於穆”“於戏”“於昭”“於维”均作语气词。因此，“於”与“于”在此是不能替换的。

关于另一个“桔”字，《万叶集精选》将《汉译万叶集选》中的“橘”字统一改作“桔”字，分别出现于5首①中。根据鸿巣盛广著《万葉集全釋》[66]，这5首和歌原文均训读为「たちばな」，意为“橘”。《说文解字注》对“橘”字释义为“橘果”[69]238，对“桔”字释义为“桔梗，药名”[69]243，可见二者在古汉语中的意义并不相通。而《现代汉语词典》第7版中除“桔梗”之意外，另有解释“‘橘’俗作‘桔’”[70]704。可见，古汉语中的“桔”与现代汉语中的“桔”的释义有差异，即使从现代汉语“桔”为“橘”俗语之解释，因以上5首译文均为文言体，使用“桔”字自然不能迎合译文整体形式。因此，《万叶集精选》对以上二字的修改并不合理，应保留钱译“橘”字。

最后，译文标点问题。《汉译万叶集选》的所有译文均为繁体中文，无标点符号；《万叶集精选》为简体中文，有标点，应该是编者为迎合现代读者的阅读习惯而添加的。

总结《万叶集精选》存在的问题有以下四点：

第一，译本仍未解决原文及训读收录的问题，不便于读者对比欣赏和研究。

第二，选译统计数据有误。文洁若[68]279在编后记中说“一九五九年他选译的《万叶集》曾由日本学术振兴会在东京出版。六十年代初，他又增译了379首，共成690首。”实际增译381首，共收录692首。从各卷统计数据来看，卷二实际选译67首，译本误写为66首；卷三实际选译71首，译本误写为70首。

第三，和歌题目及序号标注遗误。目录中缺少卷一第37号的题目；卷三第419号误标为第417号；卷七第1228号误标为第1229号；卷十一第2808号误标为第2809号；卷十一第2809号误标为第2810号；卷十六第3852号误标为第3851号。

第四，和歌标题与内容不符。

肥前国松浦郡狛島亭船泊之夜、遥望海浪各慟旅心作歌七首

足曳の　山飛び超ゆる　雁がねは　都に行かば　妹に逢ひて来ね

（万葉集·卷十五·3687/引自鸿巣盛广，1933）

---

①以上5首译文分别为：维橘之枝，霜降益滋，亦且其实只，亦且其花只，亦且其叶只。（万叶集·卷六·1009）惟吾上皇，光昭燏燏，常绿不凋，橘殿之橘。（万叶集·卷十八·4064）……逮及菖蒲花，芳橘结珠葩；少女串作钏，缠向臂上加。……（万叶集·卷十九·4166）……芳橘有英，遐处瞰亭；日月既经，闹言之磬。……（万叶集·卷十九·4169）比次雪融，曷观去来；山橘之宝，光莹琼瑰。（万集叶·卷十九·4226）

到壹岐岛雪连宅满忽遇鬼病，死去之时作歌

苕峣隔峰峦， 金雁飞过山； 千万到都中， 一逢吾妹还。

（引自万叶集精选，1992）

对比原文和译文发现和歌内容上并无出入，很明显原文是恋歌，译文标题却成了挽歌。因此，《万叶集精选》的原文标题有误。

三、修订本：《万叶集精选（增订本）》

基于上述问题，曾维德对《万叶集精选》进行补充修订之后，于 2012 年由上海书店出版社正式出版了《万叶集精选（增订本）》，这是截止目前钱稻孙译文收录最全的译本。《万叶集精选（增订本）》由序、增订本序、万叶集介绍（代序）、译文（包括注释）、编辑后记五个部分构成。序是由文洁若为此书所作，内容大致与《万叶集精选》编后记相同，主要介绍前两个译本的出版过程、日本学界对钱稻孙翻译的评价以及杨联陞回忆录中关于钱稻孙的内容。

增订本序为曾维德所作，他对钱稻孙的翻译风格和翻译目的进行简单的概况，虽仅以个别和歌为例，缺乏整体数据支撑，但相对其他感性的、宏观的认识，这种深入译文内部的评价更具参考价值。曾维德从三方面总结钱稻孙的翻译手法：一是文体灵活多变，说明了译者对万叶和歌的译文文体选择进行的不断探索。曾维德[12]1 解释说："成歌时代较早的，多以诗经、楚辞之体译就；晚出的，则用五言、七言韵体"，其目的"盖欲借我国诗歌形式的发展，从而体现和歌演进的脉络"。二是钱稻孙尽力保留日语习用的文学意象，通过翻译枕词保留和歌特有的修辞手法，保留原诗中的汉字等这些翻译手法的目的是传达中日两国在文化和文学上的异趣。[12]2-3 三是钱稻孙参考各家注释考论、图册照片，准备充足才动笔翻译，因此翻译进度缓慢。最后曾维德[12]5 对钱稻孙译文给出 12 个字的评价："撷择精到、注释详备、信达雅正。"

第三部分的万叶集介绍（代序）与《万叶集精选》中收录的内容相同，即钱稻孙于 1957 年[38]58-60 所作的作品。译本主体部分包括译文及注释。该译本仍未录入原文及训读，译文有文言、白话和文白混合三种文体，三言、四言、五言、六言、七言和杂言形式；译文、注释均为简体中文，有标点符号。注释以文内注释为主，为钱稻孙所注；另有编者补充的尾注。注释内容有诗歌收录情况、诗歌创作年代、人名地名、诗歌风格、诗歌内容、字词句释义、传说典故、翻译策略等。

编辑后记主要是出版社对文洁若和曾维德的编辑、校订工作表达感谢之意，其中提到“这份译稿在逾半个世纪后，适值钱稻孙先生诞辰百二十四周年，重又以增订的新貌面世，相信是对钱先生最好的纪念。”[12]369

《万叶集精选》和《万叶集精选（增订本）》在我国的先后出版，使钱稻孙的翻译成就得以相对完整地保存下来，也使这位民国时期翻译家的贡献最终重现于世。

以下从四个方面对比分析《万叶集精选（增订本）》与《万叶集精选》的差异。首先是增补情况的不同。《万叶集（增订本）》在《万叶集精选》的基础上增补 36 首和歌以及 121 种译文，总计选译和歌 728 首，译文多达 1035 种，其中 236 首和歌有两种及两种以上的译文。根据曾维德在《增译本序》中提到[12]的，《万叶集精选（增订本）》增补的是 1949 年前散见于期刊杂志上的译文，包括《北平近代科学图书馆馆刊》（1937 年、1938 年、1939 年）、《中和月刊》（1941 年、1942 年）、《中国留日同学会季刊》（1943 年、1944 年）及《日本研究》（1943、1944 年、1945 年）四种刊物。

表 2－8 《万叶集精选（增订本）》译文增补情况

数量 卷次	一	二	三	四	五	六	七	八	九	十	十一	十二	十三	十四	十五	十六	十七	十八	十九	二十
原文	0	0	2	3	0	4	0	0	1	0	3	0	2	0	7	10	1	0	0	3
译文	19	7	10	6	6	6	1	1	2	0	14	2	3	0	16	20	1	1	0	6

增补具体情况如下：第三卷增补柿本人麻吕羁旅歌 1 首和笠金村游乐歌 1 首。第四卷增补的 3 首恋歌中有 2 首为安贵王所作，与历史事件相关，另 1 首是包含古俗信仰的大伴百代所作恋歌。第六卷增补的 4 首中，2 首与石川足人迁任有关，另 1 首是大伴坂上郎女的“初月歌”，《万叶集精选》中收录的一首是以月喻人的咏月歌，此次增补的“初月歌”以新月喻眉。第九卷和第十三卷共补充 3 首长歌的反歌。第十一卷补充 3 首正述心绪歌，内容与眉根痒、打喷嚏、衣带自解预示恋人想见的古俗信仰有关。第十五卷增补 7 首中臣宅守与狭野茅上娘子的赠答歌，其历史背景是中臣宅守的流配事件。第十六卷增补 10 首筑前国志白水郎歌。第十七卷增补 1 首应诏歌。第二十卷增补的 3 首防人歌中有 2 首蕴含神道信仰。综上所述，曾维德补入《万叶集（增订本）》中的译文来自于 1949 年前的期刊杂志，大都与历史事件和古俗信仰有关。

从三部译本选译分布情况来看，钱稻孙选译的整体思路是从各部类、各歌体、各主题上最大化再现万叶和歌全貌，遗憾的是《万叶集》中唯一一首佛足石歌（第十六卷 · 3884）未被选译。

其次是改换字词。上述考察的《汉译万叶集选》中“於赫”“於昭”“於维”“於戏”“於穆”的“於”字，以及“橘”“橘殿”“芳橘”“山橘”的“橘”字在《万叶集精选》中被改换为“于”“桔”，而在《万叶集精选(增订本)》种重新改回“於”“橘”。

再次是一首白话译文的不同。关于第1卷第2号和歌的白话译文，《万叶集精选》与《万叶集(增订本)》有一处差异如下：

舒明天皇登香具山望國之時御製歌

大和には　群山あれど　取よろふ　天の香具山　登立ち　國見をすれば　國原は　煙立ち立つ　海原は　かまね立ち立つ　うまし國ぞ　秋津島　倭の國は

(万葉集・卷一・2/引自书渗，3月号，1940)

大和地方多山丘，天香具山最丰秀，登高一望大平原，地上升烟一缕缕，海上飞起百合鸥。好地方啊，好地方！大和国是“秋津洲”。

(钱译一/引自万叶集精选)

大和地方多山丘，天香具山最丰秀，登高一望大平原，地上升烟一缕缕，海上飞起百合鸥。好地方啊，好地方！

(钱译二/引自万叶集精选(增订本))

对比原文和两首译文，「うまし国そ」译为“好地方啊，好地方!”，最后一句「あきづしま　大和の国は」在①中译为“大和国是‘秋津州’”，②中没有译文，然而

译文②下方的注释如下：

> 大和国是“秋津州”。这时的日本社会氏族制度正在崩溃……这首歌，尤以句法整齐、口气堂皇见称。[12]7

很明显划线部分“大和国是‘秋津州’”这句话位于注释部分十分突兀，与之后内容并无关联。可见此句应为译文，被误置于注释部分。

最后是增加编者尾注。具体情况《增订本序》中有做说明[12]6：“对未标明公元纪年的日本、中国年号补公元纪年。原译文及注解舛误、难解、遗漏、存疑之处作注疏”。

总结《万叶集精选(增订本)》存在的问题有以下五点：

第一，该译本仍未解决前两个译本关于原文及训读未收录的问题。

第二，研究结论缺乏力证。曾维德[12]5在《增订本序》中说：“杂志文章皆以通晓日文者为对象，与《万叶集精选》的受众迥异。”笔者并不赞同此观点。首先，《万叶集精选》收录了《汉译万叶集选》的译文，而《汉译万叶集选》中88%的译文为杂志旧译所改，因此，严格地说应该是钱稻孙在不同时期翻译预设的读者不同。其次，并非所有的期刊译文均有日文解说，比如《中和月刊》和《译文》均以纯汉语注解。尤其《日本研究》中白话译文的出现充分证明钱稻孙预设了译文读者群的扩大。最后，钱稻孙在《汉译万叶集选》中明示其受众为[12]3“我国之览及此书者”，并未特指通晓日文者，而且该译本也未出现一处日文表述。

第三，选译统计数据有误。从各卷统计数据来看，卷二实际选译 67 首，译本误写为 66 首；卷三实际选译 73 首，译本误写为 72 首。

第四，和歌标题有误。前述考察《万叶集精选》中第 3687 号和歌的标题有误，这一问题在《万叶集(增订本)》仍未得到订正。

第五，译文收录遗漏。如下表 2－9 所示，《万叶集精选(增订本)》遗漏了 17 首民国时期的译文。

表 2－9 《万叶集精选(增订本)》收录遗漏情况统计

杂志名	遗漏其中一种译文 (和歌序号及发表信息)	未收录任何一种译文 (和歌序号及发表信息)
馆刊	4(第 3 号，1938)	—
书滲	—	509、510(2 月号，1941)
中和月刊	17(第 2 卷第 2 期，1941) 194(第 2 卷第 3 期，1941) 264(第 2 卷第 4 期，1941)	—
日本诗歌选	6、133、3786、4094	1818
译文	21、207	—
汉译万叶集选	1、525、3308、3440	—

以上第 509、510、1818 号这 3 首和歌的译文无一首被收录，其余 14 首仅其中一种译文未被收录。由此可知，《万叶集精选(增订本)》的收录量再加上未被收录的遗漏部分，钱稻孙选译万叶和歌的总量应为 731 首，译文达 1052 种。

钱稻孙万叶和歌译文集中于十一种杂志、两部收录少量万叶和歌译文的日本诗歌译本，以及先后出版的三部《万叶集》中译本。根据译文在不同阶段的样态及变化情况，笔者将 1937 年至 1957 年的杂志译文划分为三个时期逐一进行讨论。第一个时期是钱稻孙的翻译实践活跃期，从 1937 年 9 月《馆刊》创刊号至 1943 年 3 月《樱花国歌话》出版；第二个时期是翻译手法转变期，从 1943 年 12 月至 1945 年 2 月《日本研究》出版；第三个时期是翻译事业重振期，指的是 1957 年 8 月第 50 期《译文》出版至钱稻孙去世为止。第一个时期译文为文言体，四言、五言、七言和杂言的非定型译法贯穿这一时期的始终。译文及译本主要面向的读者是既懂日语，同时又具备中文古文素养的人群，包括日语初学者。第二个时期文言体译文和白话体译文并存，其中译者对白话译文使用了较多的标点符号。同时，译者还集中选择了内容和主题相似的诗歌。可见，自 20 世纪 40 年代初开始，钱稻孙不再拘泥于文言译文，通过白话译文的增加以适应不同层次读者的阅读需求。第三个时期的译文均为文言体，以脚注形式注释。

笔者对目前搜集到的九种杂志译文进行统计发现，钱稻孙在杂志中共计选译 165 首万叶和歌，其中 31 首为重复选译，其余 134 首均选译一次。重复选译的 31 首和歌中有 8 首的译文完全相同，其余 23 首和歌译文存在标点符号不同、改换或增译词句、重译等三种不同程度的变化。笔者通过对同一首和歌不同译文的对比分析发现，钱稻孙之所以对前译进行修改或重译，原因之一是追求译文最大程度地接近原文，之二是借以中国传统诗歌的形式和语言表现中日两国的文化渊源，之三是为订正旧译中的错误。

《汉译万叶集选》是《万叶集》最早的中译本，20 世纪 40 年代初佐佐木信纲委托钱稻孙翻译并于 1959 年在日本出版。该译本中的 311 种译文(选译和歌 311 首，每首诗歌仅收录一种译文)均为文言体，有四言、五言、六言、七言和杂言。译文无标点，各句间用空格隔开。选译覆盖率高，各卷内容互为补充，译者以《万叶集》代表歌人的作品为重点选译对象，尤其突出长歌的特点。

1992 年文洁若整理编辑的《万叶集精选》由中国友谊出版公司正式出版。该译本收录 914 种译文(选译 692 首和歌，其中 195 首有两种及两种以上的译文)，有文言、白话和文白混合三种文体，包括三言、四言、五言、六言、七言和杂言形式。译文、注释均为简体中文，有标点符号。文内注释是编者根据钱稻孙旧译中汇编而成。除此之外，另有 6 处尾注是编者后期补充的。该译本存在问题点有：第一，仍未录原文及训读文，不便于读者对比欣赏和学习，同时也对译本研究工作造成困难。第二，个别和歌的标题和序号统计有误。第三，个别和歌的标题与内容不符。

《万叶集精选(增订本)》是《万叶集精选》的修订版。该译本为曾维德辑注，2012 年由上海书店出版社出版，是目前收录译文数量最多的译本。译本主体部分包括译文和注释，均为简体中文，有标点符号。译文有文言、白话和文白混合三种文体，囊括三言、四言、五言、六言、七言和杂言。注释的内容包括和歌收录情况、创作年代、人名地名、和歌风格、和歌内容、字词句释义、传说典故、翻译手法等，文内注释为钱稻孙本人所注，尾注为编者所注。该译本存在的问题有：未收录原文及训读文，和歌数量的统计数据和个别和歌标题有误，遗漏 17 首民国时期的译文。事实上，钱稻孙共计选译万叶和歌 731 首，译文达 1052 种。

第三章 钱稻孙《万叶集》翻译的和歌文本及参考文献

如第一章中所述，伊藤博[15]54-55曾指出《汉译万叶集选》的几点问题，他提到的其中一点便是译本缺少原文，译者也并未说明参考的何种《万叶集》文本。笔者通过考察发现，这不仅是《汉译万叶集选》一部乃至其余两部译本共同存在的问题，也是已有研究尚未解决的问题。译者在翻译过程中所参考的文本及相关文献直接影响译者自身对原文的理解和译文的准确性。因此，如果翻译批评忽略这个问题，就很难对译本作出客观的评价。《万叶集》在历经悠久历史的过程中产生了多种版本和注释本，即使针对同一首和歌，不同的注释本也可能有不同的解释，甚至是截然相反的解释。由此可见，研究《万叶集》译本首先必须弄清译者参考的原文，才有可能避免翻译批评主观化问题。

20 世纪 80 年代末，松冈香以雄略歌的两种译文为例，详细分析了钱稻孙的翻译风格，并对译文的优劣做出如下评价[16]5：「B 訳はそういった面にも細かい配慮がなされている。一読して目につくのは、音調を整える助辞“兮”であるが、この響きは、原歌の歌謡性、口誦性をうまく伝えて効果的である。…更に、翻訳にも対句を多用し、原歌の雰囲気を忠実にうつしとりたいとする氏の姿勢を示している。」

松冈香认为，译文 B 末两句句末使用“兮”字能更好地表现原文的歌谣性和口诵性特点，钱稻孙多用对偶句式力求忠实再现原诗的艺术气氛。松冈香的评价建立在对译文详细分析的基础之上，其研究态度是值得肯定的。然而同时该研究存在一个不可忽视的问题，就是原文的出处。松冈香对照的原文①是 1969 年岩波书店出版的，由高木市之助、五味智英和大野晋校注的《岩

---

①原文：籠もよ　み籠持ち　掘串もよ　み掘串持ち　この岳に　菜摘ます兒　家聞かな告らさね　そらみつ　大和の國は　おしなべて　われこそ居れ　しきなべて　われこそ坐せ　われこそは　告らめ　家をも名をも

波古典文学大系　万葉集》[71]。首先从年代上看，分别收录译文 A① 和译文 B② 的《日本诗歌选》和《汉译万叶集选》先后于 1941 年和 1959 年出版。也就是说，钱稻孙翻译时所参考的原文绝不可能是 1959 年以后出版的注释本。事实上，钱稻孙早在 1937 年《馆刊》上发表的译文注释中就已说明他使用的是鸿巣盛广的注释本。再从原文内容上看，松冈香参考的 1969 年岩波注释本上的原文末三句是「われにこそは告らめ家をも名をも」，意为"请你告诉我，你的家和你的名"，然而上述译文 A 和译文 B 译文的意思是"我来告诉你，我的家和我的名"，可见松冈香的评论本身就自相矛盾，原文和译文的意思完全相反。发生这一问题的原因在于翻译研究者忽视了对注释本的考察，即使研究过程一丝不苟，结论的可信度也会受到质疑。

因此，要做到翻译批评公平公正，研究者必须以严谨的态度对待研究过程中的每一个细节，这样才能客观地评价译者和译本，使翻译研究真正地服务社会、服务人民。

第一节　文本及文献的归类

关于文本及文献的问题，邹双双[7]106 提到佐佐木信纲曾赠予钱稻孙《万葉図録》[72,73] 和辞典类参考书，但并未进一步详细考察。文洁若[9]58 曾回忆说："日本投降后，钱稻孙被国民党以汉奸罪关入监狱，书全部被没收。1949 年以后岩波书店陆续送给他的几十部工具书，才能够支撑他完成后面的翻译工作。"由于历史原因，参考文本和文献问题一直是个"谜"。笔者在整理译文及译本时发现，钱稻孙虽未集中罗列，却在译文的讲解和注释部分零星地提到自己所参考的《万叶集》文本及相关文献。

为获得更全面的信息，笔者以《馆刊》《书滲》《中和月刊》《中国留日同学会季刊》《北大文学》《日本研究》《中国文学》《中华周报》和《译文》这九种民国期刊，以及《日本诗歌选》《樱花国歌话》《汉译万叶集选》《万叶集精选》《万叶集(增订本)》这五部译本为考察范围进行整理统计。

首先，从以上刊物和译本中剔除无任何注释以及注释中未提及文本文献的四种期刊和一部译本，分别是《书滲》《中国留日同学会季刊》《北大文学》《中

①译文 A：有女陟岡　携筐及筐　以彼筐筐　采菜未遑　之子焉居　我欲得詳　曷示我氏　毋使我彷徨　天監茲大和　悉我宅京　無或不秉我承　維以我為兄　亦昭我氏名

②译文 B 为：筐兮明筐　攜在旁　圭兮利圭　執在掌　之姝者子　採菜在岡　家其焉居　曷昭爾名　天監茲大和　率維我所舍　率維我所坐　我斯則告兮　我名亦我家兮

华周报》和《日本诗歌选》。

其次，按期刊发表时间和译本出版年代的先后顺序，逐一整理出所有注释部分提到的文献。其中，《馆刊》《日本研究》和《万叶集精选(增订本)》中涉及的文献最为集中。整理发现，钱稻孙参考的《万叶集》原文，主要出自鸿巢盛广著『万葉集全釋』、契冲著『万葉代匠記』、佐佐木信纲编『新訓万葉集』[74]和『白文万葉集』[75]这四种书。

最后，对整理出的文献进行如下分类统计。

表 3-1 钱稻孙主要参考文献统计

类别	书名(著者、成书・刊行年代)
万叶集古写本、版本、校本及定本	元歴校本 (平安中期) 金沢本 (平安後期) 類聚古集 (平安末期) 古葉略類聚鈔 (鎌倉初期) 新訓万葉集 (佐々木信綱, 1927) 白文万葉集 (佐々木信綱, 1930) 定本万葉集 (佐々木信綱等, 1940)
万叶集注释本	万葉代匠記 (契沖, 1687) 万葉集略解 (橘千蔭, 1800) 万葉集古義 (鹿持雅澄, 1842) 万葉集美夫君志 (木村正辞, 1901-1911) 万葉集新考 (井上通泰, 1915-1927) 万葉集講義 (山田孝雄, 1927-1923) 万葉集全釋 (鴻巣盛広, 1930-1935)
万叶集研究	万葉集の新研究 (久松潜一, 1929) 万葉集総索引 (正宗敦夫, 1931) 万葉集論究 (松岡静雄, 1934) 万葉図録　文献篇・地理篇 (佐々木信綱, 1940)
枕词研究、日本历史、文学史及文法史	枕詞の研究と釈義 (福井久蔵, 1927) 古事記 (太安万侶, 712) 日本書紀 (舎人親王, 720) 続日本紀 (菅野真道, 797) 類聚国史 (菅原道真, 892) 扶桑略記 (皇円, 平安末期)

续表

类别	书名（著者、成书·刊行年代）
	日本歌謡史（高野辰之，1926）
	近江奈良朝の漢文学（岡田正之，1929）
	奈良朝文法史（山田孝雄，1913）
	日本文法史（小林好日，1936）

以上结果说明，钱稻孙翻译的主要参考文献绝大多数成书于1940年前，按内容可划分为五类，共计二十八种。包括《万叶集》的古写本、版本、校本和定本类七种；《万叶集》注释本七种；《万叶集》研究书类四种；枕词研究书类一种；历史、文学史和文法史类九种。除此之外，译者提及较少的文献有二十五种，包括历史类七种，有《汉书》《北史》《魏志》《隋书》《释日本纪》《帝王编年纪》《新罗本纪》；地理类三种，有《伊豫风土记》《播磨风土记》和《肥后风土记》；律令制度类两种是《令集解》和《赋役令》；文学类有九种，分别是《荀子》《孝子传》《游仙窟》《柘枝词》《柘枝传》《经国集》《袖中抄》《怀风藻》《类聚歌林》；医学类仅《齐民要术》一种；其它类别有三种，分别是《新撰姓氏录》《倭名类聚抄》和《上野歌解》。此外，钱稻孙[27]1还提到了石川徹郎、喜田贞吉对万叶成书历史、万叶和歌中地名人名的考证，以及正仓院所藏的古诗集等。钱稻孙并不拘泥于一种或几种文献，而是广泛搜集各家说法，足见其务真求实的研究精神。邱巍[1]233评价说："他的译著所以每出辄成为难以超越的传世精品，原因正在于，采用通过反复深入研习把原作的精神和气质化成自己头脑中的主导灵魂而后译述之的方法。"

另外，需要说明的是，上述参考文献是钱稻孙在译文前的解说部分或译文后的注释部分中明确提及的。据文洁若回忆[9]58，钱稻孙收藏的书籍足有七大间屋子，但因其被捕入狱，所藏书籍全部被国民党没收，20世纪50年代他曾亲自查找过，也终究没有下落。因此，除上述被提及的参考文献外，也不排除可能还有其他译者未明确提到的文献。

第二节　主要文本及文献的介绍

钱稻孙参考的主要文本及文献大致分为以下五大类：

第一类是《万叶集》的古写本、版本、校本及定本。其中，佐佐木信纲编『新訓万葉集』和『白文万葉集』是钱稻孙在《日本研究》和《中国文学》两种刊物中明示的参考文本(1944 年第 2 卷第 3 期《日本研究》[36] 虽未说明原文来源，但通过笔者的对比考察确定原文和训读出自这两个文本)。

在本书第二章中，笔者摘录出钱稻孙[35]96 对雄略歌原文和训读的说明：“先从岩波文库本佐佐木信纲博士编著的「白文万葉集」照钞出来”、“同是岩波文库有同是佐佐木博士编著的『新訓万葉集』，且从那里也照钞出来”，这两部为佐佐木信纲所编、岩波书店出版的文库书。1927 年首先出版的是『新訓万葉集』，该书以宽永版为底本，编者将原文用现代普通汉字与假名的混合体书写，并在尾注中订正了原本中的谬误。由于『新訓万葉集』篇幅的局限而无法收录原文，1930 年又出版了『白文万葉集』。『白文万葉集』收录的则是以宽永版为底本的原文，并在『新訓万葉集』的基础上再次订正。其编辑出版的目的有两个：其一是复原《万叶集》原形；其二是与『新訓万葉集』进行对比研究。因此，这两部书属于《万叶集》校本，主要供学术研究使用。

钱稻孙对这两个校本的研究细致到对字音的考察，他在翻译过程中善于思考，通过多方面对比不同文本的不同解释，表明自己的立场。

> 倒数第二句，不大对得起头来。原来这里古来有很有说头：古写本里有个「元歴校本」，在「許」字下，「背」字上；用朱笔旁注有个「者」字；又有个金泽文库的藏本，「許」字下面有个「會」字。学者多以为那旁注的「者」字，也就是这个「會」字写错了。……即是「會」字之误，所译这一句应读「吾こそは告らめ」可是佐佐木先生的新训于句末的「目」字却读作「じ」，又是什么缘故呢？原来古本有「類聚古集」与「古葉略類聚抄」两书所录，这「目」字都作「自」字，新训取这「自」字，读作「じ」也。虽只是一瞥之差，却分教读法两歧，句意相反了。我于这一首，有两个旧译，都不会取「じ」字意。[35]96

以上是钱稻孙对雄略歌原文「我許背齒告目」这句中划线部分汉字的考察，这段文字清晰地反映出钱稻孙翻译的思考过程。首先参阅古写本和校本发现不同的写法和读法带来句意完全相反的结果，该句末字「目」在『新訓万葉集』中取「自」字为否定意义，其次说明自己之前的译法。“两个旧译”指的是 1937 年《馆刊》创刊号[27] 和 1941 年《中和月刊》第 2 卷第 2 期[28] 上发表的雄略歌译文。「我許背齒告目」在“維以我為兄、亦昭我氏名”(《馆刊》)和“今我則告爾　我名亦我家”(《中和月刊》)这两种译文中均无否定意义，旧译当时钱稻孙所取「目」字读作「め」，他并未按『新訓万葉集』的说法取

「じ」字意。最后就此次的翻译，钱稻孙[35]97说："现在一是高兴，再从新训所取的说法：认为自是字之误。用现今的白话，试译作谣歌体。"因此，白话译文"我的家，我的名　可都不来告诉你"的句意与旧译相反，译为"不来告诉你"，强调「自」字的否定意义。

从以上对译者翻译过程的分析中明确两点问题：第一，钱稻孙所追求的是翻译的准确度而非速度。曾维德[12]5说："钱氏一心欲广罗博摭各家注释考论、图册照片，藉以晓识书中谈到的种种名物建筑、习俗掌故。"钱稻孙的翻译过程同时也是对《万叶集》进行细致研究的过程，因而他并不拘泥于某一种文本的注释。"倒数第二句，不大对得起头来"[35]96，译者这句叙述说明他不是被动地接受原文或注释，而是多方考察、深刻思考，最终将自己的想法能动地以译文的形式呈现出来。第二，钱稻孙的译文不局限一种。即使已经发表的译文，他仍然继续修改或重译，无论是从民国时期的杂志，还是三部译本中，我们都会发现多种译文的存在。究其原因，除了笔者在第二章中提到白话译文的出现是为满足更广泛的读者这个目的外，也是因为不同注释本的解释不同，译者给出不同的译文能够使读者更全面地了解万叶和歌的原貌。

第二类是万叶集注释本，共计七种。钱稻孙提及较多的两部文献：其一是鸿巣盛广著『万葉集全釋』，其二是契冲所著『万葉代匠記』。钱稻孙在1937年《馆刊》的创刊号上明示他参考的原文及训读出自鸿巣盛广的『万葉集全釋』，该书是1930年至1935年由广文堂出版的《万叶集》注释本，一共6册。书中录有原文和训读，包括作者的释义和评述。钱稻孙[27]4在解释雄略歌中「家吉閑」一句时说："鸿巣氏于此吉閑二字有所考见，而未敢改易前人之说，其实可从也。"笔者认为译者在此说明自己所赞同的观点，为后来的译本研究提供了方便。而翻译批评也应该重视对译者思考过程的考察，这样才能保证结论的公正。

第三类是万叶集研究专著，共计三种。其中松冈静雄著『万葉集論究』是钱稻孙在《馆刊》中提到较多的文献，该书于1934年由章华社出版。"古事记谓之「畝火之白檮原宮」。松冈静雄氏考次地名之原义云：畝傍乃借字，之言大岭也……"[27]79，如这段文字所述，钱稻孙通过该书主要考察是有关地名的意义。

第四类是枕词研究专著，共计一种。枕词是《万叶集》中最多见的修辞手法，钱稻孙主要参考的是福井久藏著『枕詞の研究と釈義』[67]一书。该书将『石上枕詞例』至『万葉略解』共九十三种研究著作中的枕词释义逐一罗列，所见各家说法也各有异同。如枕词「あをによし」与被枕词「奈良」的语义关联存在三种分歧：第一，『奥儀抄』和『詞林采要抄』解释「あをに」为「青・丹」

二色，以此二色赞美奈良新都色彩丰富、浓淡相宜的景象。第二，『万葉代匠記』解释「あをに」意指「青緑」，「丹」只是语气词。第三，『冠辞考』解释「あをに」指“平坦”之意。[67]68-69 钱稻孙参照以上各家说法，对于「あをによし」分别给出“朱碧”“青青”“坦荡”这三种译文。

第五类包括日本历史、文学史和日语文法史类专著。钱稻孙参考最多的历史书是『古事記』和『日本書紀』，他重视《万叶集》中的传说典故和地名人名。在文学史和文法史类中，钱稻孙重点考察一些助词的用法，在提到雄略歌中「モヨ」时解释说[27]3：“小林好日氏文法史云：古代语视今时语，其盛用感动助词，为可注意之一事。山田孝雄氏奈良文法史，モ入係助词，ヨ入间投助词。尝易其名曰强调助词以便初学日文者。”可见钱稻孙如此耐心地讲解语法，也是考虑到了日语学习者的程度和需求。

钱稻孙的翻译是建立在他对诸多文献的学习和研究的基础之上，无论是杂志上散落的注释，还是译本中零星提及的学者的观点，都成为他和歌翻译实践和研究可以利用的资料。他所用各类参考文本及文献的范围之广，层次之深，以及他在注释解说部分的详细讲解，都能够说明他对原文有着深刻的理解。通过对上述参考文本的分析，笔者认为目前翻译实践和翻译批评最需要的是对翻译伦理的认同，建立在深入研究基础上的翻译首先对读者是负责的。一方面正如郭沫若[76]提出的，译者的职业伦理要求译者有丰富的语学知识、要理解原书、要对作者有研究以及对本国文字要有自由操纵的能力。另一方面翻译批评家应本着严谨的态度，对译本中尚未明确的问题逐一考察清楚之后才能给出评价，即使暂时受条件限制无法完全判明，也需要做出合理解释。

第三节　原文及训读文的出处

为进一步考察钱稻孙翻译过程中所参考的《万叶集》原文及训读文的出处，笔者按以下四个步骤进行分步考察：第一步将杂志收录的原文和训读文与上一节中提到的主要文本进行对比；第二步考察译本收录的和歌译文对原文及训读文汉字的使用情况；第三步将和歌标题及序文的原文与译文进行对比；第四步从内容的偏差程度上对比译文与文本的差异。考察结果如下：

首先，对杂志收录的原文及训读文进行考察。笔者基于第二章对杂志及译本收录情况的分析，整理出来《馆刊》收录原文及训读文 21 首、《书渗》收录训读文 26 首、《中国留日同学会季刊》收录训读文 25 首、《日本研究》收录原文及训读文 27 首、《中国文学》收录原文及训读文 4 首、《日本诗歌选》收录训读文 44 首。将这些原文和训读文逐一与鸿巢盛广著『万葉集全釋』、契冲著『万葉代匠記』、佐佐木信纲编『白文万葉集』和『新訓万葉集』进行对比后发现，《馆刊》21 首、《书滲》22 首、《日本诗歌选》39 首出自鸿巢盛广著『万葉集全釋』；《书滲》4 首(1940 年 7 月号收录的第 4095、4095、4096、4097 号)、《中国留日同学会季刊》25 首、《日本诗歌选》5 首(分别为第 153、4094、4095、4096、4097 号)出自契冲著『万葉代匠記』；《日本研究》和《中国文学》收录的 31 首和歌原文和训读文分别出自佐佐木信纲编『白文万葉集』和『新訓万葉集』。

其次，译文与原文的对比考察。将钱稻孙译本(收录译文量最多的《万叶集精选(增订本)》)与鸿巢盛广著『万葉集全釋』、契冲著『万葉代匠記』、佐佐木信纲编『新訓万葉集』这三个文本进行对比发现，译本中有六首和歌(分别为第 3、30、266、1471、3248、4240 号)的译文明显使用了这三个文本中的日语汉字。具体对比如下：

天皇游猎内野之时，中皇命使间人连老献歌

やすみしし　我が大君の…梓弓の　長弭の…

(万葉集・卷一・3/引自鸿巢盛广，1930：15)

於赫吾王，弘治八荒，王执梓弓，长弭其饰；……

(过近江荒都时，柿本朝人人麻吕作歌)反歌

さざの浪の滋賀の唐崎…

(万葉集・卷一・30/引自鸿巢盛广，1930：47)

水上波纹细细，这滋贺的唐崎，……

柿本朝臣人麻吕歌一首

淡海の海夕波千鳥…

(万葉集・卷三・266/引自佐佐木信纲(上卷)，1927：120)

淡海之湄，夕波千鸟，……

山部宿弥赤人歌一首

…植ゑし藤浪いま咲きにけり

（万葉集·卷八·1471/引自鸿巣盛广，1931：556）

…植ゑし藤浪いま咲きにけり

（万葉集·卷八·1471/引自契冲，1941：53）

……窈窕藤浪，今见其花。

敷島の　やまとの國に　人多に　滿ちてあれども…

（万葉集·卷十三·3248/引自鸿巣盛广，1933：230）

敷島の　日本の國に　人多に　滿ちてあれども…

（万葉集·卷十三·3248/引自契冲，1942：382）

敷岛大和地，人则虽云多；……

（雪歌一首）反歌

…この吾子を韓国へ遣る斎へ神たち

（万葉集·卷十九·4240/引自鸿巣盛广，1934：534）

…この吾子を韓国へ遣る斎へ神たち

（万葉集·卷十九·4240/引自佐佐木信纲(下卷)，1927：285）

……遣吾子于韩丘，诸神其佑之。

以上原文与译文划线部分的汉字一样(第 4240 号韩丘与「韓国」接近)，其中五首引自鸿巣盛广著『万葉集全釋』。

再次，对和歌标题及序文进行考察。

姑洗二日掾大伴宿禰池主更贈歌一首并短歌

（引自鸿巢盛广，1934：215－216）

三月三日，守大伴宿弥家持更赠歌一首并短歌

（钱译）

笔者在对比钱稻孙译本中译文标题与原文标题时发现第3969－3972号这4首和歌标题与以上几种文本有异，除此之外其余724首均无差异。关于这4首的差异问题，文洁若在《万叶集精选》目录下方有明确注释：

> 岩波版作“姑洗二日”，今根据久松潜一，山岸德平监修《万叶集》（《日本文学大系》第十卷，风间书房一九五六年版），改为三月三日。“姑洗”亦作“弥生”，阴历三月，下面，凡是根据风间书房版译出者，均标以*，不再一一说明。[68]19

根据文洁若的叙述，译本目录中标题之后标有*的和歌分布在第17卷至第19卷这三卷中，共计33首（每卷11首）。这33首分别是：第17卷的第3969、3970、3971、3972、3985、3991、4000、4003、4006、4011、4024号和歌；第18卷的第4064、4094－4097、4098－4100、4111、4113、4124号和歌；第19卷的第4139、4140、4150、4154、4156、4214、4220、4226、4227、4228号和歌。这33首和歌所参考的注释本是文洁若所说的久松潜一与山岸德平监修的『万葉集』（『日本文学大系』第十卷，风间书房一九五六年版）。

另外，笔者在对序文的考察中发现第800号和歌序文的译文与鸿巢盛广著『万葉集全釋』无异。具体内容摘录如下：

或有人、知敬父母、忘於侍養、不顧妻子、輕於脱履、自称異俗先生、…

（引自鸿巢盛广，1931：17）

或有人、知敬父母、忘於侍養、不顧妻子、輕於脱履。自称畏俗先生。…

（引自契冲，1938：14）

或有人知敬父母忘於侍養不顧妻子輕於脱履自称異俗先生…

（引自佐佐木信纲，1930：203）

或有人，知敬父母，忘于侍养，不顾妻子，轻于脱履，自称异俗先生。……

（钱译）

对比上述内容发现，划线部分钱稻孙译为“异俗先生”，“异”字与鸿巢盛广的『万葉集全釋』和佐佐木信纲『白文万葉集』一致，并未取契冲本中的“畏”字。

最后，从内容上对比译本及主要文本发现，仅雄略歌就有三种译文在内容上差异较大。

有女陟岡、携圭及筐、以彼圭筐、采菜未遑、之子焉居、我欲得詳、曷示我氏、毋使我彷徨、天監兹大和、悉我宅京、無或不秉我承、維以我為兄、亦昭我氏名、

（钱译一·引自馆刊，创刊号，1937：6）

筐儿也，拿的好筐儿 签子也，拿的好签子 在这山冈上 挑野菜的小娘子你家住在那里 你叫什么名字 大天底下这大和地 全是我在镇定的全是我在治理的 我的家，我的名 可都不来告诉你

（钱译二·引自日本研究，第1卷第4期，1943：97）

筐兮，明筐是将；圭兮，利圭是掌。之姝者子，采菜在冈。我思闻之，家其焉居？曷我诏兮，以子之名！天鉴兹大和，率唯我所居，率唯我所坐。唯我其告兮，尔家亦尔名！

（钱译三·引自万叶集精选，1992：2-3）

雄略歌译文最早发表于1937年的《馆刊》创刊号上，根据钱稻孙[27]2所说：“此歌词原文据鸿巢盛广氏全释所本”，原文的出处十分明确，具体内容如下：

籠毛與、美籠母乳、布久思毛與、美夫君志持、此丘爾、菜採須兒、家吉閑、名告沙根、虛見津、山跡乃國者、押奈戸手、吾許曾居、師告名倍手、吾己曾座、吾許者、背爾告目、家乎毛名雄母

籠もよ　み籠持ち　ふぐしもよ　みぶぐし持ち　此の丘に　菜摘ます兒　家聞かな　名告らさね　虚見つ　山跡の國は　押並べて　吾こそ居れしき並べて　我こそ座せ　我こそは　背とは告らめ　家をも名をも

原文末二句「背とは告らめ」的「背」称为“兄”，意指“丈夫”，因而译为“维以我为兄”。译文一的原文出自鸿巢盛广著『万葉集全釋』。

1943年《日本研究》上的译文是钱稻孙初次正式发表的白话译文，他在文章中明示参考的是佐佐木信纲编『白文万葉集』和『新訓万葉集』，具体内容如下：

籠毛與　美籠母乳、布久思毛與　美夫君志持　此丘爾　菜採須兒　家吉閑　名告沙根　虚見津　山跡乃國者　押奈戸手　吾許曾居　師告名倍手　吾己曾座　吾許者背爾告目　家乎毛名雄母（『白文万葉集』）

籠もよ　み籠持ち　掘串もよ　み掘串持ち　此の岳に　菜摘ます兒　家聞かな　名告らさね　そらみつ　やまとの國は　おしなべて　吾こそ居れ　敷きなべて　吾こそ坐せ　我こそは告らじ　家をも名をも（《新訓万葉集》

末二句“我的家，我的名　可都不来告诉你”，与《馆刊》译文不同的是此处利用否定词“不”增强紧迫感，意为“如果你不同意我的求婚，我就不会告诉你我的家和我的名”，而《馆刊》译文正面阐述“我告诉你我的家和我的名”这层意思。对此处改动，钱稻孙解释如下：

> 原来古本有「類聚古集」与「古葉略類聚抄」两书所录，这「目」字都作「自」字，新训取这「自」字，读作「じ」也。不过这「目」字与「自」那字，虽只是一撇之差，却分教读法两歧，句意相反了。我于这一首，有两个旧译，都不曾取「自」字意。[35]96

佐佐木信纲的注释本将「目」改为「自」，按照的「じ」的读音，其意应为否定。钱稻孙在旧译中取「目」字（上述提到参考鸿巣盛广的注释），而此处根据佐佐木信纲的注释取「自」字，译为否定句。可见不同的注释本影响译者的理解和译文的含义。至于为何钱稻孙一改文言体而选择带有民谣味的白话译文，一则如其本人所说的[35]97“现在一时高兴，……用现今的白话，试译作谣歌体”，出于个人兴致、喜好；二则20世纪50年代接受楼适夷的建议，以白话体翻译满足更广泛的读者接受。[7]139根据上述分析，译文二的参考原文及训读文分别为佐佐木信纲编『白文万葉集』和『新訓万葉集』。

据文洁若回忆，钱稻孙民国时期所藏书籍全部被国民党没收，支撑他从事翻译工作的都是1949年以后岩波书店赠送的[9]58各种书籍。1957年至1962年岩波书店出版的『日本古典文学大系　万葉集』[71]中收录的雄略歌及训读文如下：

籠毛与　美籠母乳　布久思毛与　美夫君志持　此丘尔　菜採須兒　家吉閑名　告沙根　虚見津　山跡乃國者　押奈戸手　吾許曾居　師吉名倍手　吾己曾座　我許背齒　告目　家乎毛名雄母

籠もよ　み籠持ち　掘串もよ　み掘串持ち　此の岳に　菜摘ます兒　家聞かな　名告らさね　そらみつ　やまとの國は　おしなべて　われこそ居れ　しきなべて　われこそ座せ　われにこそは　告らめ　家をも名をも

注释本中原文末三句「われにこそは　告らめ　家をも名をも」意为“你只告诉我，你的家和你的名”，推测译文三的原文及训读文可能出自『日本古典文学大系　万葉集』[71]。

钱稻孙的《万叶集》翻译研究目前最大的问题是对原文的出处尚未进行全面详实的考察，这给译本批评造成很大的困难。《万叶集》在历经悠久历史的过程中产生出不同的版本和注释本，即使同一首和歌，也可能存在不同的解说，甚至意义完全相反的解释。因此，明确译者所参考的文本及相关文献是客观评价译本的前提。

为获得更为全面和详实的信息，笔者以《馆刊》《书滲》《中和月刊》《中国留日同学会季刊》《北大文学》《日本研究》《中国文学》《中华周报》《译文》等九种期刊杂志以及《日本诗歌选》《樱花国歌话》《汉译万叶集选》《万叶集精选》《万叶集(增订本)》等五部译本为考察范围，对钱稻孙的万叶和歌译文整理统计。首先，从以上刊物和译本中剔除无任何注释或注释中未提及参考文献的四种期刊和一部译本。其次，按期刊发表和译本出版的年代，逐一整理出所有注释部分涉及的文献。最后，对整理出的文献进行分类统计。结果发现，钱稻孙使用的主要参考文献大多为1940年前成书的。再按照内容可划分为五类，共计二十八种，包括《万叶集》古写本、版本、校本和定本类共七种，《万叶集》注释本七种，《万叶集》研究书类共四种，枕词研究书类一种，历史、文学史和文法史类共九种。除此之外，另有译者简单提及的五十二种文献。

为进一步考察钱稻孙参考的《万叶集》原文及训读文的出处，笔者首先将杂志收录的原文及训读文逐一与鸿巢盛广著『万葉集全釋』、契冲著『万葉代匠記』、佐佐木信纲编『白文万葉集』和『新訓万葉集』这几部主要文献进行对比。接下来通过对比译文与原文发现，有六首和歌的译文明显使用这三个注释本中的日语原文字词。再通过对和歌标题及序文的考察发现，仅第四首和歌的标题与以上注释本有出入。最后，从内容上对比，发现雄略歌的三种译文在内容上差异较大。

通过上述考察，笔者确定钱稻孙在20世纪50年代前所参考的《万叶集》原文主要出自鸿巢盛广著『万葉集全釋』、契冲著『万葉代匠記』、佐佐木信纲编『白文万葉集』和『新訓万葉集』。根据文洁若的回忆，钱稻孙译本中有33首和歌的原文出自久松潜一和山岸德平监修的『万葉集』(『日本文学大系』第十卷，风间书房一九五六年版)。除这33首外，笔者推测，钱稻孙在20世纪50年代至60年代初所参考的原文还有可能出自1957年至1962年岩波书店出版的『日本古典文学大系　万葉集』。

第四章　钱稻孙翻译的文体与修辞

笔者在本章中将探讨钱稻孙的译文在文体修辞方面的特点。为研究方便，第四章至第六章，以及第八章涉及的未标明出处的和歌原文均按鸿巢盛广著『万葉集全釋』中的训读文录入。同时，关于《万叶集》收录的和歌总量、各卷收录的数量以及和歌序号也以该文本为准。另外，译文的录入以2012年出版的《万叶集(增订本)》为准。

第一节　钱稻孙翻译的文体形式

一、译文文体的分类及统计

关于和歌汉译的形式标准，自20世纪80年代至今一直存在两种分歧。一种主张借中国古典诗歌形式翻译和歌。孙久富[77]21认为，应根据短歌的单词量及一般构成情况，可采用中国古典诗歌中的四言四句或五句、五言四句、七言联句。刘德润[78]59则倾向以中国汉诗的七言二句形式翻译传统和歌，因为从结构、内容量、抒情方式、余韵等方面都是合理的。潘小多[79]提出套用我国古诗中"五言"或"七言"绝句形式。与此相反，另一种观点是反对模仿中国古诗形式的译法，主张再现原诗的音韵和节奏特点。其中，罗兴典提倡[80]"五七五七七"的形式，认为这种形式是"为了保留和歌的这种特色，并让中国读者了解这种特色，让中国诗人学习这种特色"。另外还有关永昌[81]主张的"三四三四五"的译法。

关于钱稻孙译文的文体形式问题，笔者进行了较为细致的分类。按不同文体，将《万叶集精选(增订本)》收录的1035种译文分为三类。第一类是文言体，即一首译文通篇为文言文。第二类是白话体，即一首译文通篇为白话文。第三类是文白混合体，即一首译文中出现文言与白话两种文体。再进一步将文白混合体按文言与白话的比例分成三类。一是文多白少，即译文以文言为主，混用少量白话；二是白多文少，即译文以白话为主，混用少量文言；三是文白各半，即一首译文中文言与白话所占比例基本均等。

表 4-1　各文体分布情况统计

卷次文体	文言体	白话体	文多白少	白多文少	文白各半
卷一	59	46	2	4	0
卷二	59	36	8	7	1
卷三	74	41	4	1	1
卷四	22	13	0	0	0
卷五	17	19	1	0	0
卷六	27	11	1	0	0
卷七	69	26	0	0	0
卷八	28	11	0	0	0
卷九	20	0	0	0	0
卷十	23	0	0	0	0
卷十一	55	5	0	0	0
卷十二	26	1	0	0	0
卷十三	56	0	0	0	0
卷十四	57	0	0	0	0
卷十五	27	8	0	0	0
卷十六	39	10	0	0	0
卷十七	21	0	0	0	0
卷十八	15	0	0	0	0
卷十九	31	0	0	0	0
卷二十	53	0	0	0	0
合计	778	227	16	12	2

如上表所示，《万叶集精选(增订本)》中文言译文有 778 种，约占译文总量的 75%；白话译文有 227 种占 22%；文白混合的译文有 30 种仅占 3%。从各文体的分布状况来看，白话译文主要集中在前三卷，第九、十、十三、十四、十七、十八、十九、二十卷这八卷中未见一例，总量上明显少于文言译文。可见，钱稻孙确实倾向以文言翻译万叶和歌。文白混合形式是钱稻孙在翻译过程中的创造性尝试，虽少量却也是译本的一大特点。

二、文言译文的特点

从字数句数上看，文言译文形式多样，三言有 1 种、四言 165 种、五言

417种、六言6种、七言71种、杂言118种，共计778种。五言译文最多，其中五言四句有324种，其次为四言、杂言、七言和六言。具体分析如下：

咏露

秋萩の枝もとををに露霜おき寒くも時はなりにけるかも

（万葉集・卷十・2170）

秋芽子，垂垂枝，霜露繁，时节至。

这是译本中唯一一首三言形式译文，短小精干、节奏轻快。原文充满季节感，「萩」是秋天的代表性植物，秋季霜露凝结几乎压折枝叶的情景是诗人描写的重点，意在表现四季轮转的变化，而非悲秋、伤秋的情绪。为迎合原文内容量少、以歌咏季节为主的特点，钱稻孙采取短小精炼的三言译出，语言上接近民谣，朗朗上口、轻松明快。译者巧妙地将第二句中「をを」的同音反复以叠字"垂垂"表现出来，更增强了作为民谣的轻快感，第四句中的「寒くも時」被隐去字面"寒冷"之意，而以"时节"一词代替，因"秋芽子"和"霜露"标志着寒冷季节到来，译者用替换的手法可以避免语义重复。句末「かも」延长语音，表现诗人对四季更替的感慨延绵不尽，然而译者所使用过的"至"字为仄声，缺少语音的延长。

钱稻孙译本最明显的特点就是借鉴《诗经》，四言和以四言为主的文言体杂言形式中，不少译文在字词、语序等方面接近《诗经》(关于钱稻孙对《诗经》的借鉴将在第五章中具体讨论，此处仅涉及四言译文的形式特点)。

天皇御游雷岳之时，柿本朝臣人麻吕作歌一首

大君は神にしいませば天雲の雷の上に廬せるかも

（万葉集・卷三・235）

維皇斯神，爰在于天，云雷之上，为斯行殿。

这首是柿本人麻吕对天皇的赞颂之作。作者放眼高天云雷，借天云赞美天皇的神性，视野辽阔、气势宏大。对于人麻吕诗歌的朴素雄浑之风，钱稻孙尝试以诗经体再现出来。初句"维皇斯神"中"维"字彰显皇室的正统性和天皇的神性。尤其将「大君」译成"皇"，再将原文第三句中「天雲」拆为两个词分别置于译文的第二句末尾与第三句开始部分，这样"天"字既与"皇"字构建出天上神皇的伟大形象，又与“云雷”不失紧密联系。同时“斯”“爰”二字增加了译文的古朴格调，16个字的四言译文与原文内容量相当。

为幸行芳野离宫之时储作歌一首

高御座　天の日嗣と　天の下　知らしめしける　すめろぎの　神の命の　畏くも　始め給ひて　貴くも　定め給へるみ吉野の　この大宮に　在り通ひ　めし給ふらし　もののふの　八十伴の雄も　おのが負へる　おのが名負ひ　大君の　任のまくまく　この河の　絶ゆることなく　この山の　彌つぎつぎに　斯くしこそ　仕へまつらめ　いや遠永に

（万葉集・卷十八・4098）

在昔神皇，垂拱高坐；缵天之日，治天之下；于兹芳野，作寝作舍；以时息驾，观览山河；武士侍从，八十其多；恭尔奉仕，无忝尔家；不舍昼夜，有如斯川，历久弥坚，有如此山，敬执所事，以至永年。

尾崎畅殃[82]指出大伴家持作品的题材、表现等受到中国古诗的影响很深，这种中国风的创作手法得益于大伴旅人和山上忆良。第4098号和歌是大伴家持所作称颂皇治的一首赞歌，与善用美辞丽句修饰烘托全诗气势的柿本人麻吕的赞歌相比，家持的作品显得质朴，内容也相对简单。钱稻孙立足原文，对家持的赞歌并不施加粉饰，而是以四言的形式、以接近诗经的精炼朴素的语言直白地传达出作者的思想。译文与原文对比，钱稻孙通过改变语序的手法表现诗人的创作意图。前四句「高御座　天の日嗣と　天の下　知らしめしける　すめろぎの　神の命の」语序倒置为“在昔神皇，垂拱高坐；缵天之日，治天之下”，将“神皇”置于句首，分别用两个“之”字对应原文「天の日」、「天の下」的两处「の」，强调作者赞颂皇治的目的。在一番称颂之后，展开幸行离宫时的场面。首先是「み吉野」译为“芳野”，容易使人联想到山花遍野、微香迎面的辽阔愉悦的场面。接下来进一步叙述在此观览山河的不仅是“神皇”一人，而是「八十伴の雄」。译者用两句“武士侍从，八十其多”再现一幅众多随从左后护驾的景象，突显“神皇”的尊贵。作为赞颂的结论，天皇的治世自然希望长久稳固，河水的连绵不绝和青山的坚固不衰是最好的比喻。「この河の　絶ゆることなく　この山の　彌つぎつぎに」译为对偶句“不舍昼夜，有如斯川，历久弥坚，有如此山”，调整语序以强调山川的力量，同时“斯”和“此”对应「この」，对偶句增强了全诗的气势，充满对美好的山川大河的热爱，进而传递诗人“敬执所事，以至永年”的强烈愿望。

高田女王歌一首

山吹の咲きたる野べのつぼ菫この春の雨に盛なりけり

（万葉集・巻八・1444）

芊绵芳草地， 一片淡黄花， 脉脉今春雨， 平添壶堇纱。

这首和歌的特点是以秀丽纤细的笔法描写春天原野的景象，「山吹」「つぼすみれ」「春の雨」三种景物组合成一幅优美的动态画面。钱稻孙以五言绝句形式以及秀雅的唐诗语言表现出女性诗人对春景的细腻观察和勾画。因此，译文重点在几处极富文采的增译：“芊绵”、“一片”描写的是春雨滋润、青草凄凄、淡黄色棣棠花开遍的山野；“脉脉”一词传递女性诗人的含蓄和细腻；“壶堇纱”融形色于一体，棣棠花蕾像水壶般盛着春雨，堇色娇艳。译文语言优美、情感真挚，充满春雨沁润、春花摇曳的浪漫主义色彩。钱稻孙将女性诗人的真情实感轻松自然地表现出来，诠释“真即是美”。

贫穷问答歌一首

風まじり　雨降る夜の　雨まじり　雪降る夜は　術もなく　寒くしあれば　堅鹽を　取りつづしろひ　糟湯酒　うち啜ろひて　しはぶかひ　鼻びしびしに　しかとあらぬ　鬚かき撫でて　我をおきて　人は在らじと　誇ろへど　寒くしあれば　麻衾　引きかかふり　布肩衣　有りのことごと　著そへども　寒き夜すらを　我よりも　貧しき人の　父母は　飢ゑ寒からむ　妻子どもは　乞ひて泣くらむ　この時は　いかにしつつか　汝が世は渡る

天地は　廣しといへど　吾が為は　狭くやなりぬる　日月は　明しといへど　吾が為は　照りや給はぬ　人皆か　我のみや然る　わくらばに　人とはあるを　人並に　我も作るを　綿も無き　布肩衣の　海松の如　わわけさがれる　かかふのみ　肩に打ちけけ　伏庵の　曲庵の内に　ひた土に　藁解き敷きて　父母は　枕の方に　妻子どもは　あとの方に　かくみ居て　憂ひさまよひ　竈には　煙ふき立てず　甑には　蜘蛛の巣かきて　飯炊く　ことも忘れて　奴延鳥の　のどよひ居るに　いとのきて　短き物を　端截ると　云へるが如く　しともと執る　里長が聲は　閨どまで　来立ちよばひぬ　かくばかり　術無きものか　世の中の道

（万葉集・巻五・892）

朔风乱夜雨，夜雨杂雪飞，何以御此寒，舐盐啜糟醅，气冷冲喉咳，涕出鼻歔欷，疏髯拈自许，舍我更复谁，意则虽亦强，凌寒终莫排，引我麻布被，着我裲裆衣，尽袭吾所有，夜犹逞斯威，视我更贫者，若何其苦凄，父母忍肤冻，妻子相啼饥，其如此时何，尔生何以维。

天地虽云广，胡独不我小，日月虽云明，胡独不我照，岂其人皆然，抑我独不平，适亦生为人，视人初无少，裲裆乃无绵，乱垂如海藻，褴褛自肩悬，曲伏庐中老，即茨土泥上，草草席禾藁，枕边坐父母，妻孥傍足绕，围居莫知措，相对但苦恼，灶绝烟火气，甑为蛛丝罩，久疏忘炊术，中呜如夜鸟，已短犹欲剪，谚悯无可告，执笞里长来，逼叱声咆哮，曾是不相恤，胡然世人道。

山上忆良曾以遣唐使的身份远渡中国，他所接受的中国文化不仅来自汉籍，还有切身体验，这些都是其诗歌创作的源泉。忆良创作出不少描写社会的“述志”类的说理性诗歌，钱稻孙[12]157指出忆良的作品使人深刻感受到浓厚的人情味，尤其是名篇“贫穷问答歌”，“有人重视为和歌史上的珍宝”。忆良所作多为长歌，虽沿袭了人麻吕的固定诗形，但从思想内容和表现特点上都有其独特风格。

这首和歌是以问答形式进行说理和叙事，忆良以事实为理据，从不同的角度和立场使其陈述的问题具有普遍性。钱稻孙的译文突出了原文由点及面，由局部到全面，由个体到社会的立体式叙事特点。第一段前二句“朔风乱夜雨，夜雨杂雪飞”，原文两处「まじり」分别用不同的汉字“乱”和“杂”译出，使风、雨、雪交加的严寒之夜不仅给人带来凄冷的印象，同时传递出问方在这样的夜晚一片凌乱的内心世界。在风雨雪杂乱的三重压迫下进一步阐述“舐盐啜糟醅，气冷冲喉咳，涕出鼻歔欷”的凄苦现实。然而对于如此严峻的局面也无法改变，只有“疏髯拈自许，舍我更复谁”聊以自慰，联想与自己同样处境的可怜人，甚至比“我”更贫穷的人，他的父母妻儿该如何忍受饥饿与寒冷。钱稻孙又在这两句之后增译一句“意则虽亦强”，这样就将前后所阐述的现实紧密联系起来，意为虽拈着稀疏的胡须强忍着夸耀自己的承受力，却终究不堪忍受饥寒交迫之苦，这句增译强调坚强的意志终究抵挡不过现实的严酷，这就是穷苦人的生活，由此及彼、由点到面的原文表现手法在译文中得以强化。

钱稻孙用对偶句的形式译出第二段落开头的对句。第二句“我小”与第四句“我照”中“我”的位置相同，突出对世道充满怨愤的“我”的心理。第二段有一处增译。「短き物を端截ると云へるが如く」的译文“已短犹欲剪，谚悯无可告”，后半句的意思是拓展出来的，理解关键在“悯”字。译文要阐明的是说话者(答方)借此谚语来表达难以直述的哀怜和愁苦，暗示后文中雪上加霜的境况，“悯”字与倒数第二句中的“恤”字相互照应，对贫穷可怜人的现实境遇给予怜悯和体恤。于是，译者用“曾是不相恤”这句替换了原文「かくばかり術無きものか」，再加上末句「世の中の道」将对个人的同情扩大为对整个社会现实的不满。然而他并未积极去寻求解决之法还是最终屈服于现实，虽有拯救万民之志，却无普度众生之力。理解忆良的和歌，需要首先将各段分开探讨再统合到一起理解，采取一种立体式解读法。

这两段形式上看似一问一答，实则合起来才能看出作者思想的全貌。无论作者以何种身份参与问答之中，他的看法都是一致的。第一段“疏髯拈自许，舍我更复谁”和第二段“岂其人皆然，抑我独不平”这两句说明问方和答方既感慨自身的困境，又映射到他人的凄惨生活，因此最终归结为“胡然世人道”，也就是说世上之事皆如此，无法改变贫穷，唯有隐忍。作者通过不同角色的转换将个体问题拓展到全体问题，对整个社会底层的贫穷大众给予无限同情，然而这种同情也无法改变世道，人世的困苦与烦扰是无论如何也逃脱不了的。忆良对现实生活的佛教式思考深受中国文化的影响，这种立体式和说理性的叙事特点在钱稻孙的笔下成功再现。

(柿本朝臣人麻吕从石见国别妻上来时歌二首)反歌

小竹の葉はみ山もさやにさやげども吾は妹おもふ別れ來ぬれば

(万葉集・巻二・133)

筱丛深兮山中，叶有声兮清冲；别吾妹兮行来，我思念兮惺忪

这首和歌在「さや」的同音反复中产生出视听觉共振的效果，前三句写景与后两句抒情构成一明一暗的对比。译文为六言四句，前两句为一组，对应原文前三句外在的明景；后两句为一组，对应原文后两句内在的暗景，两组内容量相当。具体而言，前三句描写山中竹叶随风摆动，从沙沙作响的听觉中产生清明的视觉感受，译文将此感受直译为“清冲”。后两句诗人回归内心暗藏的思念，与外在“清冲”对比起来，其内在含蓄模糊。为再现这种强烈的反差，钱稻孙增译“惺忪”二字并将原文后两句倒置。译文每句第四个字为“兮”字，第一、二、四句尾字“中”“冲”“忪”押韵，钱稻孙之所以选择楚辞体的创作笔法，其一考虑以“兮”字的反复出现，表现原文第一、三、五句句末

「は」「ども」「ば」带来的余韵；其二意欲传递作者在离别场面下凄凉悲苦的浪漫情怀。因此，译者特意将原文第四句中的「おもふ」一词用“我思念兮惺忪”一句表达，使客观事物的明景与作者内心的暗情融为一体。然而遗憾的是，原文中「さや」同音反复的音乐感并未译出。

过近江荒都时，柿本朝臣人麻吕作歌

玉襷　畝傍の山の　橿原の　ひじりの御代ゆ　あれましし　神のことごと　樛の木の　彌つぎつぎに　天の下　知ろしめししを　空に見つ　大和を置きて　青丹よし　奈良山を越え　いか様に　おもほしめせか　天放る　夷にはあれど　岩走る　近江の國の　さざ波の　大津の宮に　天の下　知ろしめしけむ　天皇の　神のみことの　大宮は　此處と聞けども　大殿は　此處といへども　春草の　茂く生ひたる　霞立つ　春日の霧れる　百敷の　大宮處　見れば悲しも

（万葉集・卷一・29）

昔初襟带亩火山，　开国橿原圣天子，　世世宗祧相嗣承，　光宅大和垂皇治，　莫测睿虑何所在，　北越平山别经始，　陬鄙天涯淡海国，　大津潋滟宫殿峙，　但闻大宫尝在此，　但说高殿斯其址，　厥见萋萋春草生，　飘渺如流春霞起，　百宫阛阓今焉在，　凭吊徘徊悲何似。

这首和歌表面上赞颂第一代人皇神武天皇在亩火山东南麓的橿原开国建都，实则惋惜天智天皇舍弃历代先皇在大和奠定的基业而迁都于偏远的近江，因而引发后来的壬申之乱，近江最终沦为废墟。译文再现原文的韵律。原文个别句尾字「き」「し」「に」为一段音，钱稻孙以七言韵文译出，偶数句尾字“子”“治”“始”“峙”“址”“起”“似”通压仄声韵。

清水克彦[83]指出柿本人麻吕创作的长歌为抒情性的而非叙事性，结构紧凑、少有断句一气呵成，而且具有重叠性的特点，然而遗憾的是这种表现手法并未被后世继承，随着人麻吕的逝去一同走向终点。钱稻孙[12]88提到柿本人麻吕的笔法时说：“叙事寓情，绵蔓不绝；语语藻饰，拼成庄严的声调。”“绵蔓不绝”即重叠性特点，“语语藻饰”即修辞丰富，因此以“庄严”二字概括。清水克彦所说的重叠性具体指对「天皇の神の尊」（即天智天皇）修饰部分的多层性。第一层从「天ざかる」至「知らしめしけむ」为「天皇の神の尊」的修饰语，“昔初襟带亩火山，开国橿原圣天子，世世宗祧相嗣承，光宅大和垂皇治”，追忆天智天皇曾在近江的都城。钱稻孙通过减译反衬作者意图。译文第二、三句中的"开国""圣天子"和"光宅"三词气势磅礴，突显神武天皇威武开国、大和建都的丰功伟业，"圣"字提升了神武天皇的光辉形象之意，原文中有的「天皇の神の尊」在译文中做了省略不译的处理，将天智天皇隐去，只将指称神武天皇的「御代」译为"圣天子"，迎合了诗人赞颂大和奠都的神武形象之意，哀叹使近江沦为废墟的天智，一明一暗的重叠便在译与不译中若隐若现。"莫测睿虑何所在"中的"睿虑"看则无主语，实为「天皇の神の尊」，即天智天皇。

对于原文中的对句，钱稻孙以对仗的手法和丰富的语言表现出来。「大宮はここと聞けども大殿はここと言へども」「春草の茂く生ひたるかすみたつ春日の霧れる」这两组对句表现的场景在译文中更为丰满也更有生气，"但闻大宫尝在此，但说高殿斯其址，厥见萋其春草生，飘渺如流春霞起"这四句以令人神往的繁华反衬出在其衰落殆尽后的悲凄。

钱稻孙忠实原文的整体结构，迎合原文的气氛。原文通篇表达的是作者对往昔的追忆，末句「見れば悲しも」的主语是"我"，即作者柿本人麻吕。译文整体结构与原文接近，前四句话追忆和赞颂神武天皇，第五句开始至末句结构紧凑，整体可以理解为"我(作者)不明白为何(天智天皇)舍弃大和迁都大津，使曾经繁华的大津宫沦为废墟，两段式描写追忆的内容使读者对明暗、盛衰产生强烈的对比感。译文由今及古，最后的"凭吊徘徊"四字仿佛将读者带入这片废墟中一览荒凉之景，脑海里浮现出自神武天皇以来历代天皇建都大和的繁荣景象的同时，更觉眼前情景无比悲凉。译文将神武形象隐于天智之后，使两种形象构成虚与实对比，这种重叠式的叙事方式充分突出了柿本人麻吕独特的长歌创作手法。钱稻孙充分理解原文之后，尽力渲染气氛，追求译文与原文的统一，以及作者、译者与读者在精神上的默契。

草香山歌一首

押照る　難波を過ぎて　うち靡く　草香の山を　夕暮に　吾が越え来れば　山もせに　咲ける馬酔木の　にくからぬ　君をいつしか　往きてはや見む

（万葉集・卷八・1428）

过了难波光弥漫；日暮翻来路窄，风靡草香山。马醉花儿开遍，良不恶，足可观。几时捷足去，与君快相见。

这首和歌初句至「咲ける馬酔木の」描写草香山的日暮景色，后三句抒

发作者急切与恋人相见的心情。虽是一种苦恋模式，原文阅读起来却自然流畅、轻松明快，丝毫没有悲情愁苦的腔调，钱稻孙模仿宋词的笔法以杂言形式译出。初句至“马醉花儿开遍”描写翻越草香山时看到满山马醉花的场面。译文中间二句“良不恶，足可观”承上启下，一则明指马醉花美丽可观，二则暗指恋人如马醉花般美丽。“良不恶”是「にくからぬ」的译文，钱稻孙增译“足可观”三字使“赏花”与“会面”两种行为自然联系起来，从而使读者理解作者以马醉花隐喻恋人的意图。

继柿本人麻吕之后，山上忆良和高桥虫麻吕从诗歌文本之外的、诸如中国文学和日本物语文学中汲取营养，他们一改人麻吕的重叠式、抒情式叙事风格，试图让长歌获得新生。因此，长歌在万叶各个时期有着不同的生命状态。钱稻孙在翻译时极为重视不同长歌的特点，译文虽出自一人之手却千变万化、风格迥异。下面这首高桥虫麻吕的长歌取材传说，他将传说的内容通过诗歌的形式表现出来，按照故事的层层推进展开叙述，全文重在讲述故事内容因而少有抒情性描写，并且多用接续助词来增强叙事的连贯性，具有散文的特点。

见菟原处女墓歌一首

葦屋の　菟原處女の　八年児の　片生の時ゆ　をばなりに　髪たくまでに　並び居る　家にも見えず　虚木綿の　こもりてませば　見てしがと　いぶせむ時の　垣ほなす　人のとふ時　血沼をとこ　菟原をとこの　盧屋たき　すすし競ひ　相よばひ　しける時は　焼大刀の　ながみおしねり　白檀弓　靫取り負ひて　水に入り　火にも入らむと　立ち向ひ　競ひし時に　吾妹子が　母に語らく　倭文手まき　賤しき吾が故　ますらをの　争ふ見れば　生けりとも　逢ふべくあれや　ししくしろ　黄泉に待たむと　隠沼の　下延へ置きて　うち嘆き　妹が去ぬれば　血沼壮士　その夜夢に見　取りつづき　追ひ行きければ　後れたる　菟原壮士い　天仰ぎ　叫びおらび　つちに伏し　きかみたけびて　もころ男に　負けてはあらじと　懸佩の　小だちとり佩き　冬薯蕷葛　とめ行きければ　やからどち　い行きつどひ　永き代に　しるしにせむと　遠き代に　語り繼がむと　處女墓　中に造り置き　壮士墓　此方彼方に　造り置ける　故よし聞きて　知らねども　新喪のごとも　ね泣きつるかも

（万葉集·卷九·1809）

菟原郡，苇屋乡，垂髫有女方八岁，茧居不出深闺藏，直待红妆梳宝髻，未许邻家窥片光，悒郁少年苦相望，纷纭问讯如堵墙，中有丈夫子二人，茅渟郎与菟原郎，发忿争求两不下，不辞蹈火愿赴汤，横刀负矢怒相同，剑拔在手檀弓张，处子心伤不可安，低言告母泪阑干，儿一寒家小女子，乃令壮子相仇残，生终不得成燕婉，莫若须之在黄泉，痛隐衷肠断寸寸，芳魂一去不复还，当夕茅渟梦见之，遂亦追踪去九原，落剩菟原孤另一，呼天抢地切齿嫉，仇匹宁甘输后尘，寻根往逐一剑毕，族人共议立标帜，俾永斯情传勿失，处女幽城莫当中，迤左迤右壮士塈，传闻事虽未及见，却比新丧泪横溢。

钱稻孙[12]172对高桥虫麻吕作品的总体评价为“独擅叙事。词句音调，显有异色。……作者以歌咏传说典故特著，在《万叶集》中为屈指之作家。”古来日本有不少争妻的传说，最有名的是中大兄皇子创作的三山争妻歌，但相比之下，高桥虫麻吕的“争妻歌”取材传说，叙述更为详细，故事层层深入、扣人心弦，诗歌韵味稀薄，散文特点突出。虫麻吕的这首长歌记述的是少女时代的菟原女遭遇两壮士的争夺，最终三人相继奔赴黄泉的详细过程。作者重点描写两壮士争斗的场面，从「血沼をとこ　菟原をとこの」至「冬薯蕷葛　とめ行きければ」描述他们刀剑相残、你死我活的激烈场面，占到全诗三分之二的篇幅，最后以菟原壮士不甘心而追随赴死的结局作以了结。抒情部分仅有末四句「故よし聞きて　知らねども　新喪のごとも　ね泣きつるかも」，作者对悲剧故事带来的情感表露过于轻描淡写，可见作者的本意在以详细的叙述过程引人入胜从而引发读者的共鸣。钱稻孙的译文除前两句“菟原郡，苇屋乡”为三言外，其余均为七言古诗的形式，重视叙述内容，整体阅读起来接近长恨歌的表现手法。

垂髫有女方八岁，茧居不出深闺藏。

（钱译）

杨家有女初长成，养在深闺人未识。

（长恨歌）

对比以上两句对菟原女和杨玉环幼年时代的描写发现，第一句中“有女”一词的位置一致，而且“方”与“初”同为副词，强调幼女深藏闺房不为外人所识。第二句“茧居不出深闺藏”对应原文「虚木綿の　こもりてませば」这句。原文强调女孩子在成长为少女之前连邻居都未能睹其半点芳容。原文虽未出现“深闺”二字所对应的词语，然而从「並び居る　家にも見えず」这句可以想象女孩子深藏家中的情景。钱稻孙增译“深闺”一词，应该是联想到白居易对杨玉环幼年时代的描写，模仿长恨歌的表现手法说明古代女子待字闺中的实情，为随后少女容颜一经现世便引起求婚少年们争斗的局面埋下伏笔。

处子心伤不可安，低言告母泣阑干。

（钱译）

玉容寂寞泪阑干，梨花一枝春带雨。

（长恨歌）

菟原女因两位少年郎刀剑相残的争斗而心存不安，于是对其母言说甘愿奔赴黄泉的心意，原文从「母に語らく」至「うち嘆き」这部分并未描写菟原女涕泪纵横的情景，而译文中的“泣阑干”与描写杨玉环芳魂归天离开玄宗而伤心到“泪阑干”是以同样的笔法表现死别的痛苦与无奈，“阑干”一词再现爱恨离别的凄美情调。钱稻孙在诗歌伤感之处刻意模仿白诗，通过联系杨玉环的命运加深原文的悲情色彩，这种创造性的翻译笔法能够使译文读者与原文作者产生情感共鸣。

痛隐衷肠断寸寸，芳魂一去不复还。

（钱译）

悠悠生死别经年，魂魄不曾来入梦。

（长恨歌）

原文点明菟原女赴死之处在「うち嘆き　妹が去ぬれば」这句，译文将划线部分的「妹」替换为“芳魂”，强调菟原女命归黄泉，与现世两位少年郎阴阳两隔，原先活生生的少女如今已化为灵魂。“不复还”是钱稻孙延伸出来的意思，原文「妹が去ぬれば」不含有“不复还”的意思，那么钱稻孙增译的目的何在？笔者认为「去ぬれば」的接续助词「ば」是解读译者意图的关键。「妹が去ぬれば　血沼壮士　その夜夢に見　取りつづき　追ひ行きければ　後れたる　菟原壮士い　天仰ぎ　叫びおらび　つちに伏し　きかみたけびて　もころ男に　負けてはあらじと　懸佩の　小だちとり佩き　冬薯蕷葛　とめ行きければ」这段意为菟原女死后，茅渟郎追随赴死，菟原郎因嫉

恨难耐也随之赴死，这段由接续助词串联起来的连贯性极强的内容是全文的高潮部分。接二连三赴死的真正原因是菟原女化为灵魂不得重回人世，两位少年郎为与之相见唯有选择死亡，可见延伸出的“不复还”实际是后面一连串赴死事件的根本原因。再看长恨歌，“魂魄”代指杨玉环，死后的杨玉环已不再是鲜活的贵妃形象，而是灵魂世界的一员，因而她不可能重回人间与玄宗相见。另一方面，玄宗贵为天子自然不能赴死追随，唯一的办法就是派遣道士利用法术招回玉环的灵魂，“不曾来入梦”和“一去不复还”中的否定词“不”充满阻隔的意味，暗示生者赴死或招魂的根本原因。可见钱稻孙借长恨歌的意图在于将菟原女形象对应成杨玉环形象，使读者在已有的认知基础上理解日本和歌的思想内涵。

钱稻孙善于在和歌中挖掘中国文化的痕迹，模仿长恨歌表现手法的翻译同样可见于《源氏物语》“桐壶”帖。

尋ね行くまぼろしもがなってにても魂のありかをそこと知るべし[84]

安得鸿都穷碧落，为传魂魄在何方[85]

（钱译）

「まぼろし」指会魔法、幻术之人。译文中“鸿都”出自长恨歌中“临邛道士鸿都客，能以精诚致魂魄”二句，“穷碧落”则借用“上穷碧落下黄泉，两处茫茫皆不见”二句。与《万叶集》的翻译手法一样，钱稻孙巧妙地利用长恨歌中现有的最能接近原文内容的词语，为自己和译文读者的阅读理解提供便利的同时，也传递出中日两国文化的渊源。中国读者通过译文一方面能够了解中国文化的东传历史，另一方面能够理解日本对中国文化的接纳与学习。

上述分析可见钱稻孙善于借鉴中国诗歌的语言和形式翻译日本和歌。对于这种做法，丰华瞻提出以下观点：

> 翻译的诗歌应该像创作的诗歌一样，也应该做到民族化、大众化，应该采取我国人民所喜闻乐见的形式，应当上口；这样，翻译的诗才能为我国读者所接受、所欢迎，而起到其应起的作用。译诗时力求保持原诗的本国民族形式，则译出的诗往往不能上口。诗歌是含有较多音乐成分的一种文学形式，而不同的语言有其不同的达到音韵谐美的办法；一首诗从一种语言翻译到另一种语言，若机械地保存原来的形式，往往要丧失音韵之美。[86]

丰华瞻从翻译要服务于读者的目的出发，主张译诗首先形式上要为读者所喜爱，其次再考虑从音韵上达到谐美的境地，而不是以原诗的形式再现其音韵之美。这与和歌汉译中王树藩提出的[87]29“神形并似”的观点一致，即在“神”的统摄之下，将原作本身的“形”化为本国人所乐于接受的“形”。若以此标准来评判，钱稻孙模仿中国诗歌的形式，尤其是五言、七言诗来翻译满足了我国读者的喜好，以韵文翻译的手法达到了汉语语言的音韵谐美，然而如果从“上口”的标准评价，古诗中一些难懂晦涩的语言很难使现代读者阅读起来感到“上口”。

三、白话译文的特点

《万叶集精选(增订本)》收录白话译文共计227种，其中四言形式有3种、五言9种、六言4种、七言7种，杂言最多达204种，占总量的90%。吴卫峰[21]12指出：“钱稻孙的口语诗，与吸收西方语言语法、近代词汇的近代口语诗不同，更近似民谣，有些诗句中可以看到元曲的痕迹。”

山部宿弥赤人歌四首(之一)

春の野に菫つみにと来し我ぞ野をなつかしみ一夜ねにける

（万葉集・卷八・1424）

来挑堇堇菜，春天野地里，舍不得走开，宿了一夜来。

这首和歌格调清新、节奏明快轻松、感情朴素真挚，春天原野的风景使作者流连忘返，露宿一夜只为惜春。钱稻孙在译文中将原文前二句倒置，“菜”、“开”、“来”三字押韵，“堇堇菜”、“舍不得”、“宿了”这几个词使译文带有民谣的味道，尤其是第三句“舍不得走开”表达恋恋不舍之情，语言直白朴素却感人至深。

田口益人大夫任上野国司时，至骏河净见埼作歌二首(之一)

晝見れば飽かぬ田児の大王の命かしこみ夜見つるかも

（万葉集・卷三・297）

看不够的田儿浦，原该白昼尽徘徊；惟恐延误大王命，赶在黑夜来一窥。

这首和歌的特点是作者仅用「飽かぬ」一词表达对田儿浦风光的迷恋，文中却无一处描写具体风景的词句，然而白天至黑夜的时间推移暗含着作者对美景的执着。作者刻意提到肩负王命的事实制造出一种紧迫感，夜观风景、翌日赶路的辛苦启发读者想象田儿浦的迤逦风光。钱稻孙以七言四句译出，他在译文第二句增译“原该”和“尽徘徊”两词，暗示作者恐误王命而无法在白天尽览美景的遗憾，末句增译“赶在”一词表现原诗的紧张气氛。这三个词同时增加了译文的民谣味。

咏不尽山歌一首

なまよみの　甲斐の國　打ち寄する　駿河の國と　こちごちの　國のみなかゆ　出で立てる　不盡の高嶺は　天雲も　い行き憚かり　飛ぶ鳥も　翔びも上らず　燎ゆる火を　雪もて消ち　降る雪を　火もて消ちつつ　言ひもかね　名づけも知らに　靈しくも　坐す神かも　石花の海と　名づけてあるも　その山の　包める海ぞ　不盡河と　人の渡るも　その山の　水のたぎちぞ　日の本の　やまとの國の　鎮めとも　坐す神かも　寶とも　なれる山かも　駿河なる　不盡の高峯は　見れど飽かぬかも

（万葉集・卷三・319）

甲斐国和骏河国，彼此两国中间，耸立着不尽的高山；燎火尽在化着雪，落雪尽在灭着火；说也没法说，名也无可名，真是个神灵！虽有个海名石花，只是包在这山中的湖；虽有渡得人的不尽河，也只是这山的流水溪。这日本大和国的镇国之神，立国之宝啊，骏河国的不尽高岭，尽看也没个看够时！

钱稻孙在白话译文中对枕词「なまよみの」和「うち寄する」做了省略不译的处理，从整体使用的语言来看，白话译文不注重遣词弄藻，表达方式简单直白，以叙述原文内容为主。从艺术手法上看，原文对句较多，共有五组，即「なまよみの甲斐の國うち寄する駿河の國」、「天雲も　い行き憚かり　飛ぶ鳥も　翔びも上らず」、「燎ゆる火を　雪もて消ち　ふる雪を　火もて消ちつつ」、「その山の　包める海ぞ…その山の水のたぎちぞ」、「鎮めとも　坐す神かも　寶とも　なれる山かも」。钱稻孙在白话译文中将第一组省略枕词，合并为“甲斐国和骏河国”，同时减译第二组，其余三组分别以“说也没法说，名也无可名”、“虽有个海名石花，只是包在这山中的湖；虽有渡得人的不尽河，也只是这山的流水溪”、“镇国之神，立国之宝”的对偶形式译出。

整体来看原文讲究对仗的工整和声律的铿锵，辞藻华丽、节奏强烈、音律和谐，然而白话译文没有同文言一样遣词弄藻，尤其在表现富士山威严的神性和俊美的容姿上并未精雕细琢，可见译者此译旨在传递原文的大意，尽量兼顾原文表现特点。由此可见因此白话译文在充分表现气势宏大的和歌的高贵艺术气质上有一定的局限性。

皇太子答御歌

紫の匂へる妹を悪くあらば人妻故に吾戀ひめやも

（万葉集・卷一・21）

紫一般鲜艳的人儿！若不是真心里爱；我怎能为他人妻，来害这相思也么！

这首和歌是大海人皇子回赠额田王的一首情诗，他再次见到额田王时，压抑心中已久的相思之苦及惆怅之情得以言表。虽不得不接受原本钟爱于心，如今却为他人娇妻的现实，但却始终无法释怀。原文末尾「やも」一词将这份浓情爱意化为无尽的惆怅。钱稻孙翻译的巧妙之处就在“也么”二字不仅与「やも」在音、形、意上接近，而且语气上也产生出延绵惆怅的韵味。“也么”与“若不是”、“我怎能”这两个表达轻微哀怨情绪的词使译文接近元曲的格调。

正述心绪歌(之一)

いとのきて薄き眉根をいたづらにかかしめつつあはぬ人かも

（万葉集・卷十二・2903）

分外稀薄的眉毛，还只教白白的抓绕着。可几时会到呀？我的冤家吆！

原文中「あはぬ人」意为“无法相见的人”，代指思恋的对象。钱稻孙借“冤家”二字不仅点明作者与对方的恋爱关系，同时也将见不到恋人空抓眉毛时的焦虑与怨愤宣泄出来，钱稻孙采取接近元曲的腔调表现作者的恋恋苦思。

四、文白混合译文的特点

《万叶集精选(增订本)》中有30种译文属于文言与白话混合的形式，笔者称其为文白混合译文。按照文言与白话在一首译文中所占句数多少统计得到以下结果。

表 4-2 文白混合译文形式统计

文体	形式				合计
	四言	五言	七言	杂言	
文多白少	1	2	0	13	16
白多文少	0	0	0	12	12
文白各半	0	0	1	1	2

如上表所示，文白混合形式大多的杂言，其优势在于一方面译文能够适合更广泛的人群，另一方面译者能够摆脱古诗形式的束缚，更为自由地表达原文的思想内容。整体看来这种混合形式的语言风格接近元曲。

1. 文多白少，文言文句数多于白话文句数。

皇子尊宫舍人等恸伤作歌(之一)

夢にだに見ざりしものをおほほしく宮出もするかさ日の隈みを

(万葉集・卷二・175)

桧树森森，桧里丘陵，悒郁心情，奉仕殿庭；从也不曾见过的梦境啊。

这首和歌是舍人们追悼草壁皇子的一首挽歌。前两句「夢にだに見ざりしものを」统率全文，意为梦境中都未曾见过眼前一片似真似幻的悲凄情景，曾侍奉皇子的舍人们如今却在赶往真弓冈殡宫的途中恸哭，感情至真至深。钱译特点是前四句以文言体四言四句写景叙事，“陵”、“情”、“庭”三字押韵。原文前两句在译文中位于末句，译者刻意通过倒置语序来划清虚与实之间的界限，即前四句描写舍人们抑郁悲伤的实景，末句却又将人引入梦境的虚境中，一实一虚映衬出诗人对无常的哀叹。这种在末句以通俗的口语语言宣泄内在情感的手法接近元曲的风格。如关汉卿所作《双调・大德歌・冬》有句：“雪纷纷，掩重门……好一个憔悴的凭阑人!”，前两句以文言体描写屋外纷飞大雪的实景，由远及近、由外向内，末句用白话真实深刻地表达相思的愁苦。

2. 白多文少，白话文句数多于文言文句数。

柿本朝臣人麻吕从石见国别妻上来时歌二首(之一)

石見の海　角の浦回を　浦なしと　人こそ見らめ　潟なしと　人こそ見らめ　よしゑやし　浦は無くとも　よしゑやし　潟はなくとも　鯨魚取

り　海邊をさして　和多豆の　荒磯の上に　か青なる　玉藻沖つ藻　朝羽振る　風こそ寄せめ　夕羽振る　浪こそ来寄せ　浪のむた　彼よりかくより　玉藻なす　寄り寝し妹を　露霜の　おきてし来れば　この道の　八十隈毎に　萬づたび　かへりみすれど　いや遠に　里は放りぬ　いや高に　山も越え来ぬ　夏草の　思ひしなえて　偲ぶらむ　妹が門見む　靡けこの山

（万葉集・卷二・131）

石见的海滨都野湾，人家偏说不是湾，人家偏说不成滩。好吧好吧，便算不是湾，好吧好吧，便算不是滩，捕鲸鱼的大海当前，波平浪静的渡津近边，青生生，满石岩，文藻海藻蔓长延；朝风扇来长缱绻，夕浪推来尽缠绵。我可把随波依靡的同衾妹，雪霜般留着在家园；独来此行路漫漫。八十弯曲路，万遍回首看；家乡越来越远，又翻过了高山。想我那妹子，应在惦念我，委顿得夏草一般。我要望见家门，快快趴下，这山峦！

这首和歌重在修饰，多用对句。第一组对句「浦なしと　人こそ見らめ　潟なしと　人こそ見らめ」译为“人家偏说不是湾，人家偏说不成滩”，“偏说”对应「こそ」二字充满民谣味，强调他人眼中的海湾；接下来第二组对句「よしゑやし　浦は無くとも　よしゑやし　潟はなくとも」译为“好吧好吧，便算不是湾，好吧好吧，便算不是滩”，以接受现实的语气引出这不算湾也不算滩的石见海滨的风光。「和多豆の　荒磯の上に　か青なる　玉藻沖つ藻　朝羽振る　風こそ寄らめ　夕羽振る　浪こそ來寄せ」这几句译为文言“青生生，满石岩，文藻海藻蔓长延”与“朝风扇来长缱绻，夕浪推来尽缠绵”，译文整体文多白少。“青生生、满石岩”的三言短小形式描写海藻缠满岩石的景象，与上述《双调・大德歌・冬》“雪纷纷，掩重门”的手法接近。“朝风扇来长缱绻，夕浪推来尽缠绵”是第三组对句，作者细腻地描绘与妻子朝夕相处时的缠绵，“长延”、“缱绻”、“缠绵”这三个增译的近义词丰富地表现出原文的艺术效果。作者在联想到这幅缠绵的画面之后，又回到了现实的无奈中，“我可把随波依靡的同衾妹，雪霜般留着在家园”中“雪霜”是枕词「露霜の」的译文，直译原意既表达出分离之后的凄凉与孤独，更使得悲别化为“八十弯曲路，万遍回首看”的相思之苦，于是痛恨山峦遮挡视线，无法望见逐渐消失的家乡和惦念我的“妹子”。译文以民谣的语言翻译，感情直白朴素却感人至深。

3. 文白各半，文言文句数基本与白话文句数相等。

天皇游猎蒲生野时，额田王作歌

あかねさす紫野行き標野行き野守は見ずや君が袖振る

（万葉集・卷一・20）

紫草园中，围禁场上，骋往驰来；不怕守场人看见？你这般举袖扬袂！

这是额田王在伴驾游猎中，看到久别重逢的大海人皇子摇袖示爱时回应他的一首和歌。原文语言朴素直白，第二句与第三句以「行き」结尾，同音反复节奏明快。五七调的特点是前三句「あかねさす紫野行き標野行き」描写围猎场上人来人往的场面，后两句「野守は見ずや君が袖振る」以一种轻微埋怨的语气提醒皇子勿在人前示爱。钱稻孙[12]27注释为：“这一首的口气，有两种说法，多数人译文重在责备他的摇袖。有人以为那么看法，未免过于穿凿，原不过泛泛吟咏，藉来一抒其恋恋之私，不必有警告于他之意。”可见译者并不赞同额田王是以一种责备的语气警告对方摇袖示爱的观点，正相反他认为额田王担心别被人看到而稍作提醒，内心深处仍存爱意。译文在句数上迎合原文，前三句为文言四言形式，描写围猎场景，后两句抒情通俗婉转，“不怕”与“这般”表现出女性诗人在这种场面之下产生的忧虑、埋怨、欢喜等各种复杂矛盾的情绪。关汉卿的《双调・大德歌・夏》有云：“俏冤家，在天涯，偏那里绿杨堪系马。困坐南窗下，数对清风想念他。蛾眉淡了教谁画？瘦岩岩羞带石榴花”。诗中描写一位少妇对他乡恋人的思念之情，空闺寂寞的情绪在哀怨声中得以宣泄。“冤家”二字虽带埋怨语气，却因“俏”字的使用变得委婉，“俏冤家”三字正反映出爱恨交织的复杂心情。“偏”、“想念他”、“教谁画”、“羞带”等这些率直的怨怒才是诗人意图传递的心底最真实的声音。上例钱稻孙的译文前三句文言形式简短精炼，后两句白话文直截了当，句式结构特点与此元曲近似，“不怕”、“你这般”同样是以一种率直的语气表达女性爱恨交织的复杂心理。

第二节　钱稻孙翻译的修辞特点

钱稻孙对《万叶集》的研究细致到字词读音和意义的详细考察，因此他在翻译过程中十分重视选择字词，音意兼顾、善用语气词、循用真字努力从音、意、情三方面追求最大化再现原文特点。

一、兼顾音与意

音意兼顾始终是翻译的理想状态，然而结果往往是顾音则意不通，能否做到音意兼顾是对译者翻译水平的巨大考验。钱稻孙的译本中有四首译文(分别为第 1、47、3865、4370 号)兼顾原文字词的读音和意义。

天皇御製歌

籠もよ　み籠持ち　ふぐしもよ　みぶぐし持ち　此の丘に　菜摘ます児　家聞　かな名告らさね　虚見つ　山跡の國は　押並べて　吾こそ居れ　しき並べて　我こそ座せ　我こそは　背とは告らめ　家をも名をも

（万葉集・巻一・1）

第 1 号雄略歌的七种译文中，文言译文有五种，其中关于枕词与被枕词「虚見つ　山跡の國」的翻译有“天监兹大和”、“天鉴兹大和”和“天皐盈大和”三种，前两种译法兼顾音意。“兹”与「つ」语音接近，同时发挥了连接枕词与被枕词的功能。雄略歌另有两种白话译文，其中一种前两句译为“筐儿么，拿的好筐儿；竿儿么，拿的好竿儿”，译文第一句和第三句尾字“么”与原文第一句和第三句倒数第二字「も」的发音接近，同为语气词，语气上具有民谣的特点，译文也有着一种轻松愉悦的气氛和山野田间的趣味。

（柿本朝臣人麻呂作歌）反歌四首（之一）

真草苅る荒野にはあれど黄葉の過ぎにし君が形見とぞ来し

（万葉集・巻一・47/引自书滲，7 月号，1942）

陁靡荒垌采茅薄，先世曾是鸣銮铎；兹来厥为仰遗风，红叶未衰遽陨落。

第 47 号和歌是柿本人麻吕陪同轻皇子(草壁皇子之子)出游时，追忆已故草壁皇子所作。译文第二句“先世曾是鸣銮铎”中的“先世”对应「君」，指已故草壁皇子，而“鸣銮铎”在原文中并无对应之处，译文暗示草壁皇子的尊贵身份，“铎”与原文第二句尾字「ど」语言接近，钱稻孙巧妙将音与意联系起来。

筑前国志贺白水郎歌十首（之一）

荒雄らはめこのなりをば思はずろ年の八とせを待てど来まさず

（万葉集・巻十六・3865）

荒雄独不思，妻孥生何资！空待不见回，于兹八其期。

「產業」译为“资”，不但与原文中的「思はず」的「ず」发音近似，同时“资”所有的“资产、物资”的意思也兼顾「產業」的原义。译文末句“兹”与原文末句「来まさず」的「ず」为近似音，“兹”意为“此时”，后两句译文可以理解为“于此时此刻已经白白等了八年的时间，还不见回来”。

同十四日，常陆国防人部领使大目正七位上息长真人国岛进歌

霰降り鹿島の神を祈りつつ皇御軍に我は来にしを

（万葉集・卷二十・4370）

纷如其霰，吾既祷于鹿岛之神矣；我则来兹，列伍于皇军之阵矣。

这首防人歌末两句在译文中倒置，原文第三句尾字「つ」的近似音为“兹”，意为“此处”，强调“皇军之阵”。同音反复是和歌表现手法上的一个特点，然而由于中日语言的差异，译文很难保留原文字词的读音。钱稻孙尽力寻找两种语言的接点，译本中有 6 首和歌译文（分别为第 527、1018、1398、2323、2864、2866 号）保留原文反复出现的汉字，通过读音的反复增强译文的节奏感，兼顾了发音与意思。

大伴郎女和歌（之一）

来むといふも来ぬ時あるを来じといふを来むとは待たじ来じといふものを

（万葉集・卷四・527）

其曰来兮，时亦不来兮；不曰来兮，自无待来兮；曰不来兮。

这首和歌的特点是「来」在每句中压头韵，有种文字游戏的意味。译文简练有序，读起来错落中有节奏，归纳起来有四个特点：一是形式力求对等。译文长短参差，四五四五四的五句形式对应原文的长短句。二是用字力求真字。译文保留「来」，在每句相同的位置（每句倒数第二个字）反复出现，这与原文「来」在每句句首反复的笔法一致。三是对于句末助词和助动词「も」「じ」「を」，译文统一使用“兮”字对应。四是除「来」外，「といふ」分别在一、

三、五句中直译为“曰”。钱稻孙[12]145注释说：“后一句句起自‘来’字，所谓头韵。赠与答，皆有意作歌，弄词于斯渐矣。”这是大伴郎女回应藤原麻吕的答诗，赠与答都明显感到刻意雕琢词句的所作，此诗内容量小，独特之处就是使用头韵法和反复法修饰文字，因此钱稻孙的翻译重点是表现原文音的特点。

再对比以下三种译文，分析不同译者对原文的不同理解。

大伴郎女和歌四首(之一)

云来吾久待，也有不来时，不待不来矣，不来又待迟。

（杨译）

扬言来会吾，终又未来顾；人既不能来，何徒待日暮。

（李译）

说来，时而不来，说不来，就不为来等待，因已说不来。

（赵译）

首先内容上赵乐甡的翻译与原文内容量对等。杨烈译文末句“不来又待迟”属于增译，是对前一句“不待不来矣”的补充，表现出轻微埋怨的语气。同时舍弃「来じといふものを」不译。李芒译文“何徒待日暮”这句也是增译。这两位译者增译的目的是为渲染一种哀怨的气氛，表现闺怨情愫的女人心。实际上这层深意隐含在「来じといふを　来むとは待たじ」一句当中，如果清晰地译出来，反而剥夺了读者自由想象的权利。其次从译文形式上看，杨烈和李芒以五言四句翻译，赵乐甡用的长短句最短两字，最长六字，不仅外观略显失衡，还因形式过于自由而削弱了同音反复的强化效果。再次从原文押头韵和同音反复这一特征出发，由于中日两种语言的差异，「来」在原文中被置于每句首位，而汉译时很难做到位置对应。钱稻孙的做法是将每句倒数第二个字统一为“来”字，而其余三位译者虽同样重视“来”字的同音反复却忽略了位置关系。最后看以上几种译文每句的尾字，钱稻孙以“兮”字制造余情，相比其余三种译文的“待”、“顾”、“暮”更突出女性诗人延绵的忧思和柔弱凄婉的心绪。

十年戊寅元兴寺之僧自叹歌一首

白珠は人に知らえず知らずともよし知らずとも我し知れらば知らずと

もよし

（万葉集·卷六·1018）

白玉无疵，不为人知；不知何疵？虽不见知，我自我知；人不知何疵？

（钱译）

这首和歌中僧人将自己比作白玉，利用「知らず」和「よし」的同音反复使整体具有强烈的节奏感，幽默风趣。钱稻孙在句末交替使用“疵”和“知”，不但接近「知らず」的「ず」「よし」的「し」的发音，而且与原文的句数对应。实际上原文仅提到白玉不为人知，并未说“白玉无瑕”，译文首句“白玉无疵”刻意用“疵”强化洁白无瑕的视觉印象。增译“疵”字有两个目的，其一是“疵”的发音接近「ず」，其二是“疵”与“知”形成反差，表现作者不得志的苦闷。契冲认为[88]此诗根源于老子的思想“吾言甚易知，甚易行；天下莫能知，莫能行。言有宗，事有君；夫唯无知，是以不我知。知我者希，则我贵矣。是以圣人被褐怀玉。”对比发现，钱稻孙译文以四言为主、对“知”字反复使用，表明了其翻译时模仿《道德经》，旨在传达原文与《道德经》的亲缘关系。

对比杨烈、李芒和赵乐甡的译文，能更加客观地评价钱稻孙音意兼顾的手法。

十年戊寅元兴寺之僧自叹歌一首

珍珠人不知，仍是不知好，只要自知明，他人不管了。

（杨译）

人不识珍珠，豪不损其值；唯我自深知，何忧人不识。

（李译）

美珠人不识，不识可以；人或不识，我自识，不识亦可以。

（赵译）

首先以上三种译文完整传达了原文的内容，形式上杨烈和李芒以五言四句翻译，赵乐甡用长短句，与钱稻孙的长短句相比，赵乐甡将三言、四言和五言糅杂在一起节奏不整齐。这三种译文都未能将五七七五七七的旋头歌所有的错落有致的节奏特点表现出来。其次看用字用词，「白珠」作珍珠或美丽的珠玉解释，以上三位译者都作“珍珠”理解，忽略了「白」的存在意义。

钱稻孙译成“白玉”，其中“白”给人以洁白无瑕的印象，正好与“无疵”呼应说明白玉的价值。再看“玉”字，根据上述提到的原文对老子思想的接受，“是以圣人被褐怀玉”这句中老子将圣人的才学品德比作“玉”，原文中僧人将自身比作「白珠」，因此钱稻孙译为“白玉”揭示中日文化的渊源。再次从原文同音反复的特点看，杨烈在三句中使用“知”字，而最后一句未见“知”字，与原文没有完全对应。李芒一改原文对“知”字的执着，用“值”“知”“识”替代，译文虽语言丰富却与原文产生偏差。与前两种译文比较，赵乐甡相对尊重原文的音韵，每句反复“识”字，第二句和第五句句末“可以”二字反复，对应原文两处出现的「よし」一词。钱稻孙在字数、句数和用韵上均保留了原文的特点，这离不开译者深厚的文学功底。

寄船

さざなみの志賀津の浦の船乗りに乗りにし心常忘らえず

（万葉集・巻七・1398）

脉脉微波志贺津，波载舟，舟载人；我心载，我思人，不能忘，劳我神。

第1398号和歌原文「船乗りに乗りにし」是作者通过「乗りに」的同音反复再现出志贺海上曾经故人载舟的一番情景，这是最难忘怀的一幕。译文“波载舟，舟载人”一则表现这种同音反复的特点，二则强调海波载舟，大舟承载的故人是自己最为思念的。译文虽无法从语音上对应原文，然而处理方法仍是从语音和语意两方面入手的。

詠雪

吾が背子を今か今かと出で見れば沫雪ふれり庭もほどろに

（万葉集・巻十・2323）

其今乎其今？我俟我家郎；下阶望庭除，薄雪正未央。

第2323号和歌的译文在同音反复上的处理手法与第1398号一样，译文“其今乎其今”中的“今”无法与原文「今か今かと」的「今」的发音接近，但用叠字的方式表现原文同音反复的特点，同样可以强烈表达出苦苦等待恋人的女性的闺怨情绪。

正述心绪歌(之一)

吾背子を今か今かと待ちをるに夜のふけぬれば嘆きつるかも

（万葉集・卷十二・2864）

今乎今乎？我俟我兄；夜其深已，我心怦怦。

第 2864 号和歌与第 2323 号同为「今か」的反复，钱稻孙给以同样的处理方法，保留原文同音反复的特点，强调等待恋人的愁苦情绪。不同的是这首和歌“今乎今乎”中名词在前，虚词在后，形式上比“其今乎其今”更符合原文「今か今か」的结构特点。

正述心绪歌(之一)

人妻に言ふは誰が言さ衣のこの紐解けと言ふは誰が言

（万葉集・卷十二・2866）

是谁之言？解此衣带？谓谁之言？人妻也奈！

第 2866 号和歌的特点是第二句与第五句相同，通过「言ふは誰が言」在末句的反复强化责问的语气，从而使读者窥视到古代妇女的贞操观。译文调整语序，在第一句和第三句中反复，第一个字分别用“是”和“谓”译出原文的「言ふ」，后三字“谁之言”与原文「誰が言」完全对应。

二、善用语气词

钱稻孙在翻译中善于使用汉语的语气词强化原文作者寄于和歌中的喜怒哀乐的情绪。译本中有 28 首译文使用语气词，翻译手法有直译、转译、增译三种。

第一，直译感叹词。30 首译文中有 3 首（分别为第 63、3878、3879 号）直译原文中的感叹词。

山上臣忆良在大唐时，忆本乡作歌

いざ子どもはやく日本へ大伴の御津の濱松待ち戀ひぬらむ

（万葉集・卷一・63）

走起来吧孩子们，趁早里回去日本；须知大伴御津滨，松树儿等得焦心。

第63首和歌是山上忆良出使大唐思念故乡时所作，初句中语气词「いざ」同「さあ」，有催促之意，表现急切归国的心情。译文中使用“吧”对应「いざ」，是一种直译的手法。

能登国歌三首(之一)

梯立の熊来のやらに新羅斧墜し入れわし懸けて懸けてな泣くかしそれ浮き出づるやと見むわし

（万葉集・卷十六・3878）

熊来滩头淤泥污，脱手堕落新罗斧，呜也呼；切记切记毋哭泣，且看还能浮起无，呜也呼。

能登国歌三首(之一)

梯立の熊来酒屋にまぬらる奴わしさすひ立てゐて来なましをまぬらる奴わし

（万葉集・卷十六・3879）

熊来村上高酒家，奴婢遭逢申申骂，吁也嗟；酒家奴婢苦咆哮，何如诱之挚以逃？噫也嘻。

以上两首能登国歌的共同特点是在第三句及末句的句末同时出现感叹词「わし」，该词仅为迎合诗歌整体的调子，并无实际意义，在这两首中仅用作断句，即此二首为旋头歌，前半部分和后半部分在「わし」处分开。对于该词，钱稻孙根据不同的原文给出不同的译文。第3878号译文“呜也呼”，含有一种无奈、同情的语气，表达的是旁观者看到劳动者不慎将新罗斧掉进淤泥之中打捞不上来时的同情。第3879号译文分别是“吁也嗟”“噫也嘻”，寄托作者对奴婢被主人辱骂的哀叹和同情。同为劳动场面下的创作的诗歌，即使对于同一个词，钱稻孙也会根据原文的内容给出不同的译文来忠实于作者的心理。

第二，转换词性。在21首译文(分别为第163、168、175、232、315、317、484、506、562、801、899、978、1418、1448、2873、2903、3324、3351、3865、3868、3869号)中，原文的助词、助动词、副词等转译为语气词。

以下19首是助词、助动词转换为语气词情况。

大津皇子薨之后，大来皇女从伊势斋宫上京之时，御作歌二首(之一)

神風の伊勢の國にもあらましをなにしか来けむ君も在らなくに

（万葉集・卷二・163）

伊势神风国，奈何不容居，我来何为哉，亦既无君，吁！

这首和歌是大来皇女悼念大津皇子所作的挽歌，皇女斋宫期满待到返京之日却与皇弟阴阳两隔，离愁别恨至深至真，凄凉哀婉。原文第四句中助动词「けむ」以一种推量的语气延展出悔恨的意味，译文“哉”字表现绝望无奈的心情，又增加尾字“吁”统合全文的情感，将大来皇女的悲痛、悔恨等所有情绪化为一声无奈的长叹，钱稻孙将诗人的内在情感凝练为“吁”这一字的悲鸣。

(日并皇子尊殡宫之时，柿本朝臣人麻吕作歌一首)反歌

ひさかたの天見るごとく仰ぎ見し皇子の御門の荒れまく惜しも

（万葉集・卷二・168）

方如仰望永远的长天，却仰见皇子的宫垣，荒废去也，惜矣哉！

这首反歌是悼念日并皇子(即草壁皇子)的挽歌。原文前两句以“天”喻皇子，进而悼念如今埋入荒坟之中的皇子，无限伤感凄凉。作者柿本人麻吕的视线由天入地，其情绪也随之波动，最终对草壁皇子早逝的遗恨凝练为一句「荒れまく惜しも」，钱稻孙对这七个音以“荒废去也惜矣哉”七个汉字对应，巧妙之处在于译文从内容量和情感表现上都几乎与原文对等。「荒れまく」译为“荒废去也”，“去也”是助动词「まく」的译文，表达一种无法逆转的遗憾心情，眼看昔日皇子长眠荒坟，唯有目送别无他法。「惜しも」的终助词「も」留有余情，钱稻孙将“矣”和“哉”两个语气词重叠，译为“惜矣哉”使诗人的痛惜之情得以延绵。另外，这首译文形式上最明显的特点是文白混合，前两句白话叙事，后两句文言抒情。

皇子尊宫舍人等恸伤作歌(之一)

夢にだに見ざりしものをおほほしく宮出もするかさ日の隈みを

（万葉集・卷二・175）

桧树森森，桧里丘陵，悒郁心情，奉仕殿庭；从也不曾见过的梦境啊。

钱稻孙对第175号和歌采取倒置语序的翻译手法，原文前两句「夢にだに見ざりしものを」在译文中置于末句，“从也不曾见过的梦境啊”句末语气词“啊”对应原文尾字助词「を」，带来语音延长的同时传递出作者为眼前这幅阴郁悲伤的景象感到的意外的心情。

(灵龟元年岁次乙卯秋九月，志贵亲王薨时作歌一首)短歌

三笠山野邊行く道はこきだくも繁り荒れたるか久にあらなくに

(万葉集・卷二・232)

三笠山下，路上野草繁生；才不久呢，荒芜了啊！

第232号和歌与上一首第175号和歌的翻译手法一样，原文末两句在译文中倒置，「荒れたるか」的「か」「久にあらなくに」的「に」分别被译成“荒芜了啊”的语气词“啊”，“才不久呢”的“呢”，其中“啊”与「か」发音接近。

暮春之月幸芳野离宫时，中纳言大伴卿奉敕作歌一首

み吉野の　芳野の宮は　山からし　貴くあらし　川からし　さやけくあらし　天地と　長く久しく　萬代に　變らずあらむ　いでましの宮

(万葉集・卷三・315)

吉野之邦，芳野之宫，惟山其尔崇，惟水其尔冲，於戏行在之堂矣，天地其同与长矣，万世其无改常矣。

第315号和歌原文中划线部分的「らし」和「らむ」是表示「～であるだろう」推量意义的助动词。从译文划线部分三处语气词“矣”的使用情况来看，仅最后一句“万世其无改常矣”末字“矣”与原文「變らずあらむ」的「らむ」对应，其余两处“於戏行在之堂矣”“天地其同与长矣”分别是在「天地と　長く久しく」「いでましの宮」句末增补了“矣”字，应该是译者为了使全文形成比较整齐的对偶结构而为之。前两句四言句，第三个字同为“之”，中两句五言句第一、三、四字同为“惟”“其”“尔”，后三句七言句末字统一用语气词“矣”，既能突出诗歌的节奏感，又能在末三句通过语气词的使用延长语音，延绵地抒发作者的情感。

山部宿弥赤人望不尽山歌一首

…語り継ぎ言ひ継ぎ行かむ　不盡の高嶺は

（万葉集・卷三・317）

……传说开去，传说下去吧，把这不尽的高山！

第317号这首长歌倒数第二句「言ひ継ぎ行かむ」中尾字「む」所含有意志、愿望的语气，在译文中用语气词“吧”表现出来。

难波天皇妹奉上在山迹皇兄御歌一首

一日こそ人も待ち吉き長き日を斯くのみ待たば在りかつましじ

（万葉集・卷四・484）

一天么，人家还等着；累天这么等去，可待不了啊！

第484号和歌的尾字「じ」为否定推量意义的助动词，即「～ないだろう」。译文“可待不了啊”清楚地译出了原文末两句的句意，尾字语气词“啊”延长语音，表现「じ」含有的推测语气。

安倍女郎歌二首(之一)

吾が背子は物な念ほし事しあらば火にも水にも吾無けなくに

（万葉集・卷四・506）

我的哥呀，不要发愁；有起事来，火里水里，还有我呢！

这首和歌与第317号和歌相同，在文言译文中无任何语气词，而在白话译文中，钱稻孙使用语气词对应原文中的助词或助动词，强化作者的情感。这首和歌中初句「吾が背子は」的「は」译为“我的哥呀”的“呀”，末句「吾無けなくに」的「に」译为“还有我呢”的“呢”，语气词的使用使白话文更具民谣味。

太宰大监大伴宿弥百代恋歌(之一)

いとま無く人の眉根をいたづらに搔かしめつつも逢はぬ妹かも

（万葉集・卷四・562）

不断的教人白抓绕着　眉毛根脚。可几时会到呀？我的姣姣！

第 562 号和歌表达作者空抓稀疏的眉毛期盼恋人到来的急切心情，同时，通过末句的「あはぬ妹かも」进一步传递出始终也没有盼到的绝望之情。钱稻孙将此句拆译为“可几时会到呀”和“我的姣姣”这两句，用“呀”表达急切盼望的焦虑情绪。译文整体接近元曲的语言风格。与这首和歌采取类似译法的是第 2903 号和歌，具体分析如下：

正述心绪歌(之一)

いとのきて薄き眉根をいたづらにかかしめにつつあはぬ人かも

（万葉集・卷十二・2903）

分外稀薄的眉毛，还只教白白的抓绕着。可几时会到呀？我的冤家吆！

第 2903 号和歌与上首同样表达作者空抓稀疏的眉毛期盼恋人到来的急切，通过末句「あはぬ人かも」传递出盼不到的绝望心情，钱稻孙同样将此句拆译为“可几时会到呀”和“我的冤家吆”这两句。与上首译法不同的是此首使用两个语气词，即第一句尾语气词“呀”用以表达急切、焦躁不安的情绪以及第二句语气词“吆”表达对对方充满怨愤，而且“吆”的发音接近原文终助词「かも」中「も」的发音。译者将“呀”和“吆”合在一起表达「かも」含有的感叹语气。整首译文接近元曲的语言风格，“呀”和“吆”再加上“只教”“冤家”等词语的使用，更能突显出这种格调。

(令反惑情歌一首)反歌

久方の天路は遠しなほなほに家に帰りて業をしまさに

（万葉集・卷五・801）

高天路远，还是回家来，正经做生业吧！

第 801 号和歌尾字「に」是助动词，表示讲话人的某种希望。译文中用语气词“吧”也隐含希望的意义，同时还带有劝说的语气。

（山上臣忆良老身重病经年辛苦，及思儿等歌）反歌

術も無く苦しくあれば出ではしり去ななと思へど児らにさやりぬ

（万葉集・卷五・899）

苦得没有法，出门逃走吧；孩儿们拦住咱。

第899号和歌「去なな」的「なな」在古语中为助动词，表示一种强烈的愿望，即「～てしまいたい」。译文用语气词“吧”将作者出逃世间，实际是求死的愿望过于轻描淡写，降低了作者意欲表达苦闷的程度。

山上臣忆良沉屙之时，歌一首

をとこやも空しかるべき萬代に語りつぐべき名は立たずして

（万葉集・卷六・978）

算得男子汉吗？白白虚度过来，也没立得功名流传到万代。

第978号和歌第一句 「やも」是「や」和「も」两个助词重叠的形式，表示感叹、疑问的语气。译文此处用语气词“吗”同样包含以上两种语气，强调不立功名则不算男子汉的这种临终时的遗憾。

志贵皇子欢御歌一首

石ばしる垂水の上にさ蕨の萌え出づる春になりにけるかも

（万葉集・卷八・1418）

瀑布山头挂，垂见原上，嫩蕨发新芽；春来了呀！

第1418号和歌末两句「春になりにけるかも」描写皇子看到春天美好景象时的喜悦和欢悦，格调明朗愉悦。「かも」为终助词，表达一种感动，钱稻孙译文“春来了呀”的尾字“呀”对应「かも」，译文整体充满欢块、喜悦之情。

大伴宿弥家持赠坂上家之大娘歌一首

吾がやどに蒔きし瞿麦いつしかも花に咲きたむをぞへつつ見む

（万葉集・卷八・1448）

我家里撇下石竹子，不知几时开出花；比在心里等着吧。

第 1448 号和歌「をぞへつつ見む」这句表达大伴家持急切盼望娇妻的心情，助动词「む」含有期待盼望的语气，译文末句用“吧”传递出这种焦急的心情。

常陆国歌二首(之一)

筑波嶺に雪かも降らる否をかもかなしき児ろがにむ乾さるかも

（万葉集・卷十四・3351）

筑波山岭，其降雪欤？非雪则降，爱妮濯布。

第 3351 号和歌第二句「雪かも降らる」是东国方言，意为「雪が降っているのだろうか」。这层意思在译文第二句“其降雪欤”中译出，“欤”为表示疑问的文言语气助词。钱稻孙根据汉语的表达习惯，将“欤”字置于句末再现「かも」在原文中的疑问语气。这是文言文中出现语气词的例子。

筑前国志贺白水郎歌十首(之一)

荒雄らはめこのなりをば思はずろ年の八とせを待てど来まさず

（万葉集・卷十六・3865）

荒雄也，都不想妻儿们的生活啰！八个年头都等了，还不见来呵！

第 3865 号和歌中「思はずろ」的「ろ」为助词，含有轻微的咏叹语气。译文“啰”与「ろ」语音接近，译者再增译尾字“呵”使译文具有民谣的腔调。

筑前国志贺白水郎歌十首(之一)

沖行くや赤ら小船につとやらばけだし人見て解きあけ見むかも

（万葉集・卷十六・3868）

大海里去也！朱漆小官船。托带个包儿罢？又怕人打开来看。

筑前国志贺白水郎歌十首(之一)

大船に小船引きそへかづくとも志賀の荒雄にかづきあはめやも

（万葉集・卷十六・3869）

大船带着小船　潜下海底去，也未必海底里　遇得到志贺的荒雄呵！

第 3868 号和第 3869 号和歌与上述第 3865 号同为白水郎歌。第 3868 号的译文特点是兼顾语气词的音意。原文第一句「沖行くや」的助词「や」与译文第一句“也”字从字形和发音上都十分接近，有一种呼唤对方的语气。原文第三句「つとやらば」的助词「ば」为假设意义，钱稻孙译为“罢”的巧妙之处在于两者不仅发音接近，在语义上与后句“又怕人打开来看”结合起来看也有假设的意义。第 3869 号和歌译文与第 3865 号相同的是句末都使用语气词“呵”，上首为增译，这首是对应原文末尾助词「やも」，语气含有疑问、感慨，相当于“啊”之意。

以下两首是副词转换成语气词的例子。

正述心绪歌(之一)

里人もかたりつぐがねよしゑやし戀ひても死なむ誰が名ならめや

（万葉集・巻十二・2873）

思恋以死，阎闾其谤；呜呼亦以乎！将谁之名也？死又何其伤？

第 2873 号和歌第三句「よしゑやし」为副词，作者借此表达接受对方薄情的现实和强烈的愤恨，译文“呜呼亦以乎”这五个字对应原文的五个音，传递出作者的怨愤。

(悼皇子歌)

かけまくも　あやにかしこし　藤原の　都しみみに　人はしも　満ちてあれども　君はしも　多くいませど…かけてしぬばな　かしこかれども

（万葉集・巻十三・3324）

呜呼於戏，诚恐诚惶。维藤原大京，不乏臣良，并列诸王……呜呼於戏，诚恐诚惶。

第 3324 号和歌初两句和末两句是作者以首尾相照的形式表达对已故皇子的尊敬。译文也同样以前后呼应的结构将原文的特征表现出来。虽然原文首尾用词并不相同，然而原意无差异，因此译文首尾进行了反复。

第三，增译。译本中有四首译文(分别为172、900、2352、3866号)增译语气词，原文中并无对应之处。

皇子尊宫舍人等恸伤作歌

島の宮上の池なる放ち鳥荒びな行きそ君坐さずとも

（万葉集・卷二・172）

岛宫的上池里，养活着的水鸟啊！君王虽不在，也莫要飞散了。

第172号和歌第三句中并无语气词，钱稻孙在译文中增加“啊”加强白话译文的口语特点。

(山上臣忆良老身重病经年辛苦，及思儿等歌一首)反歌

富人の家の子どもの著る身なみ腐し棄つらむ絹綿らはも

（万葉集・卷五・900）

富裕人家孩子，身上穿不过来，烂掉了绢和绵；咳，咳。

这首和歌是山上忆良年迈病重思子心切时所作七首和歌之一，作者以旁观者身份审视富裕人家，最后连用「は」、「も」这两个终助词结尾，表达诗人对孩子的疼爱。表面上讲富裕人家孩子丰衣足食，暗则为自己孩子衣不裹体的状态抱恨。原文虽未明示此意，然而从同为反歌的第901号“给穿件粗布衣衫，尤且为难；光叹气，没办法”中可以看到这层意思。钱稻孙在译文末句连用两个“咳”字就是强化「はも」所暗含的怜悯和遗憾之情，也在音数上对应。

旋头歌(之一)

新室を踏みしづむ子が手玉鳴らすも玉の如照りたる君を内へとまをせ

（万葉集・卷十一・2352）

新屋子镇地的舞儿们，舞蹈得手镯锵锵响。大家齐声说呀：玉一般的漂亮公子请进！

第2352号和歌后三句「玉の如照りたる君を内へとまをせ」在译文中采取倒置的手法，“大家齐声说呀”对应原文末句「まをせ」，钱稻孙增加语气词

"呀"表现出民谣的趣味。

筑前国志贺白水郎歌十首(之一)

沖つ島鴨とふ船のかへり来ば也良の埼守早く告げこそ

(万葉集·卷十六·3866)

倘有只船儿回来，名叫那浮游海上的鸭，也良埼的守望哥儿呵，须索早早告诉我！

第3866号和歌第四句「也良の埼守」对应译文第三句"也良埼的守望哥儿呵"，增译语气词"呵"有吆喝的意思，接近民谣的口语化表达。

关于对钱稻孙译文的文体形式探讨，笔者以译文收录总量最多的《万叶集精选(增订本)》为对象，将1035种译文分为文言体、白话体、文白混合体三类。其中，文白混合体的译文又存在文多白少、白多文少、文白各半三种情况，这种形式是钱稻孙在翻译过程中的一种创造性笔法，也是译本的一大特点。按此分类标准统计发现，译本中的文言译文有778种，约占译文总量的75%；白话译文有227种，约占22%；文白混合体有30种，仅占3%。从各文体的分布情况来看，白话译文主要集中在前三卷，第九、十、十三、十四、十七、十八、十九、二十卷等八卷中未出现一例，总量上明显少于文言译文，这个结果进一步证实了钱稻孙倾向于以文言翻译万和歌的观点。

从字数句数上看，文言译文中有三言1种、四言165种、五言417种、六言6种、七言71种、杂言118种，共计778种。五言形式的译文最多，其中五言四句有324种，接下来是四言、杂言、七言和六言。钱稻孙模仿中国诗歌的形式，尤其是五言和七言，以韵文翻译和歌的手法旨在表现原文的艺术效果。然而同时，一些晦涩难懂的古诗文并不利于一般读者阅读和理解。译本收录白话译文共计227种，其中四言形式有3种、五言9种、六言4种、七言7种，杂言多达204种，占译文总量的90%。文言与白话混合形式的译文有30种，这种文体的优势在于，一方面译文能够被更广泛的人群接受、理解，另一方面译者能够摆脱古诗形式的束缚，更为自由地表达原文的思想内容。总体来看，白话译文和文白混合体译文借民谣和元曲的通俗化语言以传递和歌的内容。

钱稻孙十分重视字词的选择，他的修辞手法特点为：兼顾音与意、善用语气词、保留原文汉字，这些也是他从音、意、情三个方面追求最大程度再现原文特征的具体实践。在钱稻孙的译本中，有四首译文同时兼顾了原文字词的读音和意义，有6首译文保留了原文中反复出现的汉字。译者还善于通过同音反复的手法来加强译文的节奏感。钱稻孙在翻译中还善于使用汉语的语气词来表达原诗作者的情感，译本中有28首译文使用语气词，翻译手法有直译、转译、增译三种。其中有3首直译了原文中的感叹词；有21首将原文的助词、助动词、副词等转译为语气词；有4首增译了语气词，原文中并无对应之处，分析译者的目的是为增强原文的悲情色彩。钱稻孙在翻译中并不满足于仅仅传达原文的内容，而是旨在进一步挖掘文字背后的文化思想，重视表现和歌整体的艺术气氛。

第五章　钱稻孙对《诗经》的借鉴

20世纪70年代末，李芒指出[8]38钱稻孙的译本过于古奥难懂，其中有不少晦涩的古字令人费解。邹双双[7]121-122也提到，译文中有一些难懂的汉字是现代汉语中使用频率低的，甚至没有的汉字。吴卫峰[20]65通过对钱稻孙译本中“兮”字用法的分析，指明译者借鉴了《诗经》和《楚辞》的用法。可见，钱稻孙以《诗经》的语言翻译《万叶集》的做法导致译文晦涩难懂，不利于更广泛的读者阅读。当然，如果受众是今天的普通大众，钱稻孙的译文确实不易理解，然而他当时所面对的读者还包括具备一定古文修养，同时熟悉中日两国语言的人群，其中不乏专家学者，因此他的译本不能迎合今天的广泛读者也是可以理解的。笔者认为，评价任何译本都应充分考虑译者预设的读者，同时还要挖掘译本对当代翻译的价值，才能在批判与继承中促进产生更多服务于更广泛读者的佳作。另外，关于《万叶集》的翻译研究，在方法上的问题是以个案为例试图解决整体问题，这样不仅导致评价结果主观化和片面化，也掩盖了译本真正有价值的地方。

笔者在第二章中分析了钱稻孙翻译万叶诗歌的经纬，认为他借鉴《诗经》的原因有以下两点。其一是因为《万叶集》与《诗经》的历史地位相当。钱稻孙在1957年《译文》中说[38]59：“他们一向以此集比于我国的诗三百篇”，后来又在1959年的《汉译万叶集选》中提到[12]1：“日本古典，古事记与万叶集尚焉，比于我之书与诗”，《万叶集》与《诗经》在各自文化中享有同等的历史地位，也有将此二者作为对比研究对象的研究成果。其二，《万叶集》中年代较早的诗歌与《诗经》古朴纯真的格调契合。钱稻孙在1937《馆刊》创刊号上发表的雄略歌译文[27]6中说：“以天皇之尊，其天真熙然若是，其造语之亲蔼复若是；则译文宜择真率古朴之体，庶见其情也。爰用三百篇之格调”。这就是曾维德[12]1所说的：“成歌时代较早的，多以诗经、楚辞之体译就；晚出的，则用五言、七言韵体”，其目的是“盖欲借我国诗歌形式的发展，从而体现和歌演进的脉络”。

基于以上分析，笔者将在本章中借助语料库的研究方法，在客观数据的支撑下进一步对钱稻孙的《万叶集》译文展开定性分析，从而阐明钱稻孙从中国古典中借鉴了什么，又是如何借鉴的等一系列问题。

第一节　语言及形式

《万叶集精选(增订本)》中有164首和歌，共计178种译文，形式为四言和以四言为主的杂言形式，语言上接近《诗经》直白纯朴的风格。以下为诗经体译文的分布情况：

表5-1　诗经体译文分布情况

分类	数量	序号	备注
前三卷	24	1、2、4、6、7、8、10、11、28、51、92、105、106、109、141、142、153、235、238、240、246、266、304、328	第1号有4种译文；第2号有3种译文；第141、142、153、240号分别有2种译文
旋头歌	20	1273、1274、1275、1276、1278、1281、1285、1288、1289、1290、1291、1292、1293、2351、2352、2353、2356、2357、2364、2366	第1275、1276、1278号分别有2种译文
东歌、防人歌	52	3350、3351、3355、3359、3360、3361、3364、3421、3438、3459、3460、3537、3546	第3360号有2种译文
		3567、3568、4322、4323、4325、4327、4328、4337、4342、4343、4344、4346、4352、4357、4364、4373、4374、4375、4381、4385、4386、4387、4401、4402、4407、4416、4419、4424、4425、4431、4432、4436、4466、4467、4468、4469、4470、4514、4516	第4425号有2种译文
其余	68	506、515、516、801、927、972、973、978、996、1009、1018、1225、1251、1252、1418、1471、1521、1522、1636、1714、1790、1821、1840、2096、2368、2369、2382、2392、2496、2497、2864、2866、2867、3249、3268、3269、3292、3327、3328、3332、3578、3579、3644、	

续表

分类	数量	序号	备注
		3648、3676、3786、3787、3806、3922、3923、3925、4056、4064、4095、4096、4097、4098、4099、4100、4122、4123、4124、4226、4227、4228、4246、4260、4292	…

如上表所示，164首和歌可分为四种情况：其一是24首产生年代较早的和歌，语言朴素自然，感情直白率真，这与《诗经》质朴纯真的风格接近；其二是20首旋头歌，此类多为集体劳动场面下的创作成品，反映地方民俗民风，接近《诗经·国风》；其三是52首东歌和防人歌，这类多为东国地方武士所作，带有东国各地的民风。其四是68首和歌零星分散在各卷各歌类中。

首先，是产生年代较早的诗歌。

额田王歌

秋の野の美草刈り葺き宿れりし宇治の都の借廬し思ほゆ

（万葉集・卷一・7）

昔之日扈驾，跸在金野，芟彼薄华，葺我假舍，今我犹思，宇治之夜。

这首和歌是万叶初期代表歌人额田王的作品，钱稻孙注释[12]15说："盖初受宠于皇子时也"，推测可能是额田王最早的作品。「宇治」一词为双关，因与「うじ」同音而隐含"忧愁"之意，额田王用朴素简单的语言直抒胸臆，想起割草搭舍、旅宿宇治秋野的往昔，暗怀追忆的愁绪。这首和歌感情真挚，淡淡的忧伤中隐藏着诗人深刻的怀古情愫。因此，钱稻孙借鉴了《诗经》表现古歌的特点。从翻译手法上看，除增译的初句"昔之日扈驾"为五言外，其余均为四言形式；对应原文「き」与「し」同为イ段音，译文采用"野"与"夜"押韵。从句法结构上看，译文将原文末两句倒置，其意在通过末句"宇治之夜"与初句"昔之日扈驾"形成首尾相照的框架，突出表现作者的怀古情绪。

其次，是旋头歌。在和歌由朴素直白的歌谣过渡到纤细婉约的抒情诗的过程中，唯有短歌的形式最易于统一连贯，并且委婉地表达诗人的思想情感。旋头歌较短歌句数多，内容整体缺乏连贯性，因而在《万叶集》之后的诗歌作品中再未出现旋头歌。旋头歌具有叙事性要素，内容大多反映集体劳动的场景，具有很强的现实性、行动力和地域性特点，以问答、唱和为其主要表现形式[89]。钱稻孙[12]189说："俱无题，亦无作者氏，所咏多乡曲田间情趣，真切迥异文人弄藻。"23 首旋头歌译文中有 20 首为四言六句的形式，迎合了旋头歌上下两段共六句的句式特点，内容的增减幅度小。译文语言古朴直率，突出旋头歌的民间性。

旋头歌

住の吉の小田を苅らす子奴かも無き奴あれど妹がみ為と私田苅る

（万葉集・卷七・1275）

住吉之子，刈田维何，岂其无奴？虽则有奴，私田是刈，职为彼妹。

（钱译一）

岂无家奴？住吉之子，小田是刈！虽有家奴，厥为吾妹，私田是刈。

（钱译二）

原文为问答歌形式，表现劳动场面下人们轻松愉快的交谈，语言朴素直白。农忙时期小哥为讨恋人欢心亲自割田，这种真情实意以不加任何渲染的方式直截了当地表达出来。译文一和译文二同为四言六句形式，不同在语序。译文一除颠倒第五句和第六句的顺序外，基本上逐句对译原文。译文二将前三句的语序打乱重排，重排之后的前三句与后三句一一对应，尤其第一句和第四句中"家奴"二字反复，第三句和第六句相差一字，这种笔法多见于《诗经》。如《诗经・樛木》由三段构成，"葛藟累之""葛藟荒之""葛藟萦之"三段第二句仅相差一字。钱稻孙之所以在译文二中大幅度调整语序，笔者认为原因在于原文的问答形式。译文二第一句与第四句形成一问一答，更能鲜明地表现出原文问答的形式特点，第二句的"之子"对第五句的"吾妹"，再加上第三句和第六句相差一字的手法，整体形成句与句、段与段的呼应，鲜明地表现出一问一答中强烈的节奏和整齐的对仗特征。

最后，看一首东歌。

伊豆国歌一首

伊豆の海に立つ白波の在りつつもつぎなむものを亂れしめめや

（万葉集・卷十四・3360）

伊豆海上，白浪重叠，相继不绝，勿使乱辄。

这首和歌中诗人意欲表达的是如白浪连绵不绝的相思之情。原文借景抒情的笔法可以对应成《诗经》中的“兴”来理解，即诗人以白浪起兴，随着白浪连续涌起，自我内在情感不断波动，思恋之情奔涌而出，无法抑制。四言四句译文形式高度凝练原文的思想内涵，译者通过短小精炼的形式和朴素自然的语言来表现东歌的地方民谣特点。

第二节 字词及句法

一、高频字的计量分析

钱稻孙对《诗经》的借鉴不仅在形式方面，还具体到字词的使用。为进一步展开探讨，笔者利用 antconc 对《诗经》[90] 和《万叶集精选（增订本）》这两个语料库前 10 位高频字进行统计，结果如下：

表 5－2 《诗经》高频字统计

序号	高频字	频数	百分数	序号	高频字	频数	百分数
1	之	1051	3.45%	6	子	467	1.53%
2	不	629	2.06%	7	于	348	1.14%
3	我	590	1.94%	8	兮	325	1.07%
4	有	557	1.83%	9	彼	308	1.01%
5	其	545	1.79%	10	以	307	1.01%
总计		5127					16.83%

表 5－3 《万叶集精选（增订本）》高频字统计

序号	高频字	频数	百分数	序号	高频字	频数	百分数
1	之	935	2.15%	6	来	375	0.86%
2	我	631	1.45%	7	山	372	0.85%
3	一	600	1.38%	8	天	353	0.81%
4	不	573	1.32%	9	人	323	0.74%
5	歌	431	0.99%	10	的	315	0.72%
总计		4908					11.27%

对比上述两个表格，前 10 位高频字中“之”在两个文本中均排第一位，译本中有 195 首和歌的译文中出现“之”字，对比两个语料库发现“之”的用法有以下四类。

表 5－4 “之”字的用法统计

	用法	序号
1	指示代词	1、87、246、257、315、339、802、894、1291、3308、3373、4094、4419、4436、4465
2	连接助词，表示所属关系	1、2、3、7、8、10、11、12、13、36、50、52、85、87、88、105、131、135、141、142、153、167、196、199、207、220、230、231、235、238、239、240、266、275、315、317、318、319、320、322、328、340、342、345、347、486、505、800、894、897、971、972、973、974、978、996、1009、1096、1110、1118、1122、1129、1163、1179、1273、1274、1275、1278、1288、1289、1292、1418、1521、1550、1753、1791、1807、2128、2314、2351、2352、2353、2356、2366、2368、2496、2537、2866、2873、2887、3097、3234、3249、3250、3291、3318、3324、3350、3421、3438、3579、3627、3648、3723、3787、3925、3957、4011、4064、4094、4095、4097、4098、4099、4100、4122、4226、4227、4228、4331、4357、4364、4370、4387、4417、4424、4425、4466、4469
3	代词，指人、事物	1、3、5、86、95、199、230、239、317、344、364、516、973、1288、1289、1292、1809、1904、2159、2353、2356、2495、2546、2641、2855、2914、2992、3102、3234、3245、3268、3280、3295、3305、3314、3318、3326、3429、3459、3479、3724、3791、3862、3868、3879、3880、3969、3970、4011、4095、4124、4220、4240、4327、4326、4374、4401、4417、4431
4	连接助词，表示主谓关系	317、571、971、1252、1281、1418、1791、3254、3268、3269、3291、3304、3355、3364、3972、4169、4124、4247、4292、4407

如上表所示，第一类“之”为指示代词，意为“这个……”“那个……”。

天皇御制歌

…此の岳に　菜採ます児　家聞かね　名告らさね…

（万葉集・卷一・1）

……之姝者子，采菜在冈。之子其焉居，曷告我尔名！……

（钱译）

逃之夭夭，灼灼其华。之子于归，宜其室家。

（诗经・桃夭）

译文中“之姝者子”意为“这位美丽的姑娘”，指的是原文「菜採ます児」的「児」；“之子其焉居”意为“这位姑娘的住所”，“之子”在这两句中特指作者眼前的“这位姑娘”。《诗经・桃夭》中“之子于归”意为“这个姑娘要出嫁”，“之子”指的就是诗中主人公，“之”则为“这个”。

第二类“之”为表示所属关系的连接助词，“……的……”之意。

咏雨二首(之一)

とほるべく雨はな零りて吾妹子が形見の衣我下に著たり

（万葉集・卷七・1091）

雨也毋我零，湿我衣下衣。下衣着吾体，吾妹之所遗。

（钱译）

麟之趾，振振公子，于嗟麟兮！

（诗经・麟之趾）

原文「吾妹子が形見の衣」的助词「が」连接的是所属关系的名词，相当于汉语的“的”。译文“吾妹之所遗”的“之”对应「が」，意为“我妹子的遗物”。《诗经・麟之趾》中“麟之趾”(麒麟的脚趾)的“之”字与上述作用相同。

第三类“之”为代词，指代人或物。

天皇游猎内野之时，中皇命使间人连老献歌

…朝(あした)には　取り撫で給ひ　夕べには　い縁せ立ててしし　御執らし

の　梓弓の　長弭の…

（万葉集・巻一・3）

……王执梓弓，长珥其饰；朝则抚之，夜则树之；……

（钱译）

参差荇菜，左右流之。窈窕淑女，寤寐求之。

（诗经・关雎）

译文中“抚之”和“树之”的“之”指的都是原文中的「梓弓」，《诗经・关雎》中“流之”的“之”指“荇菜”，“求之”的“之”指“窈窕淑女”。“之”在这两种文本中同样指代具体的人或物。

第四类“之”为主谓关系的连接助词。

太宰帅大伴卿被任大纳言临入京时，府官人等饯卿筑前国芦城驿家歌

月夜よし河音さやけしいざここに行くも行かぬも遊びてゆかむ

（万葉集・巻四・571）

夜月之明兮，河音之清兮。且于此宁兮，无分止与行兮，惟偕乐是成兮。

（钱译）

吹笙鼓簧，承筐是将。人之好我，示我周行。

（诗经・鹿鸣）

原文「月夜よし」中的「月夜」与「河音さやけし」中的「河音」分别为两句的主语，译文中在“夜月”和“河音”之后各添加一个“之”字起到连接主语和谓语的作用。《诗经・鹿鸣》中“人之好我”，意为“人们喜欢我”，“对我好”，“之”同样发挥了连接主语和谓语的功能。

另外，译本中有44首和歌的译文出现“兮”字，因《诗经》与《楚辞》多见该字，笔者在此对《诗经》《楚辞》[91]和《万叶集精选(增订本)》这三个文本进行对比分析。根据“兮”字在文内的位置与意义，可将钱稻孙译本中“兮”字的用法细化为以下六类。

表 5-5 “兮”字的用法统计

用法		序号
1	置于单字之后	1、2、134、486、3725
2	置于同一字后，同音反复	1、895、4467
3	置于相近意义的两字之后	239、3873
4	置于相反意义的两字之后	5、2887
5	置于句末	1、3、5、86、87、239、320、505、506、527、571、996、1276、1290、1418、1791、2128、2356、2366、3568、4097、4292
6	置于句中	3、5、52、132、133、147、239、319、525、971、1109、1704、3250、3291、4247、4466

如上表所示，第一类“兮”字置于名词之后，用以强调主题，这类用法见于《楚辞》。

天皇御制歌

籠もよ　み籠持ち　ふぐしもよ　みぶぐし持ち…

（万葉集・巻一・1）

筐兮，明筐是将；圭兮，利圭是掌。……

（钱译）

魂兮归来！东方不可以讬些。

（楚辞・招魂）

译文“筐兮”和“圭兮”的“兮”字对应原文表示咏叹的语气词「もよ」，强调“筐”和“圭”，可以理解为“筐呀”、“圭呀”，后面紧接着描述采菜姑娘手持圭筐的样子。《楚辞・招魂》中“魂兮”也是以“兮”强调“魂”这一主题。

第二类“兮”字置于同一字之后，为同音反复，这种用法较第一类更突出主题，用法见于《诗经》。

（好去好来歌一首）反歌

大伴のみつの松原かき掃きて我立ち待たむ早かへりませ

（万葉集・巻五・895）

大伴御津松滨海，吾当清扫松原伫以待；君兮君兮，祷君速速其归来。

（钱译）

简兮简兮，方将万舞。日之方中，在前上处。

（诗经・简兮）

这首和歌原文中并没有明显出现「君」，这是隐含在语句当中的，「我立ち待たむ」的对象就是「君」。钱稻孙在译文中补充了这一内容，并以“君兮君兮”的模仿《诗经・简兮》中“简兮简兮”的句式表达作者焦急等待对方归来的心情，通过“兮”字同音反复强化语气。

第三类“兮”字置于意义相近的两字之后，与前两类虽同属强化主题，然而“兮”字前后两字不同，内容显得更为丰富，这类用法见于《诗经》。

长皇子游猎猎路池之时，柿本朝臣人麻吕作歌一首

やすみしし　吾が大王　高光る…ひさかたの　天見るごとく　真十鏡　仰ぎて　見れど　春草の　いやめづらしき　わが大王かも

（万葉集・巻三・239）

君八极兮吾王，承天日兮高光，……仰明镜于昊天兮，渥春草之弥芬，咺兮赫兮，盛威仪兮其我君。

（钱译）

瞻彼淇奥，绿竹猗猗。有匪君子，如切如磋，如琢如磨。瑟兮僩兮，赫兮咺兮有匪君子，终不可谖兮。

（诗经・淇奥）

译文“赫兮咺兮”在原文中并无对应之处，钱稻孙增译此句的目的是加强全文的气势，表现君王的威仪。气势宏大、辞藻讲究是柿本人麻吕赞颂歌的特点，增译这一处迎合原文的气氛。《诗经・淇奥》中“赫兮咺兮”用以赞美君子的威仪，钱稻孙将“赫”与“咺”颠倒顺序，使之在译文中发挥同样的作用。

第四类“兮”字置于意义相反的两字之后，强调全体，这类用法见于《诗经》。

幸赞岐国安益郡之时，军王见山作歌

…山超す風の　獨居る　吾が衣手に　朝夕に　還らひぬれば…

（万葉集・卷一・5）

……衣袂翩兮迎风飏，朝兮暮兮不得还。……

（钱译）

日居月诸，东方自出。父兮母兮，畜我不卒。胡能有定，报我不述。

（诗经・日月）

原文「朝夕」在译文中添加两个“兮”字，“朝兮暮兮不得还”与前句“衣袂翩兮迎风飏”同为七言，第四个字都是“兮”。钱稻孙为考虑整齐的句式结构，将相反意义的「朝」和「夕」代表的时间段通过“兮”字得以强化，“朝兮暮兮”更突出“从早到晚不得返回”的作者的羁旅惆怅。《诗经・日月》中“父兮母兮”也是强调“无论父亲还是母亲都不终养我”的愁苦。

第五类“兮”字置于句末，用以延长语言，抒发感情，这类用法见于《诗经》和《楚辞》。

志贵皇子欢御歌一首

石ばしる垂水の上のさ蕨の萌え出づる春になりにけるかも

（万葉集・卷八・1418）

石之激兮，垂水之上。维蕨拳拳，春其既王。

（钱译）

葛之覃兮，施于中谷。维叶萋萋。黄鸟于飞，集于灌木，其鸣喈喈。

（诗经・葛覃）

滔滔孟夏兮，草木莽莽。

（楚辞・怀沙）

原文描写春天绿水击石的景象，译文明显套用《诗经·葛覃》的语句，“石之激兮”与“葛之覃兮”、“维蕨拳拳”与“维叶萋萋”的句式结构一样。内容虽不同，描写的都是草木繁茂的景色，《楚辞·怀沙》也是类似的表现方法，“兮”置于句末延长语音，在余韵中诗人抒发由眼前自然景物产生的浪漫情怀。

第六类“兮”字置于句中，用以语气停顿，连接后句，这类承上启下的用法见于《楚辞》。

（柿本朝臣人麻吕从石见国别妻上来时歌）反歌

小竹の葉はみ山もやさにさやげども吾が妹おもふ別れ来ぬれば

（万葉集·卷二·133）

筱丛深兮山中，叶有声兮清冲。别吾妹兮行来，我思念兮惺忪。

（钱译）

浴兰汤兮沐芳，华采衣兮若英。

（楚辞·云中君）

作者通过描写山中竹叶沙沙作响的声音以表达对恋人的思念。钱稻孙以楚辞体翻译，每句第四个字为“兮”，感情抒发温婉缠绵。这种表现手法与《楚辞·云中君》近似，“兮”字置于句中，语气舒缓。

综上所述，钱稻孙借鉴《诗经》的“之”、“兮”以及《楚辞》“兮”字的用法使全文的气氛和作者的情感在译文中得以强化。

二、叠词的计量分析

《诗经》语言的一个很明显的特点就是叠词极为丰富，有形容事物的声音、样子、状态的，还有描写人物心理活动的，钱稻孙译本中的这一特点也十分突出。笔者对两个文本的叠词进行统计，发现《万叶集精选（增订本）》与《诗经》有59组叠词重合，重合率（即重合的叠词在译本的237组叠词中所占的比例）达到25％。它们分别是：采采、苍苍、草草、迟迟、忡忡、楚楚、处处、旦旦、荡荡、峨峨、泛泛、霏霏、高高、耿耿、赫赫、桓桓、皇皇、喤喤、飑飑、嘒嘒、活活、几几、济济、将将、皎皎、喈喈、嗟嗟、兢兢、踽踽、离离、连连、涟涟、芒芒、浼浼、靡靡、绵绵、冥冥、芃芃、翩翩、平平、凄凄、萋萋、戚戚、锵锵、悄悄、青青、汤汤、萧萧、炎炎、泱泱、洋洋、依依、渊渊、战战、灼灼、抑抑、殷殷、哟哟、幽幽。

在以上59组叠词中，有19组(见下表5-6)应用于四言或以四言为主的仿诗经体译文中，其余40组叠词出现在五言、七言、杂言和白话译文中。

表5-6 仿诗经体译文中的叠词

序号	叠词	用例	意义
1	峨峨	靡克有加，香具峨峨。——钱译《万叶集》第2号	香具山的巍峨
		奉璋峨峨，髦士攸宜。——《诗经·棫朴》	群臣的威仪
2	嗟嗟	嗟嗟布谷，予心藏之。——同上第5号	布谷的鸣叫声
		嗟嗟臣工，敬尔在公。——《诗经·臣工》	赞美诸侯臣子
3	活活	秋山树下，潜流活活。——同上第92号	
		河水洋洋，北流活活。——《诗经·硕人》	水流声
4	采采	鱼藻采采，溶溶淡海。——同上第153号	
		蒹葭采采，白露未已。——《诗经·蒹葭》	植物茂盛状
5	涣涣	鱼藻采采，淡海涣涣。——同上第153号	
		溱与洧，方涣涣兮。——《诗经·溱洧》	水势盛大状
6	嘒嘒	汝也嘒嘒，使我心槁。——同上第266号	鸟鸣声
		菀彼柳斯，鸣蜩嘒嘒。——《诗经·小弁》	蝉鸣声
7	萧萧	萧萧淡月，杳杳深宵。——同上第1075号	月亮的皎洁
		萧萧马鸣，悠悠旆旌。——《诗经·车攻》	马叫声
8	萋萋	芳草萋萋，嗟尔无妻。——同上第1285号	
		春日迟迟，卉木萋萋。——《诗经·出车》	草木茂盛状
9	青青	青青山河，茂荫之下。——同上第1289号	
		瀛看青青，风波和平。——同上第4514号	青绿色山河的秀美
		青青杨柳，俟君渡头。——同上第3546号	
		苕之华，其叶青青。——《诗经·苕之华》	草木繁茂状
10	渊渊	其水渊渊，月影娟娟。——同上第1714号	水深
		伐鼓渊渊，振旅阗阗。——《诗经·采芑》	鼓声
11	呦呦	秋鹿呦呦，云恋木萩。——同上第1790号	
		呦呦鹿鸣，食野之苹。——《诗经·鹿鸣》	鹿鸣声
12	锵锵	踏歌处女，玉镯锵锵。——同上第2352号	
		八鸾锵锵，不显其光。——《诗经·韩奕》	金石撞击的洪亮声音
13	皇皇	皇皇通衢，人往人来。——同上第2382号	
		皇皇者华，于彼原隰。——《诗经·皇皇者华》	光彩照耀状

续表

序号	叠词	用例	意义
14	靡靡	怜其靡靡，零露瀼瀼。——同上第 3324 号 行迈靡靡，中心摇摇。——《诗经·黍离》	草木零落状 行步迟缓状
15	翩翩	翩翩苍骓，其嘶也悲。——同上第 3328 号 翩翩者鵻，载飞载下。——《诗经·四牡》	飞鸟轻盈状
16	绵绵	恋恋我思，岂不绵绵。——同上第 3360 号 绵绵葛藟，在河之浒。——《诗经·葛藟》	连绵不断状
17	连连	伊豆海上，白浪连连。——同上第 3360 号 执讯连连，攸馘安安。——《诗经·皇矣》	一直、不间断
18	兢兢	兢兢皇命，托身巨舲。——同上第 3644 号 岩石嶒嶒，乘波兢兢。——同上第 4328 号 兢兢业业，如霆如雷。——《诗经·云汉》	小心谨慎状
19	耿耿	吾妻思我，必其耿耿。——同上第 4322 号 耿耿不寐，如有隐忧。——《诗经·柏舟》	恐惧、心神不安状

从上表中可以看出，译文与《诗经》重合的 19 组叠词中，有 7 组(序号 1、2、6、7、9、10、14)意思有差异，用以形容不同性质的事物，其余 12 组意思基本相同，这说明钱稻孙在借鉴《诗经》叠词词意和用法的同时还能够能动地调整其原意。通过以上的数据定量统计和词意定性分析结果表明，钱稻孙本人有着深厚的古汉语功底，善于模仿中国古代诗歌进行翻译，但这也容易使现代读者在阅读与理解上感到困难。

三、句式句法分析

钱稻孙对《诗经》的借鉴，除上述形式、修辞之外，还有对句式的借鉴。《万叶集精选(增订本)》诗经体译文中最明显的有 8 首借鉴《诗经》同一句式(见下表 5-7)。

表 5-7　仿诗经句式统计

序号	用例
1	安稳大船，二人同欢；焉知津守，能卜能占。——钱译《万叶集》第 109 号
2	盈山盈野，虞人伙伙，徂右徂左，弓矢执把。——钱译《万叶集》第 927 号
3	以享神明，载祷载祝；我祈吾子，惟其有福。——钱译《万叶集》第 1790 号

续表

序号	用例
4	皇皇通衢，人往人来；唯君一人，是我所怀。——钱译《万叶集》第 2382 号
5	大舟之内，苟可以载，同载吾妹，翼往翼来。——钱译《万叶集》第 3579 号
6	兢兢皇命，托身巨舲，或信或宿，唯命是听。——钱译《万叶集》第 3644 号
7	于兹芳野，作寝作舍；以时息驾，观览山河；——钱译《万叶集》第 4098 号
8	行山行野，我勉忘家；所不能忘，我姆我爹。——钱译《万叶集》第 4344 号

上表所示划线部分为同一句式，即 ABAC 句式，B、C 多为名词或动词，这种句式多用于烘托盛大的场面。

山部宿弥赤人作歌

足引の山にも野にもみ獵人さつ矢手挟みとよみたり見ゆ

（万葉集・卷六・927）

盈山盈野，虞人伙伙，徂右徂左，弓矢执把。

（钱译）

如山如阜，如冈如陵，如川之方至，以莫不增。

（诗经・天保）

天平五年癸酉遣唐使舶发难波入海时，亲母赠子歌一首

斎ひつつ　吾が思ふ吾子　まさきくありとそ

（万葉集・卷九・1790）

以享神明，载祷载祝；我祈吾子，惟其有福。

（钱译）

载驰载驱，归唁卫侯。

（诗经・载驰）

以上两例中，“盈山盈野”“如山如阜”“如冈如陵”的第二、四字同为名词，强调的并非局部，而是山野、丘陵的整体场面。“载祷载祝”“徂左徂右”“载驰载驱”的第二、四字同为动词，表现狩猎、祭祀、吊唁的盛大场景。其余六例与此两例相同，译者通过借鉴《诗经》的句式表现全诗的气势和宏大的场面。

和歌汉译研究中反对以中国古诗形式翻译和歌的观点，其理由是为了避免汉诗形式淹没和歌本身的形式美和音韵美，不利于读者理解异于本国文化的异文化。然而如果摒弃中国古诗形式，译者能否保证再创造的新形式可以被读者认可并接受呢？正如周作人的大意翻译，散文式译法必然会丧失“诗”的特征。钱稻孙模仿《诗经》《楚辞》这类历史年代悠久的作品正是为了对应原文的古朴风貌。然而，借用古诗的字词和句法不可避免地会使译文古奥难懂，也因此缩小了受众读者的范围。

第三节　序词翻译与“兴”的关系

关于序词的起源，土桥宽[92]304-310在『万葉集の序詞』一文中谈到《诗经》“赋”“比”“兴”的表现手法时，将“赋”对应为和歌中的咏物歌和正述心绪歌，“比”对应为譬喻歌，“兴”对应为寄物陈思歌。人们常常在砍柴、采菜、登山、捕鱼等劳动场面中表达恋爱、思乡的主题思想，这种在劳动过程中引发联想、表达思想的手法就是“兴”。日本纪记歌谣、万叶和歌等这些古代歌谣中的恋歌往往利用“兴”的手法即景抒情，这就是序词的起源。普遍认为相对枕词五音一句的形式，序词通常为两句以上的长度，《万叶集》的序词一方面继承了古代歌谣即景抒情的表现手法，另一方面逐渐脱离劳动场面，转化为直接用以抒情的表达技巧，《万叶集》中第十一卷和第十二卷中“寄物陈思歌”中多见序词。总体统计，钱稻孙选译的诗歌中序词共计 38 个①，他的翻译手法是将序词直译出来，与后面的句子形成两组诗联，以突出序词的特征。

寄物陈思歌

<u>新ばりの今作る路②</u>さやかにも聞きにけるかも妹が上のことを

（万葉集・卷十一・2855）

---

①这 38 首分别是第 50、61、131、135、161、196、207、230、324、325、396、512、907、993、1272、1290、1398、1500、1979、2855、3101,、3291、3359、3360、3373、3393、3404、3414、3462、3492、3509、3627、3807、3875、3985、4000、4169、4387 号和歌，其中第 135 号诗歌中含有 2 组序词。

②本书中关于序词的认定以鸿巢盛广著『萬葉集全釋』(1931)为准，出版信息在参考文献中罗列。另外，本书对序词及序词译文添加下划线。

楚楚新垦田，历历新开路；清晰我闻知，妹子身上事。

这首和歌中「新ばりの今作る路」是序词，为引出后面的「さやか」，作者先写眼前新开辟的道路整洁鲜明的景象，从这番一览无余、清晰可见的开阔景象中联想到自己对恋人如今的情况清楚明了，即使对方不在身边也丝毫没有焦躁不安、忧心郁闷的负面情绪，作者将自己畅快安稳的心绪寄托于眼前畅通的新路中。

钱稻孙的译文有两处值得探讨的地方：其一是在原文中仅出现一次的「さやか」，在译文的前三句中分别以“楚楚”“历历”和“清晰”这三个不同的词语表达。《诗经·蜉蝣》中有句“蜉蝣之羽，衣裳楚楚”，形容衣裳干净整洁，译文“楚楚”形容新田新路，与“衣裳楚楚”为同义。杜甫《历历》有句“历历开元事，分明在眼前”，形容往昔开元盛世的场面如今依然记忆犹新，钱稻孙借“历历”的清晰感来形容新开辟的道路开阔畅通，“楚楚”和“历历”合起来是「さやか」的完整意思，译者将新路一尘不染、鲜明清晰的样子用两组叠词表现出来。第三句“清晰”一词与“楚楚”和“历历”的意思重叠，于是前两句与后两句发生关联，这样就能够理解作者意欲传达的恋爱心理。「さやか」是关键词，上承序词的写景，下启作者心绪的抒情，因而钱稻孙格外重视该词的翻译，“楚楚”和“历历”的叠词形式充满诗意，增强视觉印象，“清晰”起到承上启下的作用。可见钱稻孙刻意多次强调这一关键词，意在引导读者理解序词对诗人表达真情实感产生的效果。

其二是钱稻孙对序词本身和其后部分的处理采取分段的形式。译文五言四句，前两句与后两句分别构成独立的诗联，如果没有“清晰”一词的连接，前后两组诗联很难发生关联。上述提到万叶和歌的序词逐渐由集体劳动生活场面中引发的联想变化为诗人寄景抒情的个体行为，因而脱离场景去理解作者的真实意图会比较困难。实际上序词的存在显得十分含糊，既不能直白地与作者意图发生关联，又不能完全割断其中的联系。土桥宽将序词对应成“兴”，“兴”是一种微妙的诗歌表现手法，比如《诗经·黄鸟》有句：“交交黄鸟，止于棘。谁从穆公子车奄息”，作者看到黄鸟停在沙棘树上悲鸣的情景时伤感油然而生，联想到秦穆公死后子车殉葬的场面，黄鸟的悲鸣声就是触发作者联想的机关。这种个人抒情化的表现手法是序词与“兴”的精妙之处，也是难解之处。钱稻孙的翻译处理是将序词与其后的部分分成上下两组诗联，通过一个关键词使两组诗联产生关联，既不过分黏连掩盖序词的特征，也不完全割裂造成理解困难，可以说这是一种中庸的做法，以恰当为原则追求最佳表现效果。

在以下这首和歌中，钱稻孙刻意将序词对应为“兴”。

上野国歌

伊香保ろのやさかのゐでに立つぬじのあらはろまでもさ寝をさ寝てば

（万葉集・卷十四・3414）

池开山上伊香保，蝃蝀昭彰八丈高；浮名不惮人指摘，共寝无妨寝到朝。

这首上野国歌是《万叶集》中唯一一首描写彩虹的和歌。序词「伊香保ろのやさかのゐでに立つぬじの」勾画出伊香保山上彩虹出现的美景，正是因为伊香保山地水分充足彩虹频繁出现，东国人才能巧妙地捕捉自然现象并产生出恋爱联想，他们在劳动过程中看到天空出现的彩虹，便将其与「あらはろ」(出现)关联起来，进一步联想到恋爱男女为避人耳目在天亮前必须分开的情景，这就是人们利用序词将农民的生产生活与恋爱感情紧密联系的实例。诸如这类将日常生活体验与爱情主题联系在一起的诗歌，多见于《诗经・国风》。钱稻孙的译文第三句属于增译，因原文并未直接点明彩虹出现与男女共寝的关联，增加“浮名不惮人指摘”使读者首先了解日本古代的走婚制度，再理解彩虹—出现—共寝的联系，最后解读诗人的苦恋模式。钱稻孙将「ぬじ」译为“蝃蝀”，很明显是借鉴《诗经・蝃蝀》以“虹”起兴的手法。

蝃蝀在东，莫之敢指。女子有行，远父母兄弟。……

（诗经・蝃蝀）

池开山上伊香保，蝃蝀昭彰八丈高；浮名不惮人指摘，共寝无妨寝到朝。

（钱译）

蝃蝀，即“虹”，“蝃”同“䗖”。古代迷信认为，虹为一种蛇类动物，天上出虹是雌雄交配的现象。《后汉书・杨赐传》[93]中说虹是不正之象：“有虹蜺昼降于嘉德殿前，……今殿前之气，应为虹蜺，皆妖邪所生，不正之象，诗人所谓蝃蝀者也”。林海鹰[94]考查《释名・释天》，指出对“虹”的表述翻宋本作：“虹又曰美人；阴阳不和，淫风流行，男美于女，女美于男，互相奔随之时，则此气盛”。可见自古“虹”的意象是负面的，《毛诗序》[90]68也注释《鄘风・蝃蝀》讽刺“淫奔”。中西进[95]指出这种以虹为淫邪之象的风俗，在《万叶集》里是原样移入的，这首万叶和歌由“虹”联想到男女共寝就是对“虹”

隐喻意义的继承。日本古代走婚制度下，男子天黑之后访妻，天亮之前必须离开，否则会受到社会谴责。钱稻孙将“虹”译为“蝃蝀”，又增加“浮名不惮人指摘”这句，与《诗经·蝃蝀》“莫之敢指”同样意欲传递违反社会规范的行为要受到谴责这一层隐含意义。这就是许渊冲[96]所说的“译者意也”，翻译要传言内之情、达言外之意，这样译文才能真正达到原文的艺术效果，甚至超越原文的艺术效果。

钱稻孙借鉴《诗经》翻译和歌的原因，其一是由于《万叶集》的创作受到《诗经》的影响，其二是《万叶集》产生年代较早的和歌与《诗经》古朴率真的格调契合。《万叶集精选（增订本）》中有 164 首和歌，共计 178 种译文为四言和以四言为主的杂言形式，语言接近《诗经》直白的风格。其中，24 首产生年代较早的和歌语言朴素自然，感情表达直白率真，这与《诗经》质朴纯真的风格接近。20 首旋头歌多为在集体劳动过程中创作的诗歌，与《诗经·国风》的主题接近，反映了地方的民俗民风。52 首东歌和防人歌多为东国地方武士所作，带有东国各地的民风。另有 68 首和歌分散在各卷各歌类中。

钱稻孙对《诗经》的借鉴不仅表现在文体形式方面，还反映到字词的使用上。为进一步展开探讨，笔者利用 antconc 对《诗经》和《万叶集精选（增订本）》这两个语料库中的前十位高频字进行统计，发现“之”在两个文本中均排第一位，译本中有 195 首和歌的译文出现“之”的四类用法。第一类“之”为指示代词，意为“这个……”“那个……”；第二类的“之”为表示所属关系的连接助词，“……的……”之意；第三类“之”为代词，指代人或物；第四类“之”为主谓关系的连接助词。另一个值得关注的是，译本中有 44 首诗歌的译文出现“兮”字。笔者以《诗经》《楚辞》和《万叶集精选（增订本）》这三个文本为考察对象，根据“兮”字在文内的位置与意义，将钱稻孙译本中“兮”字的用法细化为以下六类。第一类“兮”位于名词之后，这类用法见于《楚辞》。第二类“兮”字使用两遍，分别位于同一字之后，是一种同音反复的用法，见于《诗经》。以上这两类用法起到了强化诗歌主题的作用。第三类“兮”字使用两遍，分别位于意义相近的二字之后。与前两类相比，虽同样强化了诗歌的主题，然而因“兮”字前后二字不同，内容上更显丰富，这类用法也见于《诗经》。第四类“兮”字使用两遍，分别位于意义相反的二字之后，强调整体诗歌的气氛，这类用法见于《诗经》。第五类“兮”位于句末，用以延长语音，抒发情感，这类用法见于《诗经》和《楚辞》。第六类“兮”位于句中，用作语气上的停顿，同时起到连接后句的作用，这类用法见于《楚辞》。综上所述，钱稻孙通过借鉴《诗经》“之”和“兮”，以及《楚辞》“兮”的用法，使得原诗整体气氛和作者抒发的感情得到强化。

笔者对两个文本的叠词进行统计，发现《万叶集精选(增订本)》与《诗经》两个文本中有59个叠词重合，重合率达到25%。其中，有19组应用于四言或以四言为主的仿诗经体译文中，其余40组叠词出现在五言、七言、杂言和白话译文中。上述重合的19组叠词中，有7组在不同文本中用以描写不同性质的事物，意思上有差异。另外12组叠词意思基本相同。可见，钱稻孙根据原文的意义，在一定程度上借鉴了《诗经》叠词词意和用法。通过以上统计数据和定性分析的结果再次验证了已有研究的结论，即钱稻孙本人有着深厚的古汉语功底，在翻译中善于模仿中国古代诗歌的文体形式和语言风格，然而也因此使普通读者感到阅读与理解存在困难。

笔者进一步对译文句式和序词进行考察，发现有8首译文使用《诗经》一、三字反复的句式，译者以此强化诗歌氛围，展现诗歌中的宏大场面。修辞法方面，译者将序词对应为《诗经》的“兴”，独立翻译成一组诗联来突出序词的隐喻意义。

第六章　钱稻孙对《万叶集》枕词的翻译

自古至今，关于枕词的名称以及定义众说纷纭。福井久藏[67]53结合诸家学说给出了一个较为全面的定义，即枕词是一种表现上下关系的措辞，通常由五个音节构成。枕词在全诗中处于从属地位，或修饰下句的被枕词，或调整音调，或加深对全诗的印象，或表现作者心意。枕词是《万叶集》的重要修辞法，因此相对于序词和掛词，钱稻孙更重视枕词的翻译。

第一节　枕词研究及翻译概况

关于枕词的研究①可以概括为两个阶段：第一个阶段是昭和时代之前，研究主要集中探讨枕词的定义、来源和功能。本居宣长[97]认为，枕词是填补物与物之间的空隙、支撑事物的，不是仅仅放置于和歌头部，而是用来支持和歌头部的。贺茂真渊[98]在『冠辞考』中对《万叶集》的 326 个枕词进行了考察和解说，他将枕词按其功能分为比喻天象、阐述缘由、反映本性、追根溯源、类比等。鹿持雅澄[99]从语言层面出发，认为枕词是一种奇妙的语言之灵，不是用以比喻和言物，而是发自人们内心的一种可贵的语言。对于这一阶段的研究，土桥宽[100]377指出，昭和时代之前的枕词研究呈现形式化、片断化的局面，并未阐明枕词的本质。

第二个阶段是昭和时代以后，枕词研究旨在揭示枕词的本质，更重视枕词的表现力以及对诗歌思想的唤起力。折口信夫[101]把“枕”看作是灵魂的寓所，他认为枕词不仅仅是赞词，从内容上看也是国魂的寓所，枕词表现的是古人的信仰。土桥宽[100]385-410从枕词的概念和枕词的种类两方面入手，探讨了枕词的本质，他认为枕词具有非实质性的特征。土桥宽进一步将枕词分为三类：位于固有名词之前、位于普通名词之前和位于用言之前。吉本隆明[102]

① 笔者对枕词研究阶段的划分依据福井久藏的『枕詞の研究と釈義』(1933)和土桥宽的『古代歌謡論』(1960)这两部枕词研究相对全面和详细的专著；本论中关于枕词的认定和释义均以福井久藏著『枕詞の研究と釈義』(1933)为准。

继承了本居宣长的观点，认为所谓的“枕”，就是全诗的支撑，有能够看到的具象，也有看不到的心象，枕词与被枕词的组合唤起了诗歌中潜在的共鸣。于是，吉本将枕词归结为一种“喻”的概念，认为枕词源于“虚喻”的形态，即被空间化的组合方法。西乡信纲[103]从诗歌修辞视角出发，谈到枕词作为上古时期口传文学的一种作诗法，其韵律和意义是紧密联系的。

上述所见，日本学界关于枕词的研究由最初宏观概括枕词的定义，逐渐发展到对枕词词性、功能等进行深入探讨的阶段。在我国，和歌翻译研究于上世纪70年代末正式开展，然而关于和歌枕词的研究始终并未得到重视，现有的仅为零星论及枕词的一些观点。其中，贺明真[104]61认为，和歌中的枕词主要是根据修辞的需要，用以补充所缺的音节，因而枕词在句中往往没有实际意义，不必直接译出。丘仕俊[105]对此持不同观点，他认为在和歌汉译时，对枕词怎样处理应视情况而定：起着修饰、美化作用的枕词可以保留，以加强原诗的形象美；有的枕词通过谐音关系引出被枕词，两者之间并无意义上的联系，在翻译时可以省略或按原意补进其他词语。具体举例如下：

射干玉(ぬばたま)の　夜(よ)①の深(ふ)けぬれば久木生(ひさぎお)ふる清(きよ)き河原(かわら)に　千鳥屡鳴(ちどりしばな)く

（万葉集・卷六・925/引自丘仕俊1985：61）

黑沉沉，夜阑更已深。河滩里，楸树遍地生。啾啾千鸟鸣。

（丘仕俊译）

这首和歌描写夜晚宫外河滩上的景色，为山部赤人所作。「射干玉」是一种果实漆黑的植物，“黑”的视觉色彩与“夜”产生关联，因而成为「夜」的枕词。丘仕俊舍弃「射干玉」的本意而保留其色彩印象，直白地表现出黑夜的深沉。

李濯凡[106]将枕词分为从感悟中创造的、带有典故的、具有历史文化底蕴的等，强调枕词的重要性，他认为枕词并非多余之物，即使译文难懂，也不能擅自舍弃。例如：

空蝉の世は常なしと知るものを秋風寒み殼びつるかも

（万葉集・卷三・465/引自李濯凡2007：87）

①为便于识别，本书对原文和译文中的枕词添加下划线，被枕词添加双下划线以区分。

原已知，空蝉尘世本无常，或有秋风瑟瑟寒，平添思绪长。

（李濯凡译）

这首和歌是大伴家持的作品，诗人在秋风萧瑟中悲叹人生无常。「うつせみの」是「世」的枕词。「うつせみ」的日语汉字是「空蝉」，李濯凡直译为“空蝉”，读者根据汉字的意思可以联想到“色即是空”的佛教思想。

以上观点为枕词翻译及翻译研究提供了值得借鉴的经验。然而为更为全面、深入地研究钱稻孙的枕词翻译手法，必须考察其译本中枕词译文的全貌。因此，本章以枕词译文数量最多的《万叶集精选（增订本）》为中心，考察钱稻孙对枕词的认识以及其枕词翻译策略。

如果从微观上探讨钱稻孙的枕词观及其枕词翻译手法，则他在杂志和译本中提及的对枕词的认识和枕词翻译的思路必然成为本研究的重要依据。笔者将钱稻孙的枕词翻译观作了全面搜集和整理，按照刊物的出版年代加以序号罗列如下：

1)枕词者，语辞之藻饰；大和一语，枕词常为虚见津。……枕词类不可译，今偶一试，未可为训也。[27]5

2)此美其国土之辞藻，若曰清明丰足有秋之国。或以润色邦畿之名……[40]79

3)这种修辞短句，谓之「枕词」。万叶集里最多见，也颇有至今不得其解的。[61]96

4)他的作品，以辞藻富丽，多用‘枕词’，声调庄重，格律整严，为其特征。[12]33

5)仿古调韵译的，曾尽力想保存其风格，白话译的，却删去了绵长的润饰枕词和序句，以免费解。[12]33-34

6)这几首为了介绍一下枕词，一一勉强翻译出来，可能反倒伤害了原作声调。[12]67

以上罗列出钱稻孙在其译文解说部分谈及对枕词翻译的认识，虽笔墨不多却可以从中解读他的枕词观以及翻译枕词的态度，钱稻孙说“万叶集里最多见”，宏观概括了枕词在《万叶集》中是具有代表性的修辞手法。

关于枕词的定义，如上述所列发言 3)中钱稻孙简单称为“修辞短句”，然而并未进一步详细说明。“这种修辞短句”指的是「あかねさす紫」，他对此作出如下阐述：

在这映红光的紫草地里，禁围场上，时来时往；看场的人们不会看见吗？你直摇着长袖！（钱译）

「あか」之言「赤」，「ね」之言「根」，茜之根赤也。……「さす」，有「发射出来」的意思。「さす」，所以修饰「紫」，若曰「发茜红色的」紫草。这种修辞短句，谓之「枕詞」。万叶集里最多见，也颇有至今不得其解的。[61]96

钱稻孙解释“发茜红色的”为枕词，是由五个汉字组成的定语句，对后文“紫草”起到修饰美化作用，读者能够由紫草的色彩产生出爱情的想象。从枕词译文的特点上看，钱稻孙有意引导读者将枕词理解为位于某个词语之前的、由几个字构成的定语。这实际上是一种印象式的定义方法，对于不需要进行枕词或者诗歌研究的人来说，这是最简单有效的理解方式。

关于枕词的功能和效果，如1)中“枕词者，语辞之藻饰”所述，钱稻孙认为枕词的功能就是修饰美化；2)中提到“此美其国土之辞藻，若曰清明丰足有秋之国。或以润色邦畿之名”，「あきづしま」美化「大和」，产生秋天丰收的印象；4)中介绍柿本人麻吕的作品特点为“辞藻富丽，多用‘枕词’”；6)中提到硬译枕词“可能反倒伤害了原作的声调”，认为枕词有补缺音节的作用。

关于枕词的翻译态度，1)中钱稻孙说“枕词类不可译”，又在3)中提到“也颇有至今不得其解的”，因而“不可译”的原因之一是有些枕词语义不明。6)中说“这几首为了介绍一下枕词，一一勉强翻译出来，可能反倒伤害了原作的声调”，那么原因之二是硬译枕词可能破坏原文的节奏。因而钱稻孙强调“今偶一试，未可为训也”，说明自己翻译枕词只是一种偶然的尝试，并不成熟也不可为人借鉴。

关于枕词的翻译处理，钱稻孙在5)中提到为保留枕词的风格给出了文言译文；然而在白话译文中为避免语句不通顺做出省略不译的处理。可见，钱稻孙从原文的风格和自身的翻译目的出发来选择译或不译。

第二节　钱稻孙对枕词的翻译手法

《万叶集精选(增订本)》中收录枕词198个，其中160个枕词有译文，译文共计318种，主要使用保留和替换两种翻译手法。另有38个枕词省略不译(枕词译文统计详见附录)。

一、保留枕词原意

保留，即保留枕词的原意，进而使读者理解枕词的隐含意义。译本中有146个枕词共290种译文使用了保留的手法，这是钱稻孙译本中使用最多的方法，可分为以下两种情况。

第一种情况是译文保留枕词的真字，语义通顺，同时能够使读者产生联想，准确传递原文的思想。这种译法见于23个枕词的23种译文，如下两例：

轻皇子宿于安骑野时，柿本朝臣人麻吕作歌

…坂鳥の　朝越えまして　玉限る　夕さり来れば　み雪降る　阿騎の大野に　旗薄　篠を押しなべ　草枕　旅宿りせす　古へ思ひて

（万葉集・卷一・45）

……晨鸟出林度峻坂，征途夕暝雪霏如，翩翩筱薄安骑野，枕草追思先帝储。

「草枕」是「旅」的枕词，汉字本身使人能够想象羁旅途中风餐露宿，天地之间以草木为枕的情景。轻皇子为草壁皇子之子，柿本人麻吕作此歌一则描写安骑野之旅宿的场景，二则追思先帝草壁皇子。枕词「草枕」使寒雪旅途更显凄凉，怀古忧思使人麻吕将轻皇子和草壁皇子的形象重叠在一起。钱稻孙译为“枕草”，倒置「草枕」二字迎合汉语的表达习惯，同时也保留日语的真字。虽未译出被枕词「旅」，“枕草”也足以传递出羁旅的信息。

中臣朝臣宅守与狭野茅上娘子赠答歌(之一)

塵泥の数にもあらぬ吾故に思ひわぶらむ妹が悲しさ

（万葉集・卷十五・3727）

墙尘泥土我，于数不足数；可怜吾妹子，为我思且苦。

「塵泥の」是「数にもあらぬ」的枕词，作者中臣宅守以尘埃泥土这样没有价值的东西贬低自身，进而向狭野茅上娘子传递自身现状的悲惨与思念的痛苦。钱稻孙将枕词「塵泥の」直译为“墙尘泥土”，其中“尘泥”二字保留枕词的真字，被枕词「数にもあらぬ」也采取直译的手法，“墙尘泥土我，于数不足数”就容易使人理解为作者将自身比作尘埃泥土，自我价值的否定充满对人生的绝望。

通过上述两例可以看出，钱稻孙保留枕词的真字，既保留了原文的特点，又不影响译文的语义，称得上是两全其美的译法。另有21例与此两例译法相同，逐一罗列如下：「高照らす」(第45号)译为“高照”；「草枕」(第45号)倒置二字译为“枕草”；「紅葉の」(第47号)译为“红叶”；「大船の」(第109号)译为“大船”；「露霜の」(第131号)倒置二字译为“霜露”；「夏草の」(第131号)译为“夏草”；「青旗の」(第148号)译为“青旗”；「神風の」(第163号)译为“神风”；「飛ぶ鳥の」(第167号)译为“飞鸟”；「鳥が鳴く」(第199号)译为“鸡鸣”；「天飛ぶや」(第207号)译为“飞天”；「大鳥の」(第210号)译为“大鸟”；「秋山の」(第217号)译为“秋山”；「春草の」(第239号)译为“春草”；「日の本の」(第319号)译为“日本”；「明星の」(第904号)译为“明星”；「白雲の」(第971号)译为“白云”；「玉の緒の」(第2366号)译为“如玉之绪”；「敷島の」(第3248号)译为“敷岛”；「秋津島」(第3250号)译为“秋津岛”；「塩船の」(第3556号)译为“盐船”；「塵泥の」(第3727号)译为“尘泥”；「琴酒を」(第3875号)倒置二字译为“酒琴”。当然枕词是和歌特有的修辞法，在翻译过程中很难兼顾枕词真字与译文语义的通顺，因此以上这23例在枕词译文的整体比例中所占少数。

第二种情况是译文虽未直接使用枕词的真字，却保留了枕词的原意。这种译法在译本中最多见，共计123个枕词的267种译文(因这类数量较多，此处不再逐一罗列，译文详见附录)，如下两例：

第一例是……

幸于吉野宫之时，柿本朝臣人麻吕作歌

…山川の　清き河内と　御心を　吉野の國の　花散らふ　秋津の野邊に…

(万葉集・巻一・36)

……芳野独钟山水秀，圣心尤在曲流浒，不绝飞花秋津原，……

(钱译一)

……最是山清水秀，芳野河边景色饶。飞花不断的秋津原上，……

(钱译二)

「御心を」是「吉野」的枕词，「花散らふ」是「秋津の野」的枕词。文

言译文和白话译文中，枕词「御心を」与被枕词「吉野」顺序倒置，被拆分在两个句子中。这样，被枕词「吉野」与枕词「御心を」在译文中失去了原先形式上的粘连。然而原文中「御心を」被解释为「御心を寄せる意からか」，与「吉野」有着语义和语音上的双重关系。译文虽打破了原有的位置关系，却使得君王对美景的热爱之情重现，可见钱稻孙在枕词翻译中追求的是情感和意境的表现，因而不拘泥原有的位置关系。对比文言和白话译文中的枕词译文发现，白话译文为五个汉字对应原枕词的五个音，达到形式上的对译。

以下两个枕词的译文，钱稻孙使用了保留手法，不但再现出枕词与被枕词的语音关联，增强了译文的韵律节奏，还能使人产生语义上的联想。第一例是柿本人麻吕的长歌。

柿本朝臣人麻吕从石见国别妻上来时歌二首(之一)

…妹が袖　さやにも見えず　嬬ごもる　屋上の山の…

（万葉集・卷二・135）

……使我看不清，频频妹袖摇；想念妻房房上山，……

「嬬ごもる」是古代的一种信仰，意指妻子守禁忌时要躲在屋内，屋内的「屋」与「屋上山」的「屋」字是同音关系，因此「嬬ごもる」就成为「屋上山」的枕词。钱稻孙将「嬬ごもる」译成“妻房”，又将「屋上山」改译成“房上山”，前后两个“房”字为同音反复。“房”在汉语中代表房屋，也用作量词指“妻室”，还有“妻子、儿媳妇”等意思，钱稻孙翻译的巧妙之处在于利用“房”字的叠音，使「妻」与「屋上山」同时产生语音和语义上的关联。房上山山顶云间遮挡了月亮，渐渐看不清妻子的面影，译文表现出诗人与妻子离别的苦楚，叠音法的运用使读者深刻理解大山的阻隔喻意，从而感受到依依惜别的诗歌主题和伤离别的悲情色彩。

第二例是……

旋头歌(之一)

橋立の倉椅山に立てる白雲見まく欲り吾がするなべに立てる白雲

（万葉集・卷七・1282）

梯呀梯，仓梯山里，白云起了；正想看呢，偏生地，白云起了。

因为古时仓库多为高床式的，需要借助梯子才能进入仓库中，而「梯」与「橋」、「椅」同为「はし」之音，因此「橋」「椅」「梯」与「倉」有语义关联，枕词「橋立の」与被枕词「倉椅」同时也有语音关联。钱稻孙将原诗中的「橋」和「椅」都译成“梯”，初句“梯呀梯，仓梯山里”，通过“梯”音的反复，增强节奏感突显高高耸立的青山直入云端的巍峨，能够体会到诗人因白云遮挡而无法远瞻俊秀山峦时的遗憾和急切观览的心情。

通过对上述分析可见，日语和汉语的差异使再现枕词与被枕词的语音关系极其困难。钱稻孙尽可能兼顾语音和语义两方面，保留枕词的韵律，并通过强烈的节奏感激发读者去体会原文的意境。

二、替换枕词原意

替换，即用另一个词汇替换枕词，译本中有十四个枕词的十四种译文使用替换的手法。根据译文对原文本意的偏离程度分为以下两种情况。

第一种情况是以枕词的联想意义替换原意，这种手法用于八个枕词。

正述心绪歌(之一)

たらちねの母が手はなれかくばかりすべなき事はいまでせなくに

（万葉集・巻十一・2368）

自我出离，慈母之掌，不知所措，曾莫是惶。

「たらちねの」是「母」的枕词，二者的语义关联产生于「たらちね」的汉字写为「垂乳根」，使人自然联想到母亲用乳汁喂养子女的情景，母亲慈祥的面容历历在目。钱稻孙并未按字面意义翻译，而译为联想意义的“慈母”。这首和歌中，作者强烈直白地抒发离开母亲后的无助，充满对慈母的想念之情。这种气氛之下，“慈母”二字又很容易使中国读者联想起“慈母手中线，游子身上衣”的名句，唤起读者的共鸣。如果直译为“垂乳”之类的意义，难免语句不通。

能登国歌三首(之一)

梯立の熊來酒屋にまぬらる奴わしさすひ立てゐて来なましをまぬらる奴わし

（万葉集・巻十六・3879）

熊来村上高酒家，奴婢遭逢申申骂，吁也嗟；酒家奴婢苦咆哮，何如诱之挈以逃？

噫也嘻。

福井久藏[67]424指出，熊来是能登的地名，因为周围道路险恶，需要架起梯子通过，所以「梯立の」就成为「熊來」的枕词。钱稻孙并未保留「梯立」的汉字，或者使用“架梯”、“高梯”这种接近原意的译文，而是舍弃枕词的五音，“梯子”用“高”一词进行替换，产生高坡上熊来酒家的主人吆喝着奴仆的场景。如果保留“梯子”的译法，则无法使读者理解「梯立」和「熊來」的关联，反而伤了原诗的意义。

其余六种枕词译文(见附录)与上述「たらちねの」和「梯立の」两例情况一样。其中「わかくさの」(第 217 号)是「妻」的枕词，原意为“嫩草般年轻美丽的妻子”，译为“红颜”；「たらつねの」(第 2495 号)和「たらちし」(第 3791 号)与「たらちねの」同为「母」的枕词，统一被译为“慈母”；「さにづらふ」(第 3811 号)是「君」的枕词，原意为“面颊绯红”，译为“玉郎”；「あしひきの」(第 4154 号)是「山」的枕词，原意为“山路崎岖拖着双腿艰难行走”，译为“辛苦”；「あきづしま」(第 4465 号)是「大和」的枕词，原意为“秋津岛”，与神武天皇俯视大和的典故有关，译为“丰收国”。钱稻孙以联想意义代替原意不仅使句意通顺，避免照搬枕词原意引起译文读者理解困难，同时挖掘枕词的联想意义使译文更为生动。

第二种情况以新意替换枕词的原意，这种手法用于六个枕词。

问答歌

隠口の　泊瀨の國に　さよばひに　吾が來れば　たなぐもり　雪はふり來ぬ　さぐもり　雨は降り來ぬ…

(万葉集·卷十三·3310)

密隐泊濑里，我来求家室。云布飞雪至，阴霾降雨疾；……

「隠口」本身是“隐藏”之意，「泊瀨」因为隐于山谷之间，因此成为「隠口の」的被枕词。原文表现的是在雨雪交加的幽暗夜晚男子去心爱之人的住处约会，一夜苦短很快到了天明，他听到鸡鸣声时即将离去，心情苦闷。在飞雪、阴霾、疾雨的意象组合中，译文“密隐”一词有助于增强读者对古代日本婚姻制度下，男女避人耳目、相聚苦短的理解。钱稻孙直译为“密隐”，保留了“隐藏”的原意。除此之外，同样的枕词和被枕词在不同的和歌中有的使用了替换的策略。例如：

或本从藤原京迁于宁乐宫时歌

…隠國の　泊瀬の川に　船浮けて　吾が行く河の　川隈の　八十隈おちず　萬づ度　かへりみしつつ…

（万葉集・巻一・79）

……郁纡长谷水，中流泛小艖，川行八十曲，一曲一眷顾，……

这首和歌的被枕词「泊瀬」指的是泊濑川或长谷川，上一首的「泊瀬」指的是泊濑国。在这首中钱稻孙将「隠國」(「隠國」与「隠口」为同一枕词)的原意“隐藏”替换为“郁纡”一词，成为河流的修饰语。“郁纡”，指盘曲迂回的样子，也指人的忧思萦绕之貌。在弯曲的长谷川中泛舟，八十曲水，每一曲都令人生起流连忘返的忧思。可见，在不同的和歌中，为表现不同的场景，有时并不能保留枕词的原意。替换这一手法是为了在译文中表现出原文的气氛，让读者去理解诗歌整体的意义，而非仅仅是对枕词的理解。

藤原宫之役民作歌

やすみしし　吾が大君　高照らす　日の皇子　あらたへの　藤原が上に…

（万葉集・巻一・50）

吾皇统治周八边，日神皇子照高天。要在锦绣的藤原，营造安邦的宫殿……

在对「あらたへ」的释义[67]53-54中，各家有不同的解释，有的学者认为指粗糙的藤布，也有学者认为指美丽的藤花。钱稻孙没有直译为“藤布”、“藤花”，而用“锦绣”二字替换，描画出藤原宫殿的美丽，赞美天皇治世的太平。

(或本从藤原京迁于宁乐宫时歌)反歌

あをによし寧楽の家には萬代に吾も通はむ忘ると思ふな

（万葉集・巻一・80）

朱碧辉煌，宁乐新盖房，我也还来往，直到万世，莫说相忘。

钱稻孙将枕词「あをによし」和被枕词「寧樂」拆开分别置于两个句子中，从形式上看，译文与原文的句数一致、结构对称；从意境上看，“朱碧”这一译文保留了「あをに」的汉字「青丹」，表现出诗人对奈良宫殿富丽堂皇的气派的赞美以及对天皇基业长青的祝愿。“朱碧”有着强烈的视觉效果，独立成一句，渲染出一派盛大场面。

中臣朝臣宅守与狭野茅上娘子赠答歌

青丹よし奈良の大路は行きよけどこの山道は行き悪しかりけり

（万葉集・卷十五・3728）

坦荡宁乐道，宽步良安易；独兹山路行，心力交并瘁。

同样的枕词和被枕词，在这首和歌中钱稻孙并未译成“丹青”“朱碧”，而是用“坦荡”一词来替换原意。“朱碧辉煌”与“坦荡”的共通点是二者都具有盛大恢宏的视觉感，区别是“朱碧”从色彩上产生一种庄严的气势，而“坦荡”从空间上描述奈良京城道路平坦易行的开阔，进而与山路的崎岖难行形成强烈反差对比。

其余三种枕词译文(见附录)与上述「隠國の」、「あらたへの」和「あをによし」三例情况一样。其中「こくさへく」(第135号)是「辛埼」的枕词，原意为“语言不通”，译为“嘈嘈”，语义转换为“嘈杂”之意；「しきたへの」(第196号)是「袖」的枕词，原意为“白色”、“素色”，译为“彩袖”；「なつくさの」(第196号)是「萎ゆ」的枕词，原意为“夏草”，译为“秋芜”，语义转换为秋天的植物。钱稻孙创造出的新意代替原意却偏离原文，其目的是服务全文，烘托全文的气氛。

综上所述，钱稻孙尽可能保留枕词的原意，但有时直译会造成译文不通顺的情况，因此为追求译文通顺或在不同视角下的表现效果而采取替换的手法。无论是保留还是替换，其目的都是表现全文的某种气势或者表达诗人的某种情感。

三、省略不译枕词

《万叶集精选(增订本)》中有38个枕词没有给出译文，将这些无译文的枕词按照它们与被枕词之间的关系，可分为两种情况。

第一，枕词与被枕词有语义关联的有 27 个[①]，不译的原因是为了避免因语义不同产生歧义。

旋头歌(之一)

住吉の波豆麻の公が馬乗衣さひづらふあやめをすゑて縫へる衣ぞ

（万葉集・巻七・1273）

君波豆麻，住吉之豪，乘马着袍；谁为缝袍？绫织汉女，实服其劳。

日本人听不懂外国人的语言，感觉酷似鸟叫，因此「さひづらふ」与「韓」、「漢」形成枕词与被枕词的关系，这是一种语义上的关联。在这首和歌中，「あやめ」是中心词，全文表达汉女从事纺织缝纫的工作，其中暗示这种缝纫技术是从汉土传入的。「さひづらふ」隐含语言不通之意，硬译出来与后面要表现的「漢女」手巧的意图不合，钱稻孙基于全文的思想内容和诗人的表现意图采取不译的处理。

第二，与被枕词是同音或近似音关系的枕词有 11 个[②]。因中日两种语言的差异，日语同音或近似音关系很难在汉语中表现出来，译者通常省略不译。

好去好来歌一首

…あちかをし　値嘉の埼より　大伴の　御津の濱びに　直泊に…

（万葉集・巻五・894）

……从值嘉之港，直达大伴的御津，安泊海滨。……

枕词「あちかをし」中的「ちか」与被枕词「値嘉（ちか）」是同音关系，因为没有语义的关联，日语中的语音关系又无法在汉语中得以再现，不译的处

①あぢさはふ、あぢらむの、いはばしる、うちそはし、うちたをり、うちひさす、うつゆふの、ころもで、けふけふと、こもりぬの、ころもでを、さひづらふ、さひづるや、ししぐしろ、しまつどり、しらぬひ、そらにみつ、ちはやぶる、つぎねふ、ところづら、とほつひと、にほとりの、ふせやたき、みけむかふ、ももきね、やまだづの、ゆくかげの

②あさもよし、あぢかをし、ありそなみ、いめびとの、おくとも、こまつるぎ、たくぶすま、ちちのみの、つかねども、つがのきの、ははそばの

理方式至少不会妨碍读者对原文意义的理解。然而，尽管不译也有必要注明此处为枕词以忠实原文和译文读者，遗憾的是译文下方的注释中并未对此有任何说明。统揽民国期刊和译本未见任何一处钱稻孙对省略不译的枕词和不译的原因进行的解释说明，这是翻译批评应该指出的问题。

上述归类发现，即使枕词在日语中的意义明确，如果汉语中缺失相同或类似意义的词语，也无法激活中国读者认知中已有的概念。硬译的处理会损伤原文的思想内容，省略不译至少不影响译文的通顺。同音关系的情况也是如此，无法再现枕词与被枕词的同音关系时也可以做省略不译的处理。因此，并非所有枕词都能给出合适的译文，译者在翻译过程中应视具体情况选择译或不译，不译的情况下有必要加以注释和解说。

在我国，和歌翻译于 20 世纪 70 年代末正式展开，然而关于和歌枕词的翻译始终未得到重视，已有研究中仅有一些零星的观点。有的学者认为和歌中的枕词主要是根据修辞的需要，用以补充所缺的音节，因而枕词在句中往往没有实际意义，不必直接译出。也有的学者认为起着修饰、美化作用的枕词可以保留，以加强原诗的形象美；有的枕词通过谐音关系引出被枕词，两者之间并无意义上的联系，在翻译时可以省略或按原意补进其他词语。钱稻孙认为，枕词具有修饰功能，然而由于枕词本身语义无从考证，以文言体译出很可能意思不通，以白话体译出又过于冗长反而损伤了原诗的声调，因此枕词翻译十分困难。

《万叶集精选(增订本)》中收录枕词 198 个，其中 160 个枕词有译文，译文共计 318 种，译者主要使用保留和替换两种翻译手法。除此之外，译者对另外 38 个枕词采取舍弃不译的做法。钱稻孙使用最多的“保留”译法，具体表现为两种情况。第一种情况是译文保留了枕词的原文。这种译法见于 23 个枕词的 23 种译文，译文语义通顺，能够准确地表达原文的思想。第二种情况是译文虽未直接使用枕词的原文，却保留了枕词的原意。这种译法见于 123 个枕词的 267 种译文中。通过上述分析可见，由于日语语音与汉语不同，译文很难反映出枕词与被枕词的语音关系。钱稻孙尽可能兼顾语音和语义两方面，保留枕词的韵律，制造强烈的节奏感引导读者去体会原文的意境。除“保留”译法外，译者在 14 个枕词的 14 种译文上使用替换的译法。笔者根据译文偏离原文本意的程度，发现译者的使用该译法的情况有二。第一，以枕词的联想意义替换原意。第二，以新意替换枕词的原意。钱稻孙的意图是尽可能地保留枕词的原意，但有时直译会造成译文不通顺的情况，因此，为使译文通顺，或为追求不同的表现效果时，选择替换的手法。无论是保留还是替换，译者最终的目的都是为了唤起读者与诗人在情感上的共鸣。

当然，并非每一个枕词都能被完美地译出，有38个枕词没有译文。笔者考察原因有两点：第一，枕词与被枕词在语义上有关联，而这种关联在汉语中并不存在。因此，译者为避免译文产生歧义而不译枕词。第二，枕词与被枕词为同音或近似音关系。由于中日两国语言的差异，日语同音或近似音关系很难在汉语中表现出来，这种情况之下，译者通常省略不译。综上所述，钱稻孙在翻译枕词时并不拘泥于一种译文，他以丰富的语言表现枕词的修饰美化功能，加深读者对全诗的印象。

第七章　钱稻孙与其他译者的翻译对比

为更为客观地评价钱稻孙的翻译特点，笔者将在本章中从横向上对比钱稻孙与其他同时代译者的翻译风格，纵向上对比他与不同时代译者的《万叶集》译本。

第一节　钱稻孙与同时代译者翻译的横向对比

一、钱稻孙与傅仲涛翻译的对比

在与钱稻孙同时代的日本文学研究者中，周作人、谢六逸等人主张以白话翻译和歌，傅仲涛则与钱稻孙一样，倾向以文言翻译。1937 年《馆刊》创刊号上同时出现了钱稻孙和傅仲涛的万叶和歌译文。钱稻孙发表的是第 1 号雄略歌和第 2 号天皇登香具山望国之时御制歌，傅仲涛发表的是第 30 号和第 31 号过近江荒都时柿本朝臣人麻吕之反歌。

（过近江荒都时，柿本朝臣人麻吕作歌）反歌之一

ささなみの志賀の辛埼（からさき）幸（さき）くあれど大宮人（おほみやひと）の船（ふね）待ちかねつ

（万葉集・巻一・30）

微波荡漾，思贺辛崎，纵言安好，晏如昔时，空待宫船，泊斯岸兮。

（傅译）

（过近江荒都时，柿本朝臣人麻吕作歌）反歌之二

ささなみの志賀の大わだ淀（よど）むとも昔の人にまたも逢はめやも

（万葉集・巻一・31）

涟漪思贺，湛湛曲湄，虽云澄淀，一如昔时，逶迤古人，岂复见兮。

（傅译）

傅仲涛的两首译文均为四言六句，“兮”字使结尾产生余韵。两首和歌原文为五七五七七的短歌形式，是同一首长歌的反歌，内容量相当。傅仲涛评价[107]55柿本人麻吕时说：“他是富于情感，即于实现，温厚真纯的歌人。所以他对于自然的观察，依然是有古人的质朴，拙于客观的描写。往往是通过自己的官感，将自己的心象或主观投射于自然，变成一种主观的自然。”

人麻吕的作品质朴纯真，他虽不善于写实，却又常常在现实场面中宣泄个人丰富的情感。傅仲涛通过增译和直译两种手法，追求与人麻吕在情感上的互通。首先两首译文分别增译第四句，“晏如昔时”和“一如昔时”充满怀古愁绪，译者表现出了辛埼海上微波荡漾的场景下，人麻吕对旧时故人的无限怀念之情。再看枕词「ささなみの」，日语意为「細波」，第一首译为“微波”对应「細波」的意义，其后增译“荡漾”二字在视觉上极富动态感，微波荡漾的画面容易引起人们心绪的轻微起伏，于是获得读者与作者同频共振的效果。第二首译为“涟漪”，后面承接“思贺”，枕词「ささなみの」与被枕词「志賀」较上一首黏连更紧密。“涟漪”涵盖了“微波荡漾”的内容，第二句“湛湛”为增译，强调水面清明澄澈的样子，这般澄清的曲波中仿佛荡漾着故人的面影，令人无比思念。两首译文均以“兮”字结尾，使诗人的情感得以延绵，心绪起伏如涟漪般渐渐扩散而去。傅仲涛重在传递人麻吕诗歌“主观的自然”这一特点，用字用词精炼准确，译文语言丰富，颇具文采。

天皇登香具山望国之时御制歌

大和(やまと)には　群山(むらやま)あれど　とりよろふ　天(あめ)の香具山　登り立ち　國見をすれば　國原(くにはら)は　煙(けぶり)立ち立つ　海原(うなはら)は　鷗(かまめ)立ち立つ　うまし國(くに)そ　蜻蛉島(あきづしま)　大和の國は

（万葉集・卷一・2）

惟此大和、丘陵孔多、靡克有加、香具巍巍、爰跻其上、湛我邦家、野则升烟，水则飞鵰、丰兮美哉、惟此大和

（钱译）

这首和歌的作者舒明天皇与柿本人麻吕同为万叶初期歌人，二者的诗风具有朴素自然的共性。钱译的语言是一种诗经语言，善用“有”“爰”“我”，“则”“兮”“哉”这些诗经中常用的字，而傅译多用词，如“微波”“纵言”“空待”

“涟漪”“曲湄”均为接近唐诗语言的词。由此可见钱译高古，傅译细腻，各有特色。然而立足原文的话，钱稻孙的译文更能突显万叶初期作品朴素直白的特点。

以上钱译与傅译的异同可归纳如下：其一，两位译者同样重视和歌背景的介绍，包括人名地名、诗人诗风、字词句法、思想内容等。不同的是钱稻孙罗列出各家的注释解说，并阐明自己的理解与判断，采取逐句讲解的方式。值得一提的是钱稻孙还清晰地阐明了自己的翻译目的和译文面对的受众。傅仲涛的文章中并未见一处罗列的先行研究，通篇为译者本人对诗歌作品的理解，关于翻译目的、翻译策略、译文读者以及原文的出处也未进行解释说明。其二，两位译者倾向以中国诗歌的形式和语言翻译和歌，不同在于钱译直率古朴，傅译细腻秀丽。

二、钱稻孙与周作人翻译的对比

周作人所译《古事记》[108]中的歌谣与万叶和歌同为上代歌谣，对此他的译法是以散文的形式传达和歌的大意。笔者认为这种做法有两个优势：一是这种手法与日本人用现代日语注释古代诗歌的做法一样，便于读者理解诗歌内容；二是散文形式自由，译者可以自由传递诗歌完整的思想。那么，究竟钱稻孙的接近民谣和元曲风格的白话译文与周作人的散文式译文在表现特点上有何差异呢？以下就此问题进行对比分析。

やすみしし　我が大君の　遊ばしし　猪の、病猪の　うたき畏み、わが　逃げ登りし、あり岡の　榛の木の枝

（古事記　下つ巻・五　雄略天皇・葛城山）

天下平安的我的君王，射猎的野猪负了伤，怒吼而来煞是可怕，我就逃了攀登近地的，榛树的枝间。

（周译）

对于《古事记》中的歌谣，周作人统一以白话散文形式翻译。译文特点如下：第一，译文与原文基本上采取对译，以便完整传递原文内容。第二，译文力求再现原文的音韵特点。原文「やすみしし」与「遊ばしし」的「し」为同音反复，译文第一句尾字“王”与第二句尾字“伤”押韵，虽不能与原文「し」互为同音或近似音，却也兼顾了音与意。第三，突出枕词功能。枕词「やすみしし」与被枕词「我が大君」在译文中通过“的”字连接起来，突出了枕词的修饰

限定功能。第四，多用“的”字连接前后文。「やすみしし」「我が大君」「遊ばしし」「あり岡の」「榛の」中的「し」「が」「の」均被译成“的”字，显然意在连接前后文，保留这些词的连体修饰功能。另一方面多用“的”字迎合散文通俗的语言风格。第五，译文再现原文的修辞特点。原文末字为名词「枝」，译文也以“枝间”结尾。以上说明周作人翻译诗歌并非如他自己所说的仅仅“说明大意”，而在翻译策略的选择上也是深思熟虑的，尽量再现原文的音韵和修辞特点。

再看钱稻孙的白话译文。

天皇游猎内野之时，中皇命使间人连老献歌

やすみしし　わご大君（おほきみ）の　朝（あした）には　とり撫（な）でたまひ　夕（ゆふべ）には　い倚（よ）り立たしし　御執（みと）らしの　梓（あづさ）の弓（ゆみ）の　金弭（かなはず）の　音すなり　朝獵（あさかり）に　今立たすらし　暮獵（くれかり）に　今立たすらし　御執（と）らしの　梓（あづさ）の弓（ゆみ）の　金弭（かなはず）の　音すなり

（万葉集・卷一・3）

统治八方的吾王，手里梓弓两头长；白天抚摸不离身，夜间树在御床旁：听得到，弓弦响。此刻吾王出朝猎，此刻吾王晚围场；御手里梓弓两头长，听得到，弓弦响。

（钱译）

以上译文有四个特点：第一，译文形式整齐，节奏感强。如果将“听得到，弓弦响”这句中间的顿号视为一字的话，全文除“御手里梓弓两头长”外，其余均为七言句。原文「朝には　とり撫でたまひ　夕には　い倚り立たしし」与「朝獵に　今立たすらし　暮獵に　今立たすらし」这两组对句在译文中以对偶句译出，对仗工整。第二，译文再现出原文的音韵特点。原文中「し」「ひ」「り」同为一段音，译文中用“王”“长”“旁”“响”“场”押韵对应。第三，保留枕词的语义与功能。此处翻译与周作人相同的是枕词「やすみしし」与被枕词「わご大君」之间以“的”字连接，强调枕词的修饰限定功能。不同在于周译“天下平安的”与钱译“统治八方的”语义有异。二者虽同为赞颂歌，周译重在赞颂君王治世的太平，钱译则表现君王统领的疆土辽阔，突出的是雄浑的气势。进一步回到原文中看，周译的“平安”与其译文第三句“煞是可怕”互为反义，令人望而生畏的野猪却被君王降服，这样伟大的君王自然会令天下

太平、人民安居乐业；钱译的“统治八方”意在表现君王狩猎时手持弓箭的恢弘气势，似乎这辽阔的疆土中没有君王不能征服的事物。可见，周译和钱译都是立足原文，选择适合原文思想内容的译文。第四，民谣调中掺杂文言，“此刻”“吾王”“御手”这个词语相对文雅；而“手里梓弓两头长”有一种民谣强调。

综上所述，周作人和钱稻孙均尊重原文，重视原文的音韵、节奏、修辞等方面的特点，最大程度地在译文中再现这些特点。周作人采取更为自由的散文体，而钱稻孙尝试古诗与民谣结合的表现手法。

三、钱稻孙与谢六逸翻译的对比

谢六逸[109]在其所著《日本文学史》一书中梳理了日本古代诗歌的发展史，并以白话文翻译了少量歌谣、和歌和俳句。吴卫锋[110]评价其译文：“恐怕译者比翻译更想做的是创造吧。”这句话的意思是与忠实原文相比，谢六逸更想创造新的形式表现原文的精神。邹双双[7]143指出：“谢六逸在大正时代留学日本，那时自由诗风靡，他大概是受了时代风潮的影响。”

（柿本朝臣人麻吕妻死之后，泣血哀恸作歌二首）反歌

秋山の黄葉(もみち)を茂み迷(まと)ひぬる妹を求めむ山道(やまち)知らずも

（万葉集・卷二・208）

秋山乱黄叶，吾妹迷此中；可是，不识山路怎得逢！

（钱译）

秋山里的红叶繁茂，欲觅迷途的妻，但不识山径。

（谢译）

以上两位译者忠实地传达出原文的内容，力求再现原文的形式和节奏特点。钱稻孙的译文为半文半白的杂言形式，前两句文言体为五言句，后两句为杂言。谢六逸采取逐句对译的方式，以现代口语翻译万叶和歌，译文共三句，为前两句长、末句短的长短句式。

二者在翻译特点上有两点差异：第一，字词的选择不同。原文是人麻吕悼念亡妻的挽歌，虽初句描写深山红叶的繁茂，实则意在怨恨红叶阻碍亡妻的归途，表现自己不识山路而无法寻妻的焦急与悲伤的情绪。谢译“秋山里的红叶繁茂”虽保留「茂み」的语义，却对人麻吕寄托于红叶中的伤情和愤恨太过轻描淡写。而钱译“秋山乱黄叶”，以“乱”字替换「茂み」的本义，与后句“迷”字、末句“怎得”组合起来表现诗人的心情。“乱”字的妙趣在于该字不仅含有“繁茂”的意思，还与后句的“迷”字形成因果关系，将诗人那种凌乱、焦虑、忧伤、怨恨的复杂情绪重叠在一起，宣泄人麻吕的真情实感。第二，格调的选择不同。谢六逸的现代口语译文格调轻松明快，悲情色彩稀薄。原文末句「山道知らずも」是全诗的重心，作者所有的伤情都寄托于此。谢译“但不识山路”的缺陷在于原句尾字「も」的余情未能得以延续，译文很难让读者体会到作者因担心亡妻迷失山中的焦虑。钱稻孙的接近元曲的译文突出哀怨的语气。前两句重在描写山中红叶等景物，末句直白地宣泄苦情，尤其是“怎得逢”这样的反问语气更突出诗人内心的焦躁和抑郁。另外，钱稻孙保留「妹」字传达诗人朴素真挚的感情，替换「茂み」以增添悲情的艺术效果。

再将谢六逸与周作人的白话译文进行对比分析。

八千矛の　神の命　ぬえくさの　女にしあれば、吾が心　浦渚の鳥ぞ　今こそは　吾鳥にあらめ　後は　汝鳥にあらむを、命は　な死せたまひそ　いしたふや　天馳使、事の　語りごとも　こをば

（古事記　上つ巻・四・八千矛の神の歌物語）

八千矛尊神啊，我是弱草似的一个女人，我的心是住在水边的鸟啊。在今日还是水鸟，后来总是你的鸟吧。愿得保全不至早死啊！急走的带信的使者，这事情就是这样的传说吧。

（周译）

八千矛神！我是柔弱的女儿。现在我的心中，正如飞翔在水渚上的不宁静的水鸟；到了今晚上，便像那浮在静浪上的鸟一般了。好好将护君的命，切勿因爱丧了君的身！我谨致此词，传达我的腹心。

（谢译）

对于《古事记》这首歌谣，周作人采取逐句对译的手法，立足原文并不刻意渲染气氛。谢六逸对原文有两处替换，一处扩充本意。具体分析归纳如下：

第一，原文中「吾鳥」与「汝鳥」分别指代「吾」与「汝」，具体说「吾」是“我这个女人”；「汝」是“八千矛神”。古代歌谣朴素直白，原文率真地表达“我”对八千矛神炽热的爱情，「吾」与「汝」由对立化为一体，即原先

的我如今属于你，因而重点不在描写水鸟是飞翔还是安静的状态，而意在表现“我”已对“你”倾心的这样一种强烈的归属感。周译保留了原意，“在今日还是水鸟，后来总是你的鸟吧”这句突出的就是“我”由自由飞翔的鸟，而变为心有归属的“你的鸟”。谢译由“不宁静的鸟”转变为“浮在静浪上的鸟”，注重修辞而淹没了上古歌谣朴素直白的特点，表达的是不同时间当中“我”的不同状态，而非因炽热的爱情产生的归属感。

第二，对于「命は　な死せたまひそ」这句，谢译“好好将护君的命，切勿因爱丧了君的身”过于复杂，译文暗含轻微警醒的语气，然而这样的语气并非原文所含有。周译“愿得保全不至早死啊”包含祈愿祝福的心意。按原文的意义，“我是个弱女子”，唯有默默祈祷，求得保命护身。如此可见，周译更合乎逻辑。

第三，对于枕词「ぬえくさの」，周译“弱草似的”和谢译“柔弱的”的不同在于，“弱草”首先了保留枕词的本意，同时“草”是一种具象化事物，读者容易联想到小草被风吹拂摇摆的样子。小草不仅柔弱无力，还给人以婀娜、柔软、纤细的印象，因而周译“弱草”是一种印象组合，而谢译“柔弱”使得涵义相对单一。

第四，原文末句「いしたふや天馳使、 事の語りごともこをば」在二位译者的译文中意思完全相反。周译“这事情就是这样的传说吧”意思是“这件事是从别处听到的”；谢译“我谨致此词，传达我的腹心”意为“我用以上的致词来表达我的真心”，可见谢六逸刻意偏离原文实现再创造的目的。

无论是文言译文还是白话译文，钱稻孙与周作人更重视原文的特点。周译追求“达意”，采用逐句对译的方式，他的散文化译文表达自由朴素，格调轻松明快。钱稻孙重在挖掘原文的深层意义，因而他对原文理解到位，对作者意图把握准确。谢六逸有时为追求超越原文的艺术效果而使用增译、改译等手法却导致因偏离原文太远而“失信”的结果。

第二节　钱稻孙与不同时代译者翻译的纵向对比

迄今为止正式出版的《万叶集》中译本共有六种，包括钱稻孙译翻译的三部、杨烈译《万叶集》(上下册)(1984)、李芒译《万叶集选》(1998)、金伟与吴彦译《万叶集》(上下册)(2008)、檀可译《万叶集》、赵乐甡译《万叶集》(上下册)(2009)[①]和李濯凡译《万叶诗情》。其中钱稻孙和李芒的译本属于选译本，其余均为全译本。

一、钱稻孙与杨烈译本的对比

20 世纪 60 年代杨烈[111]全译了《万叶集》，然而直至 80 年代他的译本《万叶集》才作为湖南人民出版社出版的《诗苑译林》丛书之一正式问世。译本中短歌、旋头歌(除第 3879 号以五言六句译出外)和佛足石歌的译文均为五言四句；长歌译文中仅十首为七言，另有两首为五、七言混合的杂言形式。这些统计数据说明，杨烈[111]3将五言视为和歌翻译最为理想的形式。然而，他的五言形式与钱译的五言形式是有区别的。

磐姫皇后思天皇御作歌四首(之一)

かくばかり戀ひつつあらずは高山の磐根(いはね)し枕(ま)きて死なましものを

(万葉集・卷一・86)

相恋苦如此，未若不开始；高山有磐石，何如枕之死。

(钱译)

热恋如斯苦，何如不恋时，高山山顶上，卧死更为宜。

(杨译)

以上两种五言形式译文在语言风格上接近唐诗，读者易于理解。对于「磐根」一词，笔者认为钱译为“磐石”更准确，因为原文「磐根」一词具有高山岩石顽固坚硬的印象，“磐石”亦为坚硬难以挪移之物，用以象征爱情坚贞不渝。同时“磐石”的“磐”字与“磐姬皇后”的“磐”为同字，可见钱译巧妙之处在于以一字构建双重意味，即磐石隐喻磐姬对天皇坚定的爱情。相思苦至宁愿以高山冰冷而坚硬的岩石为枕而卧死，场面凄美、语言率真、毫无遮掩，钱译后两句充满赴死前的壮烈之情，再现初期歌谣直白率真的特点。比较起来，杨烈并未译出「磐根」的意思，而是替换为“高山山顶”，将岩石坚硬冰冷的具象换易为空间概念，利用高山的海拔来渲染气势。再看末句中钱译为

①金伟、吴彦译本与赵乐甡译本同为 21 世纪出版，先行研究相对多为对赵译的探讨，因此本书以赵译为研究对象。

“何如”，杨译为“更为宜”，二者不同之处在于钱译以一种女性口吻表达磐姬的怨愤与纠结，她并不真心想死，只是觉得爱情太苦而萌发赴死的念头，在爱与不爱、死与不死之间烦恼痛苦。而杨译中磐姬决意卧死高山以希求解脱。从原文营造出的磐姬的痛苦状态之下再看初句译文，笔者认为杨译为“热恋”不妥。因为热恋的状态通常应该是幸福甜蜜的，而非痛苦求死，所以钱译“相恋”对原文的理解更准确到位，译文更稳妥。

杨烈认为[111]2-3万叶诗歌“都是五音节和七音节轮流进行。把五七调翻译成中国的五言七言诗句，则中国旧诗无此格式，且无此必要。……《万叶集》的和歌作于四世纪到八世纪这些年代，正是日本天皇们由飞鸟、近江、藤原迁入奈良定都的时代，正当中国南北朝、隋、唐时代，把那时日本的和歌译成当时中国的诗体，气氛更为合适。”这与钱稻孙借鉴中国古诗的思路是一致的，不同的是，钱稻孙并不拘泥某个或某几个对应的时代，而是立足原文，追求准确真实地再现原文思想内容和意象情感，从而在中国古诗中选择合适的翻译表现手法，因此有时甚至一种译文中潜在多个时代的痕迹。

常陆国歌

筑波嶺のをもてこのもに守部するゑ母い守れども魂ぞ逢ひにける

（万葉集・卷十四・3393）

筑波高高山，此面彼面置守官，由他母氏尽防闲，魂魄相逢自往还

（钱译）

筑波山四面，严守路难通，母虽严守卫，灵魂亦可逢。

（杨译）

钱稻孙译文中的“此面彼面”指的是筑波山上的男女二峰。「をてもこのも」隐喻男女恋人由于女方母亲看管严格不能自由相会，因而灵魂飞到一起。原文前三句描写筑波山的情景，第四句联系现实，末句表明作者要与对方厮守的决心。山有隔绝意蕴，阻隔恋人相见。因此他们不得不屈服于残酷的现实，迫使自己的灵魂从躯体中游离出来，越过崇山峻岭、躲过关防守卫，摆脱重重阻碍而无拘无束地相爱。可见「をてもこのも」与「魂」相对，更具体地隐喻男女恋人的躯体，读者在灵与肉由统一到分离的过程中聆听诗人对爱情自由的呼唤。杨烈替换为“四面”加深了阻隔的程度，扩大了原意。

从枕词的翻译来看，在钱稻孙所译160个枕词中，杨烈仅译出60个，约

占钱稻孙翻译量的38%。翻译手法上看，杨烈对其中55个枕词按原意译出，其余用替换的手法换易原意。两位译者翻译手法有三点不同。

第一，钱稻孙的译文更丰富。如：「やすみしし」是「わが大君」、「わご大君」的枕词，杨烈给出三种译文，分别是“天下”“瀛寰”“万邦”；钱稻孙给出多达十一种译文，分别是“八级”“八荒”“八方”“八服”“八邑”“八隅”“八纮”“八边”“八夷”“八宇”“天下”。

第二，钱稻孙对原意的理解更深刻。

中臣朝臣宅守与狭野茅上娘子赠答歌

塵泥(ちりひち)の数にもあらぬわれ故(ゆえ)に思ひわぶらむ妹(いも)が悲しさ

（万葉集・卷十五・3727）

壒尘泥土我，于数不足数；可怜吾妹子，为我思且苦。

（钱译）

尘土真无数，卿情亦许多，因吾思寂寞，吾妹正悲歌。

（杨译）

枕词「塵泥の」原意为“尘泥”，杨烈译为“尘土”，钱稻孙译为“壒尘泥土”，努力接近原文。尘土和尘泥的不同在于“泥”容易让人联想到泥泞的道路，潮湿肮脏的样子遭人厌恶，作者以此比喻自身，反衬恋人不离不弃的坚贞爱情。钱译保留了由原意而产生的联想，有助于理解原文作者的意图。对于被枕词「数にもあらぬ」，杨烈译为“无数”，钱稻孙直译为“不足以算数”，这两种译文对作者真实情感的表现程度不同。杨译的整个枕词与被枕词为“尘土真无数”，句意在说明尘土无数毫无价值，映射“我”自身如尘土般微不足道，不值得“吾妹”如此珍爱。钱译“壒尘泥土我，于数不足数”意为尘埃泥土本身就是低微遭人厌弃的东西，如尘泥般卑贱的“我”都算不上数，没有资格成为“妹子”思恋的对象。可见，译者对原文的不同理解会在很大程度影响其翻译策略。

第三，钱稻孙更能最大程度发挥枕词的功能。

旋头歌

春日すら田に立ち疲る君はかなしきも若草の嬬(つま)無き君が田に立ち疲る

（万葉集・巻七・1285）

春日融融，嗟尔茕茕，独立于田；芳草萋萋，嗟尔无妻，疲立于田。

（钱译）

春日田间立，君劳实可哀，弱妻无一个，独立在蒿莱。

（杨译）

「若草」意为春天的新草、嫩草，让人心生爱怜和疼惜。作者用嫩草隐喻妻子，意为妻子如春天新草般美丽，令人爱慕。《诗经・关雎》中提到的“荇菜”就很容易使人联想到少女如荇菜般水嫩可人。钱译“芳草萋萋”，其中“萋萋”为增译，强化了草木繁茂的唯美印象，而且与第一句“春日融融”形成对仗增强全诗节奏感。同时“萋”与“妻”为同音，结合季节与心情的寄物陈思的表现手法十分巧妙，“美好的季节和舒适的气候，你却辛劳于田间；如此繁茂美丽的芳草，你却无娇妻陪伴”这种季节感下产生的同情之心易于理解。《诗经・葛覃》有“葛之覃兮，施于中谷，维叶萋萋。”可见，“钱稻孙善于利用中国古诗的表现手法，兼顾音意使读者自然而然地理解枕词的意义。再看杨译「若草」替换为“弱妻”，“弱妻”多为“柔弱”“软弱”之意，而丧失“美丽”“娇嫩”的印象，因而难与春日美景形成呼应，也不容易使读者深刻感受种田人的辛苦与孤独。

从译本注释方面看，杨烈译本的注释并不多，基本采取页下尾注的形式。为便于读者辨认，译本中均以黑体字标明人名、地名，然而地名中所含有的传说、典故很少见到解说。这并不利于读者理解诗歌的意义，更不能拓展读者现有的文化知识。比如中大兄皇子的“三山争妻歌”中包含一个阿菩大神观战的典故，译本中对此并无注释。

（中大兄の三山の歌に対する）反歌

香具山と耳梨山とあひし時立ちて見に来し印南國原

（万葉集・巻一・14）

对此杨烈注释[111]5为：“香具、亩火、耳犁三山。亩火是女山，其他两者是男山。古传三山相争。”杨烈简单介绍了三山的名称与性别，而理解诗意很重要的“印南”的地名信息以及“阿菩大神”观战的典故无一注解。在钱稻孙的译本中注释多达九行，摘录[12]21如下："印南，今兵库县印南郡，在姬路市之东。三山争艳的神话。……阿菩大神闻大和国亩火、香山、耳梨三山相斗，此欲谏止。上来之时，到于此处，乃闻斗止。覆其所乘之船而坐之，故号神阜。"钱稻孙清晰地说明了印南所处的地理位置和这则典故的原委。和歌本身形式短小精炼，而蕴含的内容相当丰富，译文配解说是理解原文的有效方法。当然应以译文为主，注释为辅，过分详细的注释反而会影响阅读效果；过于粗略的解释也会影响理解的程度，钱稻孙把握的原则就是恰适。

天皇崩りましし時の大后の御作歌一首

やすみしし　わご大君の　夕されば　見(め)し給(きゅう)ふらし　明(あ)けくれば
問(とい)ひ給(きゅう)ふらし　神岳(かむをか)の　山(やま)の黄葉(もみち)を　今日(きょう)もかも　問(とい)ひ給(きゅう)はまし
明日(あした)もかも　見(め)し賜はまし…

（万葉集・卷二・159）

三轮山因红叶绚美而成为歌咏红叶的"歌枕"。太后看到三轮山的红叶，想起天皇曾赏红叶的情景，那种"人面不知何处去，桃花依旧笑春风"的哀婉之情油然而生。杨烈译本并未注释「神岳」指代"三轮山"。钱稻孙的译本虽注明神岳即三轮山，却未提及歌枕的意义。因为充当歌枕的地名作为和歌背景唤起作者讴歌春之烂漫樱花、秋之遍山红叶以及男欢女爱等自然万物与男女爱情的心绪。两位译者的译本此处均略显不足。

笔者认为诗歌的价值在于读者能从阅读中获得更丰富的知识、提升个人的文化素养、提高个人的审美水平。因此，译者需要思考如何更好地传递给读者原文中或明显或隐匿的内容，实现诗歌创作价值的最大化。

二、钱稻孙与李芒译本的对比

1998 年出版的李芒[112]译《万叶集选》是继钱稻孙之后正式出版的《万叶集》选译本。李芒共选译万叶和歌 729 首，全书按作者与作品年代编排，打破了钱稻孙译本按和歌序号编排的方式，这种编排方式突出不同诗人的创作风格以及万叶四期歌风的变化。从选译的比例来看，729 首占万叶和歌总量约 16%，与钱稻孙(选译 728 首)在选译量上几乎相等。选译的作品覆盖了从天皇、贵族、官吏至将士、平民甚至乞丐等各阶层、各歌体以及各歌类，基本能够反映出万叶和歌的概貌。

李芒选译的 729 首和歌，每首仅有一种译文。按歌体分类，长歌有 101

首，其中58首的译文为五言，12首为七言，31首为三、五、七言混合的杂言。短歌有628首，其中606首的译文为五言(除2首五言五句译文外，其余均为五言四句，约占译文总量83%)，12首为七言(6首七言三句，6首七言四句)，9首为杂言，另有1首四言六句。旋头歌仅选译原作62首中的4首，译文为五言四句，佛足石歌未并选译。从总体上看，李芒译本中的五言译文最多，其次是七言、杂言、四言。李芒[8]39-40主张从原文的内容和句法出发采取相应的译法，不宜在形式上求统一。这种非定型的翻译手法具体说是从原文出发，使用七言(一般可多用于译长歌)、五言、四言和长短句等多种多样的形式。然而从上述统计比例可以看出，尽管李芒主张非定型译法，却倾向以五言四句的固定形式翻译短歌。

再看译文语言特点，李芒摒弃了《诗经》的古奥和口语、民谣的通俗，选择介于二者之间的、接近唐诗的语言，朗朗上口又不失风雅。李芒[8]38批评钱稻孙的译文由于大都借用《诗经》的笔法，过于古奥，一般读者很难懂。他认为面对广大读者的译文不宜使用过于难懂的语言，宜用唐诗宋词一类的诗歌形式和遣词造句的方法，同时也要避免译成现代汉语自由诗。可见，李芒是在批判钱译的基础上提出自己的观点，他否定了借唐诗之前的诗歌形式和现代汉语的自由诗形，为满足其预设的一般读者，主张借唐诗宋词的语言翻译万叶和歌。翻译作为一种跨文化交际行为，无论钱稻孙还是李芒，他们预设的终极目标都是促进中日文化的相互理解和交流，二者翻译思路一样，然而在细节部分的处理上却各有特点。

雪日作歌一首

この雪の消残(けのこ)る時にいざ行かな山橘の實の照るも見む

(万葉集・卷十九・4226)

比此雪融，曷观去来。山橘之宝，光莹琼瑰。

(钱译)

但俟雪消融，会当山里行，且赏山桔果，光泽正莹莹。

(李译)

对以上这首和歌，李芒以五言诗译出，“行”与“莹”押韵，第二句“会当山里行”增译“会当”二字，意在使人自然联想起杜甫“会当凌绝顶”的诗句。另增译“莹莹”二字加强山桔光鲜耀眼的视觉感，译文整体上渲染了雪融之后山桔美艳动人的景象，语言上不失诗歌的雅致。钱稻孙四言四句的形式与“比”“此”“曷”三字的结合使译文接近诗经的古朴格调，之所以将原文中的「實」(实)改译成“宝”，同时增译“琼瑰”一词，笔者分析钱稻孙是为了迎合作者意欲赞美山桔的光芒耀眼，以及期盼雪融赏桔的心情，在此处刻意将山桔比喻成珠宝，强调其光芒如琼花瑰宝般夺目。钱稻孙善于挖掘字词所隐含的信息，一方面通过直译传递字面意义，另一方面适度增译传达作者的内在情感，增强原文的艺术效果。当然如果考虑到译者的个人偏好、译者所处的时代和译文读者群及读者层的问题，以上两种译文需要放在特定的历史环境下和特定读者中给以客观的评价。李芒的译文面对的是现代普通大众，因而他的译文通俗易懂又不失文采，比较容易被接受，而钱稻孙的译文读者包括民国时期具有古文功底的人群，因此难为一般现代读者所接受。

两位译者在以“五言四句”的形式翻译时，表现出不同的手法。

额田王歌

熟田津(にきたつ)に船乗(ふなの)りせむと月待てば潮(しほ)もかなひぬ今は漕(こ)ぎ出でな

(万葉集・卷一・8)

将欲乘舟出，待月熟田津；潮今适已可，鼓楫及此晨。

(钱译)

夜泊热田津，启航待月升。须臾潮水涌，摇橹赴征程。

(李译)

这两首译文均为五言四句，接近唐诗的格调，两位译者同样重视押韵，李译中“升”和“程”押韵，钱译中“津”“晨”为平水韵。从语序上看，李芒未做调整，而钱稻孙将初句「熟田津」移至译文第二句，应该是考虑到“津”与“晨”需要隔句押韵。这首和歌的妙趣在「月待てば　潮もかなひぬ」二句，作者强调的是在月亮升起的时刻恰好涨潮，在完全具备航海的条件时内心充满喜悦和期待。从内容上看，李芒增译“夜”字强调额田王一行人夜晚在熟田津停靠等待海上月出。同时改译「今」为“须臾”，制造了月出与涨潮的时间间隔，译文第二句与第三句意为月亮升起的须臾间潮水涌起，于是摇橹出航。虽然“须臾”所含时间短少，却无法代替“同时”带来的“恰逢”的偶然性。钱译

“适已可”对应原文「かなひぬ」，补充说明出海的时机已然到来。

弓削皇子游吉野时，御歌一首

瀧の上の三船の山に居る雲の常にあらむとわが思はなくに

（万葉集・卷三・242）

飞瀑三船山，山上白云屯；此景能常在，我身不常存。

（钱译）

飞流瀑布前，云涌三船山。飘摇难永驻，吾亦似云团。

（李译）

以上可见钱稻孙和李芒的第三句译文意思完全相反。钱稻孙理解为：“三船山上的白云常在，而人身却不能如白云般长存”，事物的“常在”与人生的“无常”形成对比，表达作者对生命转瞬即逝的哀叹。李芒的理解为：“三船上的白云飘摇不定，人身就如同这白云不常存”，以事物的“无常”隐喻人生的“无常”。二者究竟区别在哪里？契冲认为[113]“白云飘摇不定如同生命的无常”，而福井久藏[67]273否定了契冲的说法，认为三船山上的白云是常见的，作者意在以白云的常在对比人生的短暂，契冲的说法是对原文的误解。从这两种注释来看，李芒的译文与契冲的解释契合，而钱稻孙应该是依福井久藏的说法，因此两种译文截然相反。就翻译手法而言，钱稻孙保留“常”这一充满佛教色彩的词语和译出「なくに」的否定意义，用“能”和“不”强化“常在”和“无常”的反差。李芒将原文的“常”字替换成“永驻”，“常”不仅仅是一种时间状态，也是一种存在状态；而“永”只是一种时间概念，因此替换之后意义缩小。

在枕词翻译的处理上，钱稻孙表现得更为积极。李芒在译本注释部分并未提及与枕词相关的内容，而且译出的枕词数量不多。笔者将两位译者的译本进行比对，统计得出重合的枕词有 144 个，钱稻孙译出 117 个，27 个省略不译；李芒译出 54 个，90 个省略不译。简单说钱稻孙译出 80%，而李芒仅译出 38%，不及半数。从翻译手法上看，在李芒所译 54 个枕词中，有 45 个保留原意，其余 9 个被替换成新意，多用保留手法的思路与钱稻孙一样，具体选择字词时有同有异。

柿本朝臣人麻吕妻死之后，泣血哀恸作歌二首(之一)

…沖つ藻(も)の　なびきし妹(いも)は　黄葉(もみちば)の　過ぎて去(い)にきと…

（万葉集・巻二・207）

……玉藻相依我娉婷，辞条黄叶遽飘零……

（钱译）

……相依为命恩爱妻，黄叶辞条将世弃……

（李译）

「黄葉の」是「過ぎ」的枕词，黄叶作为秋天的风情物寄托了作者在预示生命即将消亡的悲秋中的种种愁绪。黄叶飞散冬季将至，生命迈进消逝，作者在这幅场景下对妻子的辞世泣血恸哭。因而枕词潜在着唤起读者与作者产生情感共振的力量。钱稻孙将枕词译为“黄叶辞条”四字，李芒同样借用了钱译的此四字，他们对应的原文是「黄葉の過ぎていにき」，因此后续钱译“遂飘零”与李译“将世弃”均为增译。不同的是李译“将世弃”本意在更为直白地表达人麻吕之妻辞世的事实，但实际上不仅与“黄叶辞条”词意重复，而且过于直白反而违背了作者借黄叶隐喻亡妻的意图。钱译“遂飘零”有双重含义，其一是表层意义，作者看到曾经炫美的黄叶如今飞散地七零八落，格外伤感；其二是深层意义，作者联想到曾经玉藻般温柔聘婷的妻子如今魂灵飘散，涕泪悲泣。可见钱稻孙难能可贵之处就在于仅以三字再现出作者一明一暗、即景抒情的意图，成功地捕捉到人麻吕诗歌于质朴中见真情的特点。

藤原夫人奉和歌一首

わが岡の龗神に言ひて降らしめし雪の催けし其處に散りけむ

（万葉集・巻二・104）

我叫冈上龙神下的雪，怕是一些零残碎屑，飞散到那里了。

（钱译）

吾求冈上神，降雪竞缤纷。唯有零残屑，飘扬落贵村。

（李译）

「靇神」意指龙神，掌管水的神。中国神话中的龙王就是掌管水的神，常有龙神降雨的故事。因雪能化水，故雨、水、雪同属水系，都为龙神掌管的范围。钱稻孙直译为“龙神”，这对中国读者来说很容易理解，“龙神”可以激活他们大脑中原有对“龙王”的概念认知，并将二者联系起来理解。李芒则减译为“神”，将清晰的意义模糊化，不利于扩展读者原有的认知。日本的神与中国的神仙同为泛神，数量无限且各司其职，其中司水是龙神的职责这一概念为中日文化共有，因而保留原意本身就兼顾了“忠实”与“通顺”。减译忽视了异文化间的互通，不但偏离原文，也不利于读者拓展知识。

以下分析替换手法中两位译者对枕词翻译的特点。

(或本从藤原京迁于宁乐宫时歌)反歌

あをによし寧楽(なら)の家には萬代(よろづよ)にわれも通はむ忘ると思ふな

（万葉集・巻一・80）

朱碧辉煌，宁乐盖新房，我也还来住，直到万世，莫说相忘。

（钱译）

巍巍宁乐宫，万代皇祚荣。我亦常来往，莫谓忘奉公。

（李译）

「あをによし」是「寧楽」的枕词，其中「あをに」汉字写为「青丹」表现色彩。李芒舍弃枕词的原意而替换成“巍巍”二字，令人联想起耸入云霄的巍峨高山，译者重在渲染奈良宫殿的宏伟气势。钱稻孙以“朱碧辉煌”代替「青丹」二字，不仅保留了「青丹」的表层意义，还同时烘托出诗歌的气势。“朱碧”呈现出奈良宫殿红砖绿瓦、富丽堂皇的样子，“辉煌”则彰显其恢弘气势，因而“朱碧辉煌”象征着天皇治世的繁荣，也寄托了作者希望国家万世不衰的愿望。再看以上两种译文句式上的差异，李芒将「あをによし寧楽の宮」译为一句，削弱了枕词的修饰力，而钱稻孙拆分成两句强化了枕词的表现力。

综上所述，李芒一方面与钱稻孙借中国诗歌的表现手法翻译和歌的思想一致，另一方面他还积极改革，摒弃钱译中过于古奥的语言，主张五言、七言的非定型译法，积极实践接近唐诗语言的表现风格，然而对于钱译能够兼顾“忠实”与“文采”、表层意义与深层意义，巧妙地处理“忠实”与“通顺”之间的矛盾的精妙之处未能吸收和继承。

以下介绍两位译者关于译文注释的差异之处。

近江の荒れたる都を過ぐる時、柿本朝臣人麿の作る歌

玉襷(たまたすき)　畝火(うねび)の山の　橿原(かしはら)の　日知(ひじり)の御代(みよ)ゆ…

（万葉集・巻一・29）

昔初襟带亩火山，开国橿原圣天子……

（钱译）

神武天皇开国初，亩傍奠基橿原宫。……

（李译）

钱稻孙在此首和歌的注释[12]33-34中说："仿古调韵译的，曾尽力想保存其风格，白话译的，却删去了绵长的润饰枕词和序句，以免费解。"「玉だすき」是「畝傍」的枕词，文言体译文中直译为"襟带"，然而"襟带亩火山"的确令人费解，硬译虽造成译文不通，却能够保留枕词的特点。白话体译文中采取不译的处理是为了避免译文过长，考虑读者的理解。李芒虽也舍弃枕词不译却并未在注释中说明。德国功能主义翻译目的论代表人物弗米尔认为[114]译者应当自觉地成为第二作者，意识到自己的责任，如果在译文中对原文做了变动，就必须加以说明他为什么改变、改变了什么、是怎样改变的、改变的界限是什么，等等。因为译作永远都不可能是原作的复制，译者在翻译过程中必然或多或少地改变原文，如实说明改变情况是对作者和译文读者的尊重。注释什么、注释多少属于译者的责任范围，因为这直接影响译者与作者、译者与译文读者、作者与译文读者间的相互理解。这个观点看来，钱稻孙既忠诚于作者，也忠诚于译本读者。从跨文化视角出发，无论钱稻孙还是李芒，乃至更多日本文学翻译者，他们都是以中日两种文化协调者的身份参与其中，其目的就是为中日交流服务，促进中日两国相互间的理解。那么减少相互间的误解，就是译者的责任。如果译者对原作进行改动而不加以说明，译文读者就会误以为原作本就如此。如果译文读者是日语学习者，那么被改动的部分一经发现，译者就会被认为是背叛作者和译文读者的信赖，甚至被怀疑其翻译能力。

三、钱稻孙与赵乐甡译本的对比

赵乐甡[116]的《万叶集》全译本于2009年出版，译文的文体形式和语言风格一改钱稻孙、杨烈、李芒复古的格调，是一种用近似元曲的语言翻译万叶和歌的尝试。赵乐甡试图突破形式对诗歌的限制，追求既忠实又灵活地再现原文的内容和作者的思想情感，同时兼顾读者的接受习惯的译文形式。赵乐甡[116]4在其译本中指出翻译实践的问题，可以归纳为以下两点：其一是日本古歌未必有中国古诗，比如《诗经》那么古老，而现有译文过于古奥难懂。其二是用固定形式，或五、七言古诗或五七五七七形式翻译，这样译文句数和字数必然受到限制，如果原文内容量不足以填补译文形式的空缺时，译者必然会通过添加(增译)、打扮(用华丽的辞藻)、改装(改变原诗的表现特点)，这些手法使原文从文体形式、语言风格上都必须去迎合译文。

因此针对前期翻译实践的诸多问题，赵乐甡[116]4提出了自己新的见解，认为五(七)言的形式不适合翻译和歌，短歌用三行分写，旋头歌用四行，字数句数根据原文的内容量或多或少进行灵活调整。译文语言风格上主要为现代口语，也混杂一点书面语，使古诗带一点古韵，实际上这种混合形式的译文接近元曲，客观地说确实相对诗经、楚辞的古奥语言较容易为读者接受。韵律上力求打破原文的韵律节奏，注重译文押韵；内容表现上，尽量不添加原文没有的内容，以直译为主。可见赵乐甡主张从原文内容出发，兼顾读者的理解，具体做法是：长歌根据内容量或长或短；短歌和佛足石歌分三行排列，或三句、四句或五句，字数和句数不固定；旋头歌分四行排列，每行字数不固定。

磐姫皇后思天皇御作歌四首(之一)

君が行き日(け)長くなりぬ山たづね迎へか行かむ待ちにか待たむ

(万葉集・巻二・85)

自君之行矣，日既长矣；将陟山以迎宁？抑仰望复仰望乎？

(钱译)

君行日久，几时可归来？登山迎讶去，抑或只等待？

(赵译)

以上赵译“可归来”“登山”“只等待”与“几时”“抑或”“何如”混合在一起，形成半白半文的形式特点。钱译语言统一，“矣”“宁”“乎”这三个语气词使译文格调高古。这首和歌的特点在末句「待ちにか待たむ」中「待つ」同音反复使「待つ」的时长得以延伸，作者以此表达自己在对天皇的无限思念和悠长等待中纠结痛苦。赵译“抑或只等待”虽直译出「待つ」之意却未能表现出原文中字词同音反复的特点，因而削弱了「待つ」一词的表现力。钱译“仰望复仰望”一则译文再现出原文同音反复的特点，二则“仰望”是对「待つ」的改译，但同时又是对词意的深化。因原文有「日長く」和「山尋ね」，钱译用“仰望”意为磐姬仰望白日与高山，翘首期盼天皇的归来，急切、愁苦、纠结的各种情绪交织在一起，赵译“等待”却将这种复杂的情感过于轻描淡写。

两位译者的译文中都存在文言与白话混合在一起的形式，风格迥异。

或本反歌曰

馬買はば妹(いも)歩(かち)行ならむよしゑやし石は履(ふ)むとも吾(あ)は二人行かむ

（万葉集・卷十三・3317）

吁嗟乎已矣，易马妹徒步；虽则践碛砾，我愿与偕路。

（钱译）

买坐马，妹需徒步行；宁肯踩石过，二人赶路程。

（赵译）

「よしゑやし」并无实际意义，是一种强烈的转折语气，钱稻孙改译为“吁嗟乎已矣”，用五个汉字对应原文五音并置于初句。“吁嗟”是一种哀叹的语气，译者意在表达作者自身有马可乘，而想到恋人无马唯有徒步时的叹息。赵乐甡逐句对译，「よしゑやし」译为“宁肯”虽意思通顺，却弱化了语气。末句赵译强调“二人共同赶路程”，而钱译强调“我愿与妹相偕相伴”，钱译的重点不在路程，而在相伴，那么二人所走的路也深化为“人生之路”，传递出“我”欲与“妹”相互陪伴走过人生旅程的愿望。

以下对比两位译者的译文接近元曲的格调。

皇子尊宫舍人等恸伤作歌(之一)

夢(いめ)にだに見ざりしものをおぼぼしく宮出もするか佐日(さひ)の隈廻(くまみ)を

（万葉集・卷一・175）

桧树森森，桧里丘陵，悒郁心情，奉仕殿庭；从也不曾见过的梦境啊。

（钱译）

梦境亦无；忧郁，出仕到宫廷，桧前弯弯路。

（赵译）

赵乐甡以直译的手法意图与原文逐句对应。第二句“忧郁”一词将全文的重心放在情感的宣泄上，该词之后以逗号作停顿，使作者回忆往昔、恸哭眼前的悲伤情绪得以延绵。钱稻孙的译文前四句文言体写景，末句白话体抒情，文白界限清晰，其中也有元曲的味道。然而钱译中末句将原文初句至于译文末句表达，强调的并非是抑郁心情，而是人生如梦的虚幻。可见两位译者对原文的理解不同，译文带给读者的心灵触动也不同。钱稻孙并不追求逐句对译的忠实，而是在准确把握原文的主旨和作者要强调的重点之后适当改变语序。同时钱稻孙更重视和歌的音韵，比如「佐日の隈廻を」中「さひ」的同音反复，译者则在前二句用两个“桧”字。

赵乐甡并未在译本的注释中提到枕词的问题。然而，在与钱稻孙译本重合的 198 个枕词中，给出译文的有 66 个，占总量 33%，省略不译的多达 132 个，这一统计结果与杨烈和李芒的译本很接近。赵乐甡提到[116]24：“枕词、序词，依据歌的内容与汉语的关系，译或不译。”可见他在枕词的翻译上并不十分积极。从翻译手法上看，60 个译文保留原意，6 个枕词被替换为新意。

未勘国相闻往来歌

潮船(しほぶね)の置かれば悲しさ寝つれば人言(ひとごと)しげし汝(な)を何(ど)かも為(し)む

（万葉集・卷十五・3556）

盐船空并置，叹息意蹉跎；同舟畏人言，吾其奈若何？

（钱译）

一如退潮船，坐岸失欢；寝则人言起，与汝如何安。

（赵译）

枕词「潮船の」中的「しお」写成汉字「潮」或「塩」，因此这个枕词就产生了“运盐的船只”和“海上的船只”这两种不同的注释，甚至被枕词「置く」也被给以不同的解释，如“并立”、“远离海岸”等[67]255。赵译意为“船只远离海岸，诗人独自坐在岸边失去了往日的欢乐”；钱译意为“盐船并立在一起，而爱恋的人却不能在身边同寝”，两种译文都是通过保留枕词原意来表现诗人的苦恋模式。

再看替换手法上两位译者的特点。

长皇子游猎猎路池之时，柿本朝臣人麻吕作歌一首

…ひさかたの　天(あめ)見るごとく　真澄鏡(まそかがみ)　仰ぎて見れど　春草の　いやめづらしき…

（万葉・卷三・239）

……仰明镜于昊天兮，渥春草之弥芬……

（钱译）

……仰望清天彻，观爱春草芳……

（赵译）

这首和歌中有「ひさかたの天」和「真澄鏡仰ぎて」两组枕词与被枕词。赵乐甡将「ひさかたの天」译为“清天”，意图表现天空清澈透明的样子，而钱稻孙译为“昊天”渲染苍天的宏伟气势，一者婉约，一者磅礴。「ひさかた」有久远、光明之解释，因此与“天”的神性相联系派生出永恒、辽阔的意蕴。钱译正是表现出人麻吕善于渲染气势的特点，而赵译的“清”字意义为何？结合后一个枕词「真澄鏡」来分析，原意“明镜”在钱译的“仰明镜”中无异议，而在赵译中并无明显对应之处，然而“清天”的“清”有清晰之意，“彻”有透彻之意，那么“仰望清天彻”可以理解为“仰望这澄明清澈的天空，透彻通底”，可见赵译实际是将「真澄鏡」具有的“清明”的意象通过“清”“彻”二字表现出来，「ひさかた」被替换为「真澄鏡」的意义，因而译文在气势上弱于钱译。

愿寿作歌一首

みつぼなす假れる身ぞとは知れれども猶し願ひつ千歳の命を

（万葉集・卷二十・4470）

亦知假得，身如泡影；犹自愿期，千岁长命。

（钱译）

如泡沫，是假身；明知如此心犹愿，争做千年人。

（赵译）

“泡影”二字在日语中有「泡」和「影」两个意思，原文中的「みつぼ」是“水泡”“泡沫”之意，仅含有“泡”的意思并无“影”之意。赵乐甡按字面意思直译成“泡沫”，比喻人身如泡沫般虚幻。钱稻孙用“泡影”替换「みつぼ」，使人自然联想到佛经中以“泡影”比喻世界万物，人身自然也是不真实的、虚假的存在，生命如同泡沫和影子一样无从把握、转瞬即逝，即使深知如此，诗人还是希望生命绵长。整首和歌表达了诗人对生命瞬间消逝、不舍红尘的无限哀叹，其底流潜藏着“诸事无常”的佛教观。钱稻孙的译文扩充了原意，从思想上深化了佛教主题。“影”是阴暗的虚景、“命”是光明的实景，这一虚一实的结合创造出“死”与“生”对立的二元世界，进而否定“死”，留恋“生”。《万叶集》具有浓厚的佛教文化色彩，译者在翻译过程中不但要保留宗教文化信息，更要向译文读者传递诗人的生命态度。

赵乐甡为表现原文的思想内容而采取逐句对译的方式，语言上接近唐诗、元曲。钱稻孙善于把握原文的精妙之处，并将此作为翻译的重点。因此，钱稻孙的译文更能体现原文的价值。

从译本的注释情况看，赵乐甡采取脚注的方式，虽不及钱稻孙的译本详细，却比杨烈和李芒的译本丰富。注释具体内容大体可分为八种：一是地名；二是神名、人名；三是动物、植物的介绍；四是宗教、古俗信仰；五是字词、内容的释义；六是和歌背景的介绍；七是关于和歌的先行研究；八是译者的翻译策略。从这些类别上来看赵乐甡的注释涉及面广，然而受脚注部分空间的限制，大都为一、二行的简短说明。

以《万叶集》第一卷为例，此卷收录和歌 84 首，钱稻孙选译 52 首，注释多达 70 处，赵乐甡选译 84 首，注释有 58 处。钱稻孙之所以有如此丰富的注释不排除因采取文内注释而空间较为宽松的原因，相对来说，赵译脚注部分空间限制较大，注释内容必然会显得单薄。

紀伊國に幸しし時、川島皇子の作りませる御歌

白波(しらなみ)の濱松が枝(え)の手向草(てむけぐさ)幾代(いくよ)までにか年の経(へ)ぬらむ

（万葉集・巻一・34）

日本古习，旅路敬神，咒祷平安，敬神以楮树的皮白，挂在路旁树上。

楮皮之白，谓之木绵，作币帛用。后世用白纸代木绵，神社多悬之。

（钱注）

古习，旅途祈求平安时，用楮树皮做成“木绵”，当做币帛，挂在树枝上，作为祈祷。

（赵注）

以上钱稻孙的注释更为详细，包含的文化信息更丰富。首先，对于楮树皮的用途，赵乐甡并未点明用以敬神这个信息，而仅说“作为祈祷”，或许读者会追问究竟是向佛祈祷，还是向神祈祷。因而译者并未解释清楚的是献币帛的行为是一种神道信仰。钱稻孙则反复强调“敬神”的用途，并在末句提到“神社多悬之”，清晰地阐述楮树皮的功用与神道信仰的关系。其次，关于楮树皮被当作木绵用以敬神的原因，钱稻孙解释为“皮白”，而赵乐甡并未明确这个问题。最后，关于该古习发展至今的变化，钱稻孙说“后世用白纸代木绵”，这样读者就能理解神社中所悬挂的白纸实际是被当作木绵用以敬神的币帛。

鲁迅[117]在《关于翻译（下）》一书中指出批评家必须有正确的批评，即使面对坏的译本，也应该指明其中可以有益于读者的地方。因此，对比研究不是肯定或者否定一切，取可取之处才是翻译批评的目的。钱稻孙译本中不利于现代读者阅读的难懂之处，需要之后的译者重译来拓展读者群体，但其译本中的可取之处也应该得以继承和发扬。就枕词翻译来说，如果兼顾忠实原作与译文读者的话，更不应该轻易舍弃不译，译者若根据自己的喜好和能力轻意抉择就是对二者的同时背叛。

1937年《馆刊》创刊号上，钱稻孙和傅仲涛分别发表了万叶和歌的译文。两位译者同样重视原诗背景的介绍，包括人名地名、诗人诗风、字词句法、思想内容等。钱稻孙采取逐句讲解的方式，罗列出各家注释解说的同时，阐明自己的理解与判断。两位译者都倾向以中国诗歌的形式和语言翻译和歌，不同在于钱译直率古朴，傅译细腻秀丽，各具特色。同时代的周作人，其所译《古事记》中的歌谣与万叶和歌同为上代歌谣，他的译法是以散文的形式传达和歌的大意。相对于这种自由的散文体，钱稻孙则尝试将古诗与民谣融合起来。另有谢六逸在《日本文学史》中的现代口语译文格调轻松明快，在字词的使用上也不同于钱译。

杨烈于20世纪60年代全译了《万叶集》，每首和歌仅有一种译文。其译本中4504首译文均为五言形式，其中短歌、旋头歌和佛足石歌为五言四句。

从枕词的翻译数量来看，在钱稻孙所译160个枕词中，杨烈仅译出60个，占钱稻孙翻译量的38%；从枕词的翻译手法上看，杨烈对其中55个枕词按原意译出，其余用替换的手法换易原意，钱稻孙对原意的理解更深刻，也更善于最大程度地表现枕词的印象效果，其译文更为丰富。杨烈译本的注释不多，地名中所隐含的传说和典故也很少有注释。

李芒译《万叶集选》于1998年出版，其中收录729首译文，选译数量约占万叶和歌总量的16%，与钱稻孙在选译量上基本相等。每首和歌有一种译文，其中五言最多，其次是七言、杂言、四言。李芒译文的风格中合了古奥的《诗经》和通俗的民谣，是一种接近唐诗的语言，朗朗上口又不失风雅。在李芒的译本中有144个枕词，钱稻孙译出其中的117个，而李芒仅译出54个。李芒的译本的注释较为简单，侧重人名和地名，钱稻孙的注释相对丰富，更重视历史典故和民间信仰，同时还有字词的释义和译者对其翻译策略的阐述。

赵乐甡的《万叶集》全译本于2009年出版，译文的文体形式和语言风格一改钱稻孙、杨烈和李芒的复古格调，尝试用近似元曲的语言翻译和歌。长歌根据内容量或长或短；短歌和佛足石歌分三行排列，或三句、或四句、或五句，字数和句数不固定；旋头歌分四行排列，每行字数不固定。赵乐甡并未在《万叶集》中对枕词特别注释，在与198个枕词也仅译出66个，省略不译的多达132个。从注释情况看，赵乐甡译本整体采取脚注的方式，虽不及钱稻孙的译本详细，却比杨烈和李芒的译本丰富。注释涉及地名、神名、人名、动植物的介绍、宗教信仰、字词和内容的释义、诗歌背景的介绍、已有研究、译者的翻译策略等等，涉及面较广。

笔者通过对比分析认为，钱译较傅译朴素忠实，比周译更具文采，较谢六逸厚重沉稳。对不同译本进行比较研究发现，钱稻孙对原文的把握更准确、表现更到位，而且译本注释最为丰富详尽，能够使读者从中获得更多的文化信息。

第八章　钱稻孙的翻译思想

王东风[118]指出，当今的翻译研究开始越来越多地跳出原先局限于语言文字转换框架内的“术”的层面，而越来越多地上升到关于翻译的思想和原则的“学”的层面。和歌翻译研究也正在努力摆脱形式标准的争论，拓展研究范围，呈现出跨学科研究的发展趋势。已有研究对钱稻孙译本的探讨主要集中在文体形式、语言风格等翻译策略的层面上，而忽略了对译者翻译思想的研究，因而不利于客观地评价译者及其译本。因此，笔者将在本章中对钱稻孙地翻译思想展开多角度探源。①

第一节　诚信为本，通达为旨

在《中庸》的《问政》《诚明》《尽性》《致曲》《前知》《自成》《无息》等连续七篇中，孔子将“诚”看作天地的法则，“诚者物之终始，不诚无物”，真诚贯穿于万物的开始与终止，没有真诚就不存在万物。因此，为人的最高境界就是真诚，完善自身就“能尽人之性，则能尽物之性；能尽物之性，则可以赞天地之化育；可以赞天地之化育，则可以与天地参矣。”“诚”，是博大、深厚、高大、光明、深远、长久，要做到“诚”，达到“天人合一”的境界，需要“博学之，审问之，慎思之，明辨之，笃行之”。孔子在《论语·学而》中又反复阐述了“信”，“敬事而信”“谨而信”“主忠信”，无论安邦治国，还是侍君交友，都要诚实守信，而且“信近于义”，信合乎义，才能实行承诺。“诚”与“信”合起来即诚信，完善自身的同时完善他人，充分发挥事物的本性达到极致，最终化育万物与天地并立。

在“诚”的影响之下，钱稻孙始终坚持以一种谦虚的态度接受日本文化，反对民族中心主义。山室三良[119]曾说，“日本很早时代就研究贵国(中国)的古典……我国几乎翻译了个无遗。可是贵国翻译过几部日本书呢？……双方

---

①本章关于钱稻孙翻译思想的研究论文，笔者正式发表于2017年第5期湖南大学学报(社会科学版)，题为“钱稻孙《万叶集》汉译中的中庸思想”。

都还该用谦虚的态度，来互相贡献去。”钱稻孙在对待日本文化的态度上，也是一直主张中国文化应该吸收日本文化的精华，学习日本吸收外来文化的做法。他将《万叶集》翻译成汉语，希望中国读者阅读、理解、接受和学习日本文化，从而促进中国文化在弥补自身不足的基础上进一步向前发展。而关于如何吸收日本文化，他并不赞成否定原有的中国文化而去过分吸收外来文化，而是拿来日本的优秀文化之后，与中国文化相互调和，最终形成先进的、有特色的中国文化。钱稻孙这种海纳百川、平等的文化受容态度根源于儒家“诚”的思想，博大深厚负载万物，其终极目标是促进不同文化的相互发展，内外合一。因此，他的世界观是广博的，在翻译过程中坚持审问、慎思、明辨、笃行的原则，重视学习。《中庸·问政》说：“知斯三者，则知所以修身；知所以修身，则知所以治人；知所以治人，则知所以治天下国家矣。”儒家认为学习能使人获得大智慧，从而修养德性就知道如何治理人，如何治理国家。因此，中国文化不应沉醉于几千年的传统中自我闭锁，而要抱有向别国优秀文化学习的态度，获得真正的大智慧才能强国。《中庸·自成》说：“成己，仁也；成物，知也。性之德也，合内外之道也，故时措之宜也。”内，指的是自身，完善自身就是仁义；外，指的是万物，完善万物就是智慧。中庸追求的是内外合一的思想境界，投射在文化受容方面的做法就是通过学习消除异文化间的摩擦，达到“和”的状态。《论语·学而》中的“不患人之不已知，患不知人也”强调的也是人不但要修养自身的德性，更要重视对外物的了解，从而完善自己和他人，提高德性，获得完善万物的智慧。

钱稻孙在翻译《万叶集》时所采取保留日语汉字的手法，使一种独特的、新颖诗歌表现法融入到中国语言中。事实上，日语汉字大多习用的是汉语汉字，日本人经过再创造、重组等方式，给汉字和词汇赋予了新的意义。在译文中保留原文汉字的形式和意义的做法，使具有新意的词汇输入到汉语中，在丰富汉语词汇的同时，给中国文学带来了新的意象表达。

柿本朝臣人麻吕歌一首

淡海の海夕浪千鳥汝が鳴けば心もしぬにいにしへ思ほゆ

（万葉集·卷三·266）

淡海之湄，夕波千鸟，汝也噫噫，使我心槁，为思古老。

钱稻孙直译「夕浪千鳥」为“夕波千鸟”，这四个汉字的组合对中国读者来说，猜测其整体意思并不困难。夕阳映衬下的海波上，群鸟停歇的一幅景象勾起了作者的怀古忧思，黄昏鸟鸣声总会让人些许感伤。尽管汉语词汇中并无“夕波千鸟”，而汉字重组却能带来中国读者与原文作者情感上的互通，产生共鸣的效果。

钱稻孙曾在1937年[27]6时说过：“译事有时不能无所损益字句，凡以达者而信为旨”，他在翻译过程中始终贯彻诚信为本，坚持“信”和“达”的翻译标准，尽力保留原文的文学体裁、修辞特色和文化特征。林璋[120]指出“信”有两个方面，对原作的信和对译文读者的信。从翻译过程中的伦理关系来看，“信”即是译者对作者、译者对译文读者的“信”。具体说，译者与作者之间、译者与译文读者之间存在着一种约定，这种约定就是诚实地再现原文。关于“达”的意义，如果作为“通顺”之意解释的话，那么“达”是译者对译文读者承担的最起码的责任。金中指出[25]3通顺是译文的最低要求，如果译文不通顺，首先作为一篇正式文章是失格的。因此，无论将“达”理解为“达旨(以原文为中心)”，还是“畅达(以译文读者为中心)”，“达”即是“信”。译者既要对原文作者负责，也要对读者负责，译文如果偏离原文便失信于作者，如果不通顺就是失信于译文读者。可以说，“信”就是译者在翻译过程中为了维系自己与他者的人际关系，最终达到整体上的和谐而必须遵守的伦理规范。像这样从伦理层面诠释“信”和“达”的话，这二者可以视为“敬事而信”、“辞达而已”的儒家思想在翻译活动中的运用。

“以诗译诗”是钱稻孙在“信”的思想之下选择的翻译手法。译文在形式上模仿中国诗歌，注重用韵，而且不拘泥于一种诗歌形式，从诗经、楚辞到宋词、元曲，甚至民谣无一不被他借以表现日本诗歌的格调和思想。钱稻孙的翻译对《诗经》的继承是最明显的特点，正如王晓平[121]指出的《万叶集》的歌谣和《诗经》中的优秀篇章一样，是“饥者歌其食，劳者歌其事”之作，感情健康、纯真，以汉诗译日诗的笔法既是对两种文化渊源的追溯，也是对译文读者已有认知的顺应。

伊豆国歌

伊豆の海に立つ白波の在りつつもつぎなむものを亂れしめめや

（万葉集・卷十四・3360）

伊豆海上，白浪连连，恋恋我思，岂不绵绵。

这首和歌中的“连连”“恋恋”“绵绵”三组叠词不仅押韵，而且都含有“连绵不绝”之意。伊豆海上惊涛拍岸，一波又一波涌来的海浪寄托了诗人缠绵的情感。“恋恋我思”与《诗经・子衿》中“悠悠我心”有着同样寄物思人的情结，使中国读者很容易产生心理上的共鸣。

第二节　文白兼顾，注释恰适

《中庸・大知》说：“舜其大知也与！舜好问而好察迩言，隐恶而扬善，执其两端，用其中于民，其斯以为舜乎！”意思是说舜之所以有大智慧，是因为他表扬别人的好处，掌握好“过”和“不及”两个极端，对人民使用折中的办法，孔子的中庸之道强调“凡事有度，过犹不及”。周文革[122]指出“中庸”反映了事物之间客观存在的对立统一的必然性，注重整体，求和谐，尚求同存异。《中庸・天命》曰：“致中和，天地位焉，万物育焉。”

日本和歌汉译过程中存在几点矛盾：一是保留原文的语言特点、修辞手法极易导致译文不通；二是译文如果保留原文的深度，就很难从广度上满足广大读者的需求；三是注释如果过多影响阅读速度和连贯性，过少则影响读者的理解。针对以上三个问题，钱稻孙尽力多方面考虑，充分照顾到原文、译文、作者、译者、译文读者等各方要素，减小诸要素间的矛盾。

一是文白兼顾。钱稻孙的译文有一个明显的特点是同一首和歌有时兼有文言和白话两种文体的译文。文言译文力求接近原文的风貌，白话译文以传递原文的内容大意为主旨。尤其是，仿诗经的语言虽然能使译文读者体会到万叶初期诗歌的古朴之风，却因古奥的字词，使不熟悉古文的读者望而生畏。但古朴的格调是通过古文字的组合形成的，因此既要满足格调的古朴，又要兼顾读者的接受程度，只有采用文言与白话形式共存的翻译方法才能实现。读者在阅读白话译文之后，再阅读文言译文，便可相对容易地理解原文。事实上译本中白话译文所占比例约为20%，大多数译文都是文言五言形式，格调上接近唐诗，既不及诗经古奥难懂，也不像民谣过分世俗化，是一种度量取中的做法。译本中少量类似元曲的半文半白的译文，形式上接近日本诗歌的长短句，语言上又通俗易懂，是相对比较理想的译文方式。

皇子尊宫舍人等恸伤作歌

夢にだに見ざりしものをおほほしく宮出もするかさ日の隈みを

（万葉集・卷二・175）

桧树森森，桧里丘陵，悒郁心情，奉仕殿庭；从也不曾见过的梦境啊。

这首和歌前四句采取文言体四言形式，最后一句“的”和尾字“啊”朴素直白地表现出赶往真弓冈守墓途中的舍人们郁闷悲伤的心情。

二是注释适度。钱稻孙的译本中对诗歌背景、作者背景、字词意义、历史典故、民俗信仰等方面注释适度，篇幅上既没有因过分冗赘而喧宾夺主，也没有因过分简略造成读者理解困难。

大津皇子窃下于伊势神宫上来时，大伯皇女御作歌二首(之一)

わが背子を大和へ遣るとさ夜更けてあかとき露に吾が立ち霑れし

（万葉集・巻二・105）

目送吾子，大和之行；伫沾夜露，迨及鸡鸣。

大津皇子窃下于伊势神宫上来时，大伯皇女御作歌二首(之二)

二人行けど行き過ぎがたき秋山をいかにか君がひとり越えなむ

（万葉集・巻二・106）

二人同行，犹多辛苦；独逾秋山，谅尔何忍。

这两首是大津皇子私自去探望在伊势神宫做斋宫的姐姐大伯皇女时，皇女所作的和歌。杨烈[111]28-29译本中并未出现大津皇子的背景，仅对大伯皇女做以简短介绍：“系大津皇子之姐，于白凤三年(675)往驻伊势，朱雀元年(686)返京”，大伯皇女因何故去伊势，大津皇子为何要偷偷地去看望姐姐等历史背景就如谜一般留给读者，因而使读者对原文理解难免不清晰。历史背景的了解有时关系到诗人情感的再现，任何诗歌都离不开创作当时的环境，尤其是以某一历史事件为背景的诗歌，读者与作者的心理共鸣必须重返历史环境中才可能发生，因此对背景知识的注释不可或缺。钱稻孙[12]59-60的注释较为详细，大致阐述大伯皇女依照当时的制度必须要去供奉天照大神的伊势神宫驻宫持斋祭，大津皇子违禁探望胞姐，姐弟情深、离别难舍的伤感情怀都体现在这两首和歌中。大津皇子返回不久被陷害，以谋反罪赐死，这一次的相聚竟成了最后一次，此后便是阴阳相隔。阅读这样的解说之后再去理解在秋天拂晓露水湿衣的气氛之下，至亲离别却不知是生死诀别的悲情时，就能够体会到作者当时的心境。译文虽不能依赖注释解决读者理解原文的问题，但至少涉及历史事件、传说典故、宗教信仰的注释不可省略。从伦理角度阐述的话，相对详尽的注释有利于拓展译文读者已有的知识水平，是更有益于读者的。

上述可见译者对诗歌所含信息的注释程度直接影响读者对原语文化理解的深浅。注释不仅反映出译者对原语文化、原文内容、作者思想的理解程度，也成为译文读者理解原语文化、原文作者和译者的有效手段，因而注释绝非点缀，译者应该在翻译实践过程中适度添加注释以帮助译文读者理解与自身所处不同时间、不同空间和不同民族文化中的作者的思想。从钱稻孙的注释中可以看到译者对翻译工作的认真程度和对学问一丝不苟的求真精神。他为翻译工作者做了很好的示范。

第三节　钱稻孙翻译思想探源

钱稻孙以诚信为本，通达为旨，翻译过程中尽量兼顾文言与白话两种文体，追求恰当适度的注释。笔者认为，他这种翻译思想的形成主要有以下几点原因：

第一，深受儒家教育的影响。中国知识分子自古以来就有“胸怀天下”的抱负，总是由“小我”推及“天下”，中国传统译论中严复、林纾、鲁迅等翻译大家都以翻译为救国图存、开启民智的重要手段，因而中国知识分子具有“天下为公”的广博胸怀。

钱稻孙出生于官宦世家、书香门第，九岁读完《四书》，学习《毛诗》，其深厚的古典文学功底来自于良好的家庭教育。他的祖父钱振常是清代同治举人，曾担任礼部主事，做过绍兴龙山书院山长，晚年湛深经学，精于考据。经学是中国古代学术的主体，其中蕴藏了丰富而深刻的思想，保存了大量珍贵的史料，是儒家学说的核心组成部分。钱稻孙从小随祖父学习传统经学，思想上从启蒙时期就开始接受儒家经典，儒家的世界观和人生观深刻影响着他的思维和行动，他以“仁义礼智信”的儒家“五常”分别为五个儿子取名，可见其对儒家思想的尊崇。不仅如此，钱稻孙对学问的热烈追求、一丝不苟的研究态度，以及他在翻译过程中求真务实的精神也是儒家治学精神的体现。

尽管记载钱稻孙的言论和思想的资料很少，我们还是能从现存的资料中窥视到扎根于他精神世界深处的“天下大同”的思想。钱稻孙曾劝导毕业生[123]11：“从此将本其专攻之学，去为国家社会尽力贡献，做一个国家社会有为之士”，他引用了《论语》中孔子对子产说的话并阐释如下[123]12：

> “有君子之道四焉，其行己也恭，其事上也敬，其养民也惠，其使民也义。”

……论语所见，乃是孔子当时，并且是对子产说，所以只就他的当前使命，拈出了这“事上”二字，至其所以“事上”的终究的目的，乃不外乎“治国平天下”的大理想。鉴于现在情形，而换置以今日当前的目标。

……原来“天下大同”是中国古来的一个大理想。治国平天下的极致要在“天下大同”。

钱稻孙认为[123]17做学问之人要为国家社会做贡献、成为治国平天下的“君子”，追求“天下大同”的终极目标，即“由是而忠实于所事，事事从民生着想，从民德着想，来指导社会，调和社会于不言中，来提高社会的文化。”也就是说要实事求是做好自己所从事的事业，凡事要以服务人民为本，以身作则去指导和调和社会文化各个方面，从而提高社会整体文化水平。可见在钱稻孙的思想深处总有一种作为“君子”的社会使命感，从 20 世纪 30 年代起至 60 年代这 30 年间，他始终坚持《万叶集》的翻译事业，在这部诗集上倾注了最多的心血。认真的翻译态度、对原文的深刻理解、对译文详尽的注释、以诗译诗的翻译策略，都是他对中庸的践行。正如钱稻孙曾说的[123]14“无论何种文化，不能全没有外来的分子，不能吸取，消化，调和外来的文化，那便会陷于营养不足而堕落而衰颓的”，无疑他希望通过翻译外国作品使中国文化吸收、消化、调和外国文化，达到各民族文化间的真正平等。他始终奉行儒家哲学思想，视“和”为提高文化的重要手段，重视异文化间的“调和”，而“调和”的目的是“融合”，也就是“调和”以“求和”，达到人类优秀文化的平等发展，实现“天下大同”的理想。

第二，受到双重文化取向的作用。钱稻孙并非盲目遵从日本文化，他虽痛恨本国文化中的弊病，但也绝非摒弃，他所追求的是一种平等的文化观，是以各民族文化平等为基础的改造和吸收[124]。在钱稻孙看来，无论中国文化、日本文化，还是西方文化都是平等的，吸收外来文化的过程中不应过分夸大自国文化、轻视外国文化，也不应一味追随外国文化而丢弃本国文化，应该抱着相互学习的态度，以促进不同文化的共同发展为目标。由此可见钱稻孙具有的是一种开放的世界观。

这种世界观的形成一方面得益于其父钱恂这位清末思想开明的外交家。钱恂对于旧学新知都有所涉猎，编成《文澜阁缺书目录》，筹措专款补抄文澜阁《四库全书》，著有《中俄界约斠注》七卷等，曾任中国驻日、英、法、德、俄、荷、意等国使馆参赞及公使。钱恂的工作性质使钱稻孙获得了游历世界的机会，国外的先进文化打开了他的视野，吸引他去学习借鉴。钱稻孙[125]195

曾说："不要以为日本什么东西都模仿别人，所以就看不起日本。要知道日本人的模仿往往是一种创造，什么东西，一经日本模仿，后来常常成功(为)日本自己的东西了"，他欣赏日本对外来文化的吸收方式，即在旧的传统文化之上逐渐叠加新的文化，最终新旧共存共生，实际这种重叠性和并存性的本源在"和"，根本上摒弃彻底排斥和盲目追随这两种吸收外来文化的方式。钱稻孙的开放思想另一方面来自母亲的教育。他的母单士厘是一名知识女性，提倡文明开化、妇女解放，热心介绍西方文化与文明，把托尔斯泰、欧洲神话介绍到中国，所著《癸卯旅行记》和《归潜记》两本书被钟叔河列入《走向世界丛书》。

深受父母文明开化思想影响的钱稻孙在其翻译过程中十分重视文化间的相互借鉴，他有一首万叶和歌译文原样挪用《游仙窟》[126]的诗句，其意为再现中日文化的渊源。

正述心绪歌(之一)

人の見て事咎めせぬ夢にわれこよひ至らむ宿さすなゆめ

(万葉集・卷十二・2912)

与子成邂逅，人见非所便；今宵莫闭户，梦里向渠边。

(钱译)

积愁肠已断，悬望眼应穿。今宵莫闭户，梦里向渠边。

(游仙窟)

关于《游仙窟》的东传，李时人指出[126]："研究者普遍注意到，日本现存最早的诗歌总集，成书于八世纪中期的《万叶集》已经明显受到《游仙窟》的影响。……《万叶集》中至少有十几首「和歌」是由《游仙窟》中国的诗句演化而来的。"以上两句诗是张文成在与十娘共寝翌日，向其告别时所作，虽一宿春宵却满腹离愁别恨，感人至深。再看万叶和歌的内容，诗人通过「人の見て言とがめせぬ」二句阐述自己无法与恋人相见的残酷现实，因为古时访妻制下为避免社会谴责男女私会要遮人耳目。这种制度使恋人们饱受相思之苦，于是便以诗歌的形式宣泄无限愁苦与不满。然而即使愤懑无尽却也只能向现实低头，他们并未奢望改变制度，而是在现实之外的梦境中寻找超越现实的某种理想。

作者在末三句表达自己将在今夜梦境中与恋人相见的愿望，因而特意叮嘱对方千万不要闭门。这一构思便来自于《游仙窟》，对此鸿巣盛广[66]42注释为：「遊仙窟に「今宵莫閉戸、 夢里向渠邊」とあるのと全く同意で、 この翻訳といふことができる。」他完全认同这首和歌与《游仙窟》的渊源，认为「夢に吾今夜至らむ屋戸閉すなゆめ」即是“今宵莫闭户，梦里向渠边”这两句的日文翻译。然而事实上和歌的内容中并无“梦里向渠边”对应的文字，仅提到“今夜吾将至，切莫闭户”这层意思。钱稻孙采取复原的手法，将汉诗原样移入译文中，为追求译文整体协调，又刻意将和歌前两句也译为五言，同时第二句末字“便”与“边”押韵。对此钱稻孙[12]242的解释是：“‘今宵莫闭户，梦里向渠边’用《游仙窟》句意，可知《游仙窟》东传时期。”可见，译者刻意偏离原文的目的是使读者了解日本对中国优秀文化的接受与借鉴。

第三，来自“信达雅”的影响。严复首倡的“信达雅”之翻译理论，在中国翻译界具有极大的影响力，自 1898 年问世以来的几百年间，一直作为一种权威的翻译标准被应用。时至今日，在西方译论被中国译界探讨并接受的新形势下，“信达雅”仍然作为传统译论占有不容忽视的地位。严复[128]在其所译的《天演论》“译例言”中说：“《易》曰：修辞立诚。子曰：辞达而已。又曰：言之无文，行之不远。三曰乃文章正轨，亦即为译事楷模。故信、达而外，求其尔雅”。所谓“修辞立诚”是说人际交往不但要讲究语言优美得体，还要做到诚实守信。“辞达而已”讲究言辞以表达明白为目的，过分雕琢反会过犹不及，这些都是儒家思想的核心内容。严复将中庸之道活用于翻译事业中，“修辞立诚”“辞达而已”被视为翻译的准则，也就是若要维系原文作者和译文读者之间的和谐关系，使译文读者最大限度地去理解原文作者的思想和意图，必须遵守“信”和“达”的原则，也就是在寻求译文最大限度地接近原文的同时，还要实现读者理解的最大化，之后再去追求语言表现的优美得体。严复实际上是将翻译作为一种交际活动来看待，从伦理层面的中庸之道来诠释他的翻译理论，可见这位中国第一位翻译理论家对儒学颇有会心，而且善于利用，他的“信达雅”之说与儒学的中庸之道一脉相承。

钱稻孙“以达而信为旨”的翻译思想是希望通过“信”将外国文化吸纳到中国文化中来，经过磨合的过程最终达到调和的境界。他是以一种由外自内的模式去接受外来文化，进而促进本国文化的发展，是儒家“和”的思想的具体体现。对于如何调和中日两种不同的文化，钱稻孙的做法是将日本和歌的形式解体，内容和思想保留下来，并重新浇铸到中国诗歌的形式当中，在由冲突走向融合的过程中铸就新的表现样式。因此，钱稻孙“以达而信为旨”的终极目标即是“和”，可以说是对严复思想的继承。

第四，受到语言能力及个人兴趣的作用。扎实的语言基本功与丰富的知识是保证深刻理解与准确翻译的基本要求，丰富的知识包括文化知识、文体知识及其他知识。钱稻孙生平译作数量虽不多，然而涉猎面广，有音乐、美术、小说、诗歌、戏剧、医学、宗教等，诗歌翻译有和歌、俳句、谣曲，他在语言文化方面的功底深受学界认可。

1912年至1925年间钱稻孙赠与鲁迅的书有《文始》《史目表》《示朴斋骈体文》《秦汉瓦当文字》等古籍、史料[129]，无论是从与鲁迅这位国学大师的交往，还是从这些赠与书籍的学术价值上看，钱稻孙的古文功底都是毋庸置疑的。

1951年日本汉学家吉川幸次郎[130]在"C教授"(收录于《我的留学记》)一文中说钱稻孙的讲义十分详尽，上课内容充实、语言流畅，称赞"C教授是中国研究日本文学的大家"、"在日本教中国文学的，实在很少有这样在课前作如此详尽准备的人。"

茅盾[131]在其散文《中学时代》中提及钱稻孙教授英文课程的认真态度时说："他(钱稻孙)先教发音，从英文二十六个字母开始，在黑板上画了人体口腔的横剖面，发某音时，舌头仔口腔内的位置。这真使大家感到十分新鲜。这位小钱先生又看了过去我们所作的造句练习，他认为英文教师只是发音不准确，造句练习该改的，他都改得不错……我觉得这位小钱老师态度公正……"。

1964年杨联陞[127]44-46回忆钱稻孙大约从1921年开始就在家里(东厢房)设立"泉寿东文藏书"，搜集日本书籍，供人阅读。内容之丰富，就个人图书收藏而言，在当时可能是国内最大的。他称赞钱稻孙在日语方面是一流的名教授，教书循循善诱，非常认真，而且经常劝告学生们多读日本书报，多做翻译。

钱稻孙三十年间对《万叶集》翻译工作热爱且执着，他在枕词翻译上"知其不为而为之"，积极进取。钱稻孙谦逊好学的研究态度体现在翻译过程中对原文的多方面考察，参考文献多达53种，译文注释详细到字词的读音。钱稻孙译本信达为旨、文白兼顾、音意兼顾、恰适注释等特点反映出译者温和适度，他追求文采与内容统一的翻译理念，正是一种"中和之美"的体现。

"以诗译诗"是钱稻孙坚持"信"的表现。他善于模仿中国诗歌的形式，注重诗歌的音韵，从诗经、楚辞到宋词、元曲以及民谣，无一不被他借以表现日本诗歌的内容和气氛。对于同一首诗歌，钱稻孙有时会给出文言和白话两种译文，文言译文力求接近原文的风貌，白话译文以传递原文的大意为旨，这是一种度量取中的做法。译本中少量半文半白形式的译文，接近元曲的风格。这种译文的特点是：形式类似和歌的长短句式，语言也通俗易懂。译本中的注释恰当适度，包括诗歌背景、作者背景、字词意义、历史典故、民俗信仰等。

钱稻孙以诚信为本、通达为旨，兼顾文言与白话两种文体，注释适度，追求翻译的“中和之美”。这种翻译思想的形成受到以下四个方面的影响：第一，深受儒家教育的影响。钱稻孙对学问的热爱、对研究的执着，以及其求真务实的精神也是儒家治学精神的体现，是对中庸思想的践行。第二，受到自身双重文化取向的作用。在钱稻孙看来，无论中国文化、日本文化，还是西方文化都是平等的，吸收外来文化的过程中不应过分夸大自国文化、轻视外国文化，也不应一味追随外国而丢弃自国文化，而是应该抱着相互学习的态度，以促进不同文化的共同发展为目标。第三，来自“信达雅”翻译观的影响。钱稻孙“以达而信为旨”是希望将外国文化吸纳到中国文化中，经过磨合的过程，最终达到调和的境界。第四，受到自身语言能力及个人兴趣的作用。

笔者认为，钱稻孙深受儒家思想的影响，具有开放的世界观，重视对中华优秀文化的继承和弘扬，同时也积极地吸收外来文化的精华，这种中庸思想贯穿于他翻译生涯的始终。

第九章　结　论

笔者在本书中动态地看待钱稻孙翻译《万叶集》的过程，系统全面地研究译者的翻译背景、翻译手法以及翻译思想。全书分为九章，除绪论和结论部分以外，第二章至第八章为研究主体部分。

在第二章中，笔者整理了钱稻孙自 1937 年至 1957 年间发表于民国期刊上的译文，从翻译活跃期、转变期和重振期这三个阶段考察译文的样态及变迁，分析译文间的差异。笔者统计分析 1959 年至 2012 年先后出版的三部钱稻孙《万叶集》中译本各自的和歌选译情况、存在的问题及三部译本相互间的差异，最终统计发现，钱稻孙选译万叶和歌的总量应为 731 首，译文数达到 1052 种。本章还明确了钱稻孙在《万叶集》翻译的不同阶段所面向的读者，即 1937 年至 1942 年的译文读者为通晓日语并具有一定古文修养的中国人，包括日语初学者；自 1943 年《日本研究》上出现接近民谣风格的白话译文开始，读者的范围扩大至更广泛的普通人群。

在第三章中，笔者整理了钱稻孙在翻译过程中所参考的《万叶集》文本及相关研究文献，包括《万叶集》的各类版本、注释本；关于《万叶集》的研究论文、研究专著以及其他各类历史语法书类等。20 世纪 50 年代前，钱稻孙参考的《万叶集》原文及训读文主要出自鸿巢盛广著『万葉集全釋』、契冲著『万葉代匠記』、佐佐木信纲编『白文万葉集』和『新訓万葉集』。50 年代以后，钱稻孙增译的和歌中，有 33 首参考了 1956 年风间书房出版的由久松潜一和山岸德平监修的『万葉集』注释本。除此之外，笔者推测 20 世纪五、六十年代，译者可能还参考了 1957—1962 年岩波书店出版的『日本古典文学大系　万葉集』。钱稻孙在学问方面十分严谨，他对前人的研究也极为重视，善于博取众长以丰富自己的知识，为人谦虚好学。

在第四章中，笔者以译文收录量最多的《万叶集精选(增订本)》为中心，探讨钱稻孙译文的文体和修辞特点。钱稻孙的译文有文言体、白话体、文白混合体三类。其中，文言译文有 778 种，钱稻孙模仿中国诗歌，特别是五言、七言古诗的形式以迎合中国读者的阅读审美习惯。以韵文翻译和歌，不仅使译文音韵谐美，也表现出了原文的艺术效果。然而以古诗翻译也会存在，一些晦涩难懂的词句使一般读者难以理解的问题。白话译文有227种，文白混合译文有30种，这两种文体的译文借鉴民谣和元曲的通俗化表现手法，重视传递原文的内容，优势在于一方面译文能够满足更广泛的人群，另一方面译者能够摆脱古诗形式的束缚，更为自由地表达原文的内容和思想。钱稻孙十分重视字词的选择，他的修辞手法特点为：兼顾音与意、善用语气词、保留原文汉字，这些也是他从音、意、情三个方面追求最大程度再现原文特征的具体实践。

在第五章中，笔者分析了钱稻孙借鉴《诗经》的原因。其一是由于《万叶集》在创作和编撰过程中借鉴了《诗经》，其二是因为《万叶集》中产生年代较早的和歌与《诗经》古朴率真的格调契合。《万叶集精选（增订本）》中有164首和歌，共计178种译文为四言和以四言为主的杂言形式，语言接近《诗经》直白的风格。笔者进一步对《诗经》《楚辞》和《万叶集精选（增订本）》这三个语料库中的前十位高频字进行统计，发现译本中有195首和歌的译文出现“之”的四类用法和“兮”字的六类用法。译本中另有59个叠词与诗经重合，重合率达到25%。句式上看，有八首译文使用《诗经》一、三字反复的句式，译者以此强化诗歌氛围，展现诗歌中的宏大场面。修辞法方面，译者将序词对应为《诗经》的“兴”，独立翻译成一组诗联来突出序词的隐喻意义。

在第六章中，笔者分析了钱稻孙对枕词的翻译手法。钱稻孙认为，枕词具有修饰功能，然而由于枕词本身的语义无从考证，以文言体译出很可能意思不通，以白话体译出又过于冗长反而损伤了原诗的声调，因此对枕词的翻译十分困难。《万叶集精选（增订本）》中收录枕词198个，其中160个枕词有译文，译文共计318种，译者主要使用保留和替换两种翻译手法来处理，无论是保留还是替换，译者最终的目的都是为了唤起读者与诗人在情感上的共鸣。除此之外，译者对另外38个枕词采取舍弃不译的做法。总体看来，钱稻孙在翻译枕词时并不拘泥于一种译文，他以丰富的语言表现枕词的修饰美化功能，加深读者对全诗的印象。

在第七章中，笔者从横向和纵向两个方面入手，对比了钱稻孙与其他译者的翻译风格。1937年《馆刊》创刊号上，钱稻孙和傅仲涛分别发表了万叶和歌的译文。两位译者都倾向以中国诗歌的形式和语言翻译和歌，不同在于钱译直率古朴，傅译细腻秀丽，各具特色。周作人的《古事记》译文以散文的形式传达和歌的大意。谢六逸在《日本文学史》中翻译了少量和歌，他的现代口语译文格调轻松明快。杨烈于20世纪60年代全译了《万叶集》，其译本中4504首译文均为五言形式体现。李芒译《万叶集选》于1998年出版，其中收录 729 首译文，选译数量约占万叶和歌总量的 16%，选译量与钱稻孙译本基本相等。赵乐甡的《万叶集》全译本于 2009 年出版，译文的文体形式和语言风格一改钱稻孙、杨烈和李芒的复古格调，尝试用近似元曲的语言翻译和歌。笔者通过对比分析认为，钱译较傅译朴素忠实，比周译更具文采，较谢六逸厚重沉稳。对不同译本进行比较研究发现，钱稻孙对原文的把握更准确、表现更到位，而且译本注释最为丰富详尽，能够使读者获得更多的文化信息。

在第八章中，笔者总结了钱稻孙的翻译思想。钱稻孙以诚信为本，通达为旨，兼顾文言与白话两种文体，注释适度，追求翻译的“中和之美”。这种翻译思想的形成受到以下四个方面的影响：第一，深受儒家教育的影响。钱稻孙对学问的热爱、对研究的执着，以及求真务实的精神也是儒家治学精神的体现，是对中庸思想的践行。第二，受到自身双重文化取向的作用。在钱稻孙看来，无论中国文化、日本文化，还是西方文化都是平等的，吸收外来文化的过程中不应过分夸大本国文化、轻视外国文化，也不应一味追随外国文化而丢弃本国文化，应该抱着相互学习的态度，以促进不同文化的共同发展为目标。第三，来自“信达雅”翻译观的影响。钱稻孙“以达而信为旨”是希望将外国文化吸纳到中国文化中，经过磨合的过程，最终达到调和的境界。第四，受到自身语言能力及个人兴趣的作用。笔者认为，钱稻孙深受儒家思想的影响，具有开放的世界观，重视对中华优秀文化的继承和弘扬，同时也积极地吸收外来文化的精华，这种思想贯穿于他翻译生涯的始终。

钱稻孙对和歌、俳句、谣曲以及现代诗都有所涉猎，另有其所译的《源氏物语》“桐壶”帖、《东亚乐器考》《近松门左卫门井原西鹤选集》等都是笔者未来研究有待拓展的内容。本书针对钱稻孙的翻译代表成果——《万叶集》展开系统研究，采用定量法与定性法相结合的方式，考察译者的翻译背景，总结其翻译手法，挖掘其翻译思想中有价值的部分。本书的研究思路和研究方法可以应用于整个日本诗歌翻译的研究领域。

笔者对未来研究有以下两点设想：其一是展开对钱稻孙所有文学翻译成果的全面考察，深化其思想层面的研究，提炼其翻译思想的精髓。其二是深入思考钱稻孙的翻译理念对我国翻译理论的贡献。我国的日本诗歌翻译研究目前正处于由语言层面研究过渡到跨学科研究的极为关键的转型期，未来的路还很长。本书作为一次开拓性研究，期望能够促进日本诗歌翻译研究在多元文化背景下，尽快走向多角度、跨学科的发展道路上。

附录　钱稻孙的枕词译文一览表

※为研究方便，下表中对枕词的认定以福井久藏著《枕詞の研究と釈義》(1933)为准，枕词译文来自钱稻孙译《万叶集精选(增订本)》(2012)。

※下表中“—”表示“无译文”。

序号	枕词	被枕词	和歌序号	译文
1	あかねさす	紫	20	驰骋茜紫野
		日	169	红日虽然常照
			199	白日朝朝
		君	3857	茜根红，情意浓
		昼	4166	—
2	あかぼしの	あくるあした	904	朝朝明星烂
3	あがこころ	明石	3672	泊船在明石，推心浮一宿
4	あきづしま	大和	2	丰兮美哉，惟此大和
				丰美国哉，惟此大和
				腴哉国也，有秋之大和
				这个有秋收的大和之邦
				大和国是“秋津州”
			3250	秋津岛兮倭之国
			4254	觅到大倭丰国秋
			4465	乃于丰收国
5	あきやまの	したふ	217	色艳秋山容
6	あさとりの	通ふ	196	劳劳晨鸟空往返
				一清早鸟儿般飞来飞去
7	あさもよし	城上	199	—
			3324	—
8	あしかきの	古りにし里	928	多道是芦苇当围墙

续表

序号	枕词	被枕词	和歌序号	译文
9	あしがちる	難波	4331	芦荻花飞难波江
10	あしひきの	山	107	曳足上高丘
			108	曳足上高丘
			927	盈山盈野
			1088	跋涉山河濑
			1425	—
			2760	曳足入山去
			3462	—
			3687	苕峣隔峰峦
			3723	崎岖山路遥
				重山之路
			3885	曳足陟崎岖
			3886	曳足陟坡冈
			3957	—
			3962	—
			3969	—
			3970	—
			4111	—
			4122	—
			4154	辛苦逾山坂
			4156	—
			4160	—
			4164	—
			4169	—
			4214	蹀足山河阻
		峰	4166	—
11	あぢかをし	値嘉	894	—
12	あぢさはふ	目	196	—
13	あぢむらの	騒く	4360	—

续表

序号	枕词	被枕词	和歌序号	译文
14	あづさゆみ	音	207	听来但觉弓弦响
			217	—
15	あまくもの	よ	3259	莫非身在天云外
16	あまざかる	鄙	29	陬鄙天涯淡海
				来这边远的近江
			255	—
			3957	观国天一涯
			3962	远来天外庭
			4000	越中僻绝天一方
			4011	天末皇廷常霏雪
			4113	地僻天涯远
			4169	遐处陬亭
17	あまつみづ	仰ぎて待つ	167	天下仰望舟俟水
				仰望着雨露从天降
18	あまづたふ	入日	135	俄瞻日已落
				仰瞻日将落
19	あまてるや	日	3886	曝诸光天化日下
20	あまとぶや	軽道	207	飞天羡轻身， 大地有轻路
		雁	3676	雁飞戾天
21	あめしるや	日	52	普天兮明光
				行远在天的日辰
22	あめつちの	遠長く	196	天地共久长
				唯有天长地久
23	あもりつく	香具山	257	天外飞来天香山
24	あらたへの	藤	50	要在锦绣的藤原
			52	在这锦绣的藤原御井
			159	咨嗟泪湿素衣袖
25	あらたまの	年	3258	—
			4113	—
			4156	珠走岁更

续表

序号	枕词	被枕词	和歌序号	译文
		月	3324	—
			3691	珠走日月换
			4331	—
26	あられふり	吉志美	385	杵岛割草去， 雪珠儿下当头
		遠江	1293	雪霏远江
				长流洒雪珠
				珠雪纷霏淡海遥
		鹿島	4370	纷其如霰， 吾既祷于鹿岛之神矣
27	ありきぬの	宝	3791	佳人着缯素
28	ありそなみ	あり	3253	—
29	ありねよし	对馬	62	崭岩对马岛
30	あをによし	奈良	17	—
			29	—
			79	来到了朱碧辉煌， 奈良京里的佐保川
			80	朱碧辉煌， 宁乐新盖房
			328	美土维青， 宁乐之京
				朱碧鲜明， 宁乐京城
			3728	坦荡宁乐道
				青青国土的奈良大道
			3957	青春奈良山
			4245	—
31	あをはたの	木幡	148	只看青旗过木幡
32	いさなとり	海	131	鲸波集渡津
				鲸波所聚会
				捕鲸鱼的大海当前
			153	鱼藻采采
			220	战战鲸波欲绕楫
				不敢往鲸波海上航行
			3336	海岸寂鱼沙
			3852	鲸海焉有死

续表

序号	枕词	被枕词	和歌序号	译文
33	いはばしる	近江	29	—
			50	—
34	いへつとり	かけ	3310	家鸡鸣诘旦
35	いめひとの	伏見	1699	—
36	いゆししの	行き死ぬ	3344	譬犹饮矢麀
37	うちそはし	麻績	3791	—
38	うちたをり	多武	1704	—
39	うちなびく	草香	1428	风靡草香山
		春	1753	—
			1819	—
			4260	春初一靡花竞开
40	うちひさす	宮	2382	—
			3324	—
			3791	—
		大宮	3234	—
41	うちよする	駿河	319	海波朝宗，骏河之封
42	うつせみの	世の人	1453	—
		命	3292	—
		世	3962	生憎尘世质
			4220	无奈人世义
43	うつゆふの	籠る	1809	—
44	うづらなく	古し	2799	鹑鸟鸣荒凉，他家有废庵
45	うまさけ	三輪	17	美酒神山三轮山
		三室	1094	—
46	うみをなす	長し	928	如今来这績麻长，长柄宫址
47	おほくちの	真神	1636	巨口真神，旷原无垠
			3268	—
48	おほとりの	羽易山	210	大鸟羽易山

续表

<table>
<tr><th>序号</th><th>枕词</th><th>被枕词</th><th>和歌序号</th><th>译文</th></tr>
<tr><td rowspan="13">49</td><td rowspan="13">おほぶねの</td><td>津</td><td>109</td><td>安稳大船，二人同欢；
焉知津守，能卜能占。</td></tr>
<tr><td>渡り</td><td>135</td><td>渡山稳比大船</td></tr>
<tr><td rowspan="7">頼む</td><td>167</td><td>天下仰望舟俟水
稳坐大船在信仰</td></tr>
<tr><td>207</td><td>仅凭大船般，稳信无有错</td></tr>
<tr><td>903</td><td>正如身坐在大船，一心稳定无余念</td></tr>
<tr><td>3324</td><td>譬托身于巨舶</td></tr>
<tr><td rowspan="2">3344</td><td>信稳托巨舟</td></tr>
<tr><td>稳如坐大舟</td></tr>
<tr><td rowspan="2">196</td><td>荡舟失中墙</td></tr>
<tr><td rowspan="2">たゆたふ</td><td>迷恋得大船般不断摇</td></tr>
<tr><td rowspan="2">ゆくら</td><td>3962</td><td>摇摇如浮舲</td></tr>
<tr><td>4220</td><td>—</td></tr>
<tr><td></td><td></td><td></td></tr>
<tr><td rowspan="5">50</td><td rowspan="5">おきつとり</td><td>味経</td><td>928</td><td>海鸟般群集后方</td></tr>
<tr><td rowspan="4">鴨</td><td rowspan="2">3886</td><td>其名海上鸥</td></tr>
<tr><td>名叫那浮游海上的鸭</td></tr>
<tr><td rowspan="2">3887</td><td>名曰海上鸥</td></tr>
<tr><td>那海上的鸭儿</td></tr>
<tr><td rowspan="3">51</td><td rowspan="3">おきつもの</td><td rowspan="3">なびく</td><td rowspan="3">207</td><td>玉藻相依我娉婷</td></tr>
<tr><td>玉藻方依相为命</td></tr>
<tr><td>海藻依靡随海波</td></tr>
<tr><td>52</td><td>おきつなみ</td><td>撓む</td><td>4220</td><td>画眉曲曲波</td></tr>
<tr><td>53</td><td>おくとも</td><td>置勿</td><td>3886</td><td>—</td></tr>
<tr><td>54</td><td>おくやまの</td><td>真木</td><td>2616</td><td>深山桧板扉</td></tr>
<tr><td rowspan="4">55</td><td rowspan="4">おしてる</td><td rowspan="4">難波</td><td>928</td><td>海光彻照难波邦</td></tr>
<tr><td>1428</td><td>过了难波光弥漫</td></tr>
<tr><td>4245</td><td>—</td></tr>
<tr><td>4360</td><td>亦尝御宇难波逐</td></tr>
</table>

续表

序号	枕词	被枕词	和歌序号	译文
56	おしてるや	難波	3886	晃晃难波江
				晃彼难波沥盐肉
57	かがみなす	見る	196	镜里一般，看也没个饱
58	かきかぞふ	二上山	4006	数计二上山
59	かすみたつ	春日	3258	迟迟长日春霞永
60	かむかぜの	伊勢	163	伊势神风国
			3234	神风伊势国
61	かもじもの	水に浮く	50	涉水如凫鸭
				鸭儿般泅水捞拦
62	きもむかふ	心	135	思结中肠痛
				思结中肠痛
				思念痛肝肠
63	くさまくら	旅	5	—
			45	枕草追思先帝储（1） 结草为枕（2）
			142	枕草在途（1）、（2） 出外长行草枕头（3）
			194	不辞枕草宿（1） 越智原头结草枕（2）
			426	枕草旅宿在此
			451	—
			1790	宿野枕草
			4325	征行宿野
			4416	枕草袭寝
			4420	结草以为枕
64	くしろつく	手節	41	臂钏锵然，手节崎边
65	くもりよの	迷ふ	3324	疑夜怯恇
66	けふけふと	明日香	3885	—
67	ことさけを	押垂小野	3875	别离寃垂野，形迹殊酒琴

续表

序号	枕词	被枕词	和歌序号	译文
68	ことさへく	韓	135	崎出名曰辛
				嘈嘈辛崎垠
				呼叫不应的辛崎海上礁
		百済	199	—
69	こまつるぎ	和蹔	199	—
70	こもりくの	泊瀬	45	泊瀬森阴荒山木
				翻过那阴森的泊瀬深山
			79	郁纡长谷水
				渡下幽溪泊瀬川
			428	阴森森的泊瀬山
			3310	密隐泊瀬里
			3312	幽幽长谷郡
71	こもりぬの	下	1807	—
72	ころもで	常陸	1753	—
		葦毛	3328	—
73	ころもでの	田上山	50	扬袂田上山
74	さかどりの	朝越ゆ	45	晨鸟出林度峻阪
				趁着鸟儿刚飞的朝晨
75	さきくさの	中	903	儿寝中间成三行
				一根树枝三条杈，儿睡当中算一条
76	さすたけの	大宮	955	修竹朝宫陛
		舎人男	3791	竹苑上舍人
77	さねかづら	会ふ	207	菟丝女萝终合并
				菟丝女萝终相并
				我想枝蔓归到根
		後もあふ	3280	延蔓更他时
				茑萝还复连
78	さにづらふ	君	3811	玉郎书不至
				无由仰芳容
79	さばへなす	騒く	871	孩子像苍蝇一般

续表

序号	枕词	被枕词	和歌序号	译文
80	さひづらふ	漢	1273	—
81	さひづるや	韓	3885	—
82	さひのくま	檜隈	3097	驻马桧之隈，饮马桧隈川
83	しほふねの	置く	3556	盐船空并置
84	しきしまの	大和	3248	敷岛大和地
			3249	敷岛大和
			3254	倭国志贵岛
			3326	敷岛大和原
			4466	敷岛大倭
85	しきたへの	衣	135	—
		袖	196	彩袖相携看不厌
				彩袖两相携
				和夫君彩袖相携
		枕	217	何况玉臂交，朝夕共帷幄
			220	—
			535	—
			4113	—
		黒髪	493	长长的黑发
		床	903	朝旦不离敷纻麻
86	ししくしろ	黄泉	1807	—
87	しつたまき	数にもあらず	903	数不上数儿的我这身
		賎し	1807	—
88	しなざかる	越	3969	远来理越国
			4154	来居僻越乡
			4220	远挚去越路
89	しまつとり	鵜	4011	—
			4156	—
90	しらぬひ	筑紫	4331	—
91	しらくもの	竜田山	971	白云起兮龙田山
				龙田山上起了白云

续表

序号	枕词	被枕词	和歌序号	译文
92	しらたへの	袖	1292	乃卷白袖
				兄也卷白袖
93	しろたへの	衣	230	—
			3258	素袖重重沾泪湿
		たすき	902	手执明镜约素絯
				颈上挂起白纻带
		袖	3243	白袖挥舞意
			3725	毋忘振素袖
				千万摆着你那素袖
			4111	氛氲笼袖熏素纻
		神	4264	频翻白袖散黑发
94	すずがねの	早馬	3439	迅马急铃声
				铃铃驿上马
95	そらにみつ	大和	29	—
96	そらみつ	大和	1	天监兹大和
				天鉴兹大和
				天阜盈大和
				大天底下这大和地
				天生来这大倭国
			894	天监兹倭国
				天鉴此倭国
				这天鉴的倭国
			4245	—
			4264	天监大倭国
97	たかしるや	天	52	高覆兮昊天
				高高在天的光明

续表

序号	枕词	被枕词	和歌序号	译文
98	たかてらす	日	45	神君日储光八隅
				高照在天的太阳儿子
			50	照临此邦土
				日神皇子照高天
			52	吾王天之子，临照穷八荒
				从天高照的日神子
			167	递传高照日皇子
				高天照日的皇子
			3234	高照日子皇
99	たかひかる	日	239	承天日兮高光
			804	朝廷嗣天日，高照有余曦
				高照如日的朝廷
100	たくなはの	長し	217	—
		千尋	902	羡慕千寻麻绳索
101	たくぶすま	白山	3509	—
102	たたなづく	柔膚	194	柔肤嫩肌相亲惯
103	たまほこの	道	62	—
			207	—
			220	—
			230	—
			534	杖策苦阻修
			3318	—
			3957	—
			3962	—
			3969	—
			4003	节杖路途中
			4214	—

续表

序号	枕词	被枕词	和歌序号	译文
104	たまかぎる	夕	45	暮色苍茫的傍晚时分
		岩垣淵	207	—
		ほのか	210	影目不逢空断肠
				爱妻形影都不曾有
		日	3250	—
105	たまかつま	あふ	2916	玉盒宜常合
106	たまかづら	絶ゆることなく	324	葛藟延无绝
107	たまきはる	うち	4	神往无涯， 宇智大野
				叫人灵魂出窍的宇智旷野
				惊心动魄的宇智大平野
			897	—
		命	804	—
			3696	—
		い	4003	—
108	たまくしげ	明く	3726	顷刻天开镜箱
		二上山	3885	—
		二上山	3991	—
109	たまだすき	懸く	5	—
		畝傍	29	昔初襟带亩火山
			207	—
		かく	199	—
			1453	—
			3324	—
110	たまだれの	を	194	串珠情绪落荒垠
111	たまづさの	使	207	乃忽杖节人来告
			209	—
			3258	无人将得瑶简来
			3336	节使赍我愁
				乃有秉节使
			3811	—
			3957	—

续表

序号	枕词	被枕词	和歌序号	译文
112	たまのをの	絶ゆ	2366	如玉之绪，　久其绝兮
		惜し	4214	灵珠遽断绪
113	たまもなす	浮かぶ	50	沿波比浮藻
				有如沿波藻
				顺流如藻下长湍
114	たまもよし	讃岐	220	玉藻茸茸赞岐国
				海藻丰茂的赞岐国
115	たらちし	母	3791	慈母怀抱来
				慈母抱于怀
116	たらちねの	母	2368	慈母之掌
			2394	苟我慈母
			2517	若惮慈母意
			2527	方听慈母训
			2537	慈母亦不知
			2991	慈母养在家
			3102	慈母呼名字
			3258	悒郁蚕宫慈母饲
			3314	慈母遗物有明镜
			3688	君告慈亲秋归省
			3691	慈母与妻子
			3811	抑还慈母氏
				抑还我慈母
			3962	想我慈母心
			4214	尔乃高堂母
			4252	远别慈母芳妻出
117	たらつねの	母	2495	慈母养娇娥
118	ちちのみの	父	4164	—
119	ちはやぶる	神	3811	—
			4011	—

续表

序号	枕词	被枕词	和歌序号	译文
120	ちりひぢの	数にあらぬ	3727	壒尘泥土我
				尘埃泥土一般
121	つえたらず	八尺	3336	八尺泪长流
				八尺可盈丈
122	つかねども	都久野	3885	—
123	つがのきの	継ぐ	20	—
124	つぎねふ	山背	3314	—
125	つのさはふ	石見	135	牵萝石见滨
				藟藟石见滨
				牵藤挂蔓的石见海滨
		磐余	3324	—
126	つまごもる	屋	131	眷彼室上山
				眷彼屋上山，使我怀室人
				想念妻房房上山
127	つゆしもの	置く	131	不谓霜露结
				乃若霜露凝
				雪霜般留在家园
		消	199	霜露顷刻尽
				拚将霜露般一命霎时消
		秋	4011	秋鸟群飞霜露原
128	つるぎたち	身	194	剑铗分身忽异衾
			217	—
			2637	—
			3485	比若刀剑不离身
		己	1741	一念斯利刃
		磨ぐ	3324	志厉剑鸣铗
		研ぐ	4467	砺兮砺兮尔刀剑
				益砺尔剑，益砺尔刀

续表

序号	枕词	被枕词	和歌序号	译文
129	とほつかみ	我が大君	5	我神王
				吾神王
				神王
130	とほつひと	松	3324	—
131	ところづら	尋め行く	1807	—
132	とぶとりの	明日香	167	飞鸟经始清原宫
				应是神镇在飞鸟清宫的天皇
			194	明日香河水，逝者如飞鸟
				有如飞鸟讯，明日香河流水奔
			196	飞鸟河号明日香
				迅流如飞鸟，长河明日香
				飞鸟般迅流的明日香河
			3791	造自飞鸟陌，飞鸟缝舄郎
133	とりがなく	東	199	下令往鸡鸣东国
			1807	—
			4094	于时鸡鸣之东国
			4254	—
134	とりがねの	かしま	3336	凄鸣但海鸟
135	なくこなす	音に泣く	3627	心苦泣如婴
136	なつくさの	萎ゆ	131	憔悴夏草枯
				委顿得夏草一般
			169	憔悴秋芜意惘惘
				焦思萎夏芒
				伤心得萎疲如夏草
137	なまよみの	甲斐	319	生材宜弓，甲斐之邦
138	なよたけの	とをとる	217	柔姿微风竹
139	にはたづみ	流る	4160	涕泻落庭隍
			4214	泪下不可止
140	にほどりの	葛飾	3386	—
		なづさふ	3627	舟浸如凫沤

续表

序号	枕词	被枕词	和歌序号	译文
141	ぬえことり	泣く	5	悲鸣有飞鹈
				嗟嗟布谷，予心藏之
				嗟嗟布谷予心藏
				叹息像夜啼的小鸟
142	ぬえどりの	片恋	169	鸣鹈凄怆独悼亡
				鹈鸟悲啼血，一往独悼亡
				悲啼如夜鸟
143	ぬばたまの	夜	169	玄夜的行月光毫
				料知玄夜荒凉寝
			302	玄夜我星驰
			1101	玄天如黛玉
			3269	至于玄夜
			4166	玄夜呼晓月
			3280	玄夜如乌玉
				天云如乌玉，夜深一何渊
			3291	玄夜忽将去
		夕	199	—
		黒	525	—
			3303	乘坐乌玉鬣
			3962	—
			4160	—
			4254	—
144	のつとり	雉	3291	野雉喧唧唧
145	はしたての	倉橋	1282	梯呀梯，仓梯山里
		熊来	3878	—
			3879	熊来村上高酒家
146	はだすすき	穂	3506	荻花披素芬
147	はなぢらふ	秋津の野	36	不觉飞花秋津原
				飞花不断的秋津原上

续表

序号	枕词	被枕词	和歌序号	译文
148	はねずいろの	うつろふ	2992	棠棣色易迁
149	ははそばの	母	4160	—
150	はふつたの	別れ	131	菟茑各一方
				菟茑忽分身
				去萝茑分枝
		行きの別れ	3291	葛之延延兮忽西东
151	はるくさの	めづらし	239	渥春草之弥芬
152	ひさかたの	天	167	天河原上光赫赫
				永固无边的天河原上
			168	方如仰望永远的长天
			199	奠定下光天宫阙
			239	仰明镜于昊天兮
			240	—
			801	昊天在高
			804	翔飞在昊天
				翔飞昊天守护垂
			2395	露从长天降
			4465	磐户开昊天
153	ひなくもり	碓氷	4407	日之淡矣，如越碓冰
154	ひのもとの	大和	264	日本
				日本大和国
155	ふかみるの	深む	131	我情深海松，燕尔两相亲
				我情海松深，燕尔与相亲
				海松般的我深爱在心苗
156	ふすまぢを	引手山	212	衾道引手山
157	ふせやたき	すすし	1797	—

续表

序号	枕词	被枕词	和歌序号	译文
158	ふゆごもり	春	16	藏冬初寐醒，春来向欣荣
				藏冬序既更，春来百欣荣
				冬天过了春天来
			169	有如冬尽春来
			956	迨冬藏兮春发
				盼君冬尽春来
			1336	冬尽烧春野
			3221	冬去春来
159	ふぢなみの	もとほる	3234	繁比藤花波
160	ほたるなす	ほのか	3328	声似萤火幽
				恍惚萤火微
161	まきさく	檜	50	斧斤伐其桧
				砍伐来方桧杉杆
162	まくさかる	荒野	47	陁靡荒垌采茅薄
				虽则来在茂草荒野
163	まくらづく	妻屋	210	这闺房，这枕头
			4154	欣与共中寝
164	まそかがみ	見る	239	仰明镜于昊天兮
			2366	如镜之明
			3250	—
			3291	—
			4214	明镜方清扬
165	まつがねの	待つ	3258	松株久待不见至
166	まつかへの	栄え	4169	惟愿松柏之长青
167	まよびきの	横山	3531	横眉山居鹿
168	みこころを	吉野	36	圣心尤在曲流浒
				独得吾王欣赏
169	みけむかふ	城上	169	—
170	みづとりの	立つ	4337	如鸟出飞

续表

序号	枕词	被枕词	和歌序号	译文
171	みなそそく	滝	36	石濑珠溅河上宫
				白玉水珠，飞溅到泷上宫
172	みなのわた	か黒し	804	螺黛黑发
			3791	发比青螺黑
173	みゆきふる	越	4011	越国自古称穷绝，天末皇廷常霏雪
174	むまのつめ	築紫	4372	马驻筑紫栈
175	むらきもの	心	5	脏腑里独自伤心
176	むらとりの	朝立ち去ぬ	3291	晨鸟出飞兮去匆匆
177	もちづきの	いやめづらし	169	欢同圆月辇游双
				不厌对明装
				恩爱有如月满盈
178	もののふの	八十	50	—
			264	荷戈八十氏
				数不清的臣工八十氏
179	もみちばの	過ぐ	45	红叶未衰遽陨落
				看这里的金黄落叶
			207	辞条黄叶遽飘零
				黄叶辞条遽改更
				妹如黄叶已身故
			3328	言君黄叶落
				谓君黄叶飞
180	ももきね	美濃	3242	—
181	ももしきの	大宮	29	—
			257	—
			323	高广的大宫里人
			3234	百亩游苑廊
182	ももしのの	三野	3327	百筿蘧蒢，三野王
183	ももたらず	い	50	—
			3223	—
		八十	3811	八十将百巷

续表

序号	枕词	被枕词	和歌序号	译文
184	ももづたふ	磐余	416	历驿程程数半百，磐余池畔听鸭鸣
185	やすみしし	わが大君	3	於穆吾王兮弘御八极
				於赫吾王，弘治八荒
				平治八方的我大王
				统治八方的吾王
			36	八服罔非吾王土
				吾王统治八方
			38	吾王神若振八邑
			45	神君日储光八隅
				统治八方的吾大王
			50	吾王嗣天日，御宇恢八纮
				吾皇统治周八边
			159	忆我君王镇八夷
				吾王治八方
			169	於为我先王，八纮大一统
				弘治八方的我大王
				我君相天下
				正待我神镇八方的大王
			239	君八极兮吾王
			917	於穆我君王
			956	吾王治八荒
			4254	弘恢八宇吾皇喜
		わご大君	52	吾王天之子，临照穷八荒
				统治八方的我大君
			926	於赫吾王出
			3234	弘治被八荒
186	やへだたみ	平群	3885	叠叠平群山八重
187	やますげの	背向ひ	3577	山上草离离
188	やまたづの	迎へ	956	—
189	やみのよの	行く先知らず	4436	黑夜行路，莫知所之

续表

序号	枕词	被枕词	和歌序号	译文
190	ゆくかげの	月	3250	—
191	ゆくとりの	争ふ	169	隼斗方竞雄
				隼斗欲竞雄
				悍乱却争来如鸷鸟
		群がる	3259	鹓列听使敕
192	ゆくみづの	過ぐ	1797	逝水不复返
193	ゆふつづの	か行きかく行き	169	惝怳披霄星
				黑夜的星星里忽东忽西
		夕	385	入暮星繁灼有光
				到晚明星耀
194	ゆふはなの	栄ゆ	169	岂意椿方华
				乃当木棉花盛之初
195	わかくさの	夫	153	—
		妻	217	红颜折中道
			1285	也没个娇妻
			3336	—
			4254	远别慈母芳妻出
		思ひつく	3234	心窃慕芳草
196	わかこもを	猟路	239	蒋新萌兮芒芒，猎鹿野兮苍苍
197	わぎもこに	淡路	3627	所逢淡路岛，不是逢吾妇
198	わたのそこ	沖	1290	维藻有花，隐在海底
				海底藏珠玉

参考文献

[1]邱巍．吴兴钱家：近代学术文化家族的断裂与传承[M]．杭州：浙江大学出版社，2009.

[2]李文俊．也谈文学翻译批评[M]//杨子俭，刘学云．翻译新论(1983－1992)．武汉：湖北教育出版社，2003：626－627.

[3]杨晓荣．翻译批评导论[M]．北京：中国对外翻译出版公司，2005：57.

[4]支谦．法句经序[M]//罗新璋．翻译论集．北京：商务印书馆，1984：22.

[5]鸠摩罗什．为僧睿论西方辞体[M]//罗新璋．翻译论集．北京：商务印书馆，1984：32.

[6]马建忠．拟设翻译书院议[M]//罗新璋．翻译论集．北京：商务印书馆，1984：126.

[7]邹双双．「文化漢奸」と呼ばれた男［M］．日本： 東方書店， 2014.

[8]李芒．和歌汉译问题小议[J]．日语学习与研究，1979(1)：37－40.

[9]文洁若．我所知道的钱稻孙[J]．读书，1991(1)：55－62.

[10]文洁若．《源氏物语》与钱稻孙[J]．作家，2006(8)：2－3.

[11]伊广谦．问天涯何处觅“钱稻孙节”[J]．江西中医药，2004(10)：60.

[12]钱稻孙译．万叶集精选(增订本)[M]．上海：上海书店出版社，2012.

[13]刘宜庆．钱稻孙：文化汉奸载浮载沉[J]．名人传记(上半月)，2014(5)：66－71.

[14]钱稻孙译．汉译万叶集选[M]．日本：日本学術振興会， 1959.

[15]伊藤博．銭稲孫譯「漢訳万葉集選」［J］．万葉， 1960（36）： 52－55.

[16]松冈香．「万葉集」の中国語訳について(その1)： 銭稲孫を考える［J］．北陸学院短期大学紀要， 1989(21)： 1－11.

[17]松冈香．「万葉集」の中国語訳について(そのⅡ)： 銭稲孫を考える［J］．北陸学院短期大学紀要， 1990(22)： 25－35.

[18]王文欢．钱稻孙对日本文化的译介述评[D]．北京：北京师范大学，2006.

[19]甄文康．銭稲孫の同化翻訳思想論——「漢訳万葉集選」を中心に

[D]．成都：四川大学，2007.
[20]吴卫峰．和歌の翻訳と異文化体験の問題——銭稲孫著《漢訳万葉集選》を中心に[J]．東北公益文科大学総合研究論集，2007(12)：59-72.
[21]吴卫峰．白話か文言か：日本古典詩歌の中国語訳について（その三）——銭稲孫と《万葉集》の翻訳[J]．東北公益文科大学総合研究論集，2010(19)：1-14.
[22]金伟，吴彦．中国語訳《万葉集》について[J]．富山大学芸術文化学部紀要，2012(6)：137.
[23]田中幹子，梁桦倩．銭稲孫訳《万葉集》の特徴について(1)[J]．比較文化論叢：札幌大学文化学部紀要，2015(31)：127.
[24]田寨耕．翻译优美，韵味各异——从耐达的"功能对等"理论看钱稻孙译的《万叶集精选》[J]．成都大学学报(社科版)，2014(5)：59-72.
[25]金中．日本诗歌翻译论[M]．北京：北京大学出版社，2014：57.
[26]李安特．《万葉集》における東歌の中国語訳文の比較研究[D]．长春：吉林大学，2016.
[27]钱稻孙．日本古歌诠译二则[J]．馆刊，1937(1)：1-7.
[28]钱稻孙．万叶集选译[J]．中和月刊，1941(2)：6-13.
[29]于静．林辰藏沦陷区期刊——《中和》月刊[J]．鲁迅研究月刊，2007(5)：71.
[30]契冲著．武田裕吉校注．万葉代匠記[M]．日本：冨山房百科文庫，1938.
[31]钱稻孙译．日本诗歌选[M]．日本：东京文求堂书店，1941.
[32]钱稻孙．讲译日本新选「爱国百人一首」(一)[J]．中国留日同学会季刊，1942(2)：95-115.
[33]钱稻孙．樱花国歌话序[J]．同声月刊，1943(4)：91.
[34]钱稻孙．樱花国歌话[M]．北京：中国留日同学会，1943.
[35]钱稻孙．万叶一叶[J]．日本研究，1943(4)：96-98.
[36]钱稻孙．万叶一叶[J]．日本研究，1944(3)：97-99.
[37]钱稻孙．万叶一叶[J]．日本研究，1944(5)：107-111.
[38]钱稻孙．万叶集选译[J]．译文，1957(50)：58-69.
[39]孙致礼．文化与翻译[M]//张柏然，许钧．面向21世纪的译学研究．北京：商务印书馆，2002：519.
[40]钱稻孙．日本古歌诠译(二)[J]．馆刊，1937(2)：67-85.
[41]钱稻孙．日本古歌诠译(三)[J]．馆刊，1938(3)：1-4.

[42]钱稻孙. 万叶集抄译[J]. 馆刊，1938(5)：17-21.
[43]钱稻孙. 日本古歌诠译(四)[J]. 馆刊，1939(6)：57-60.
[44]钱稻孙. 对译[J]. 书渗，1939(4)：2-3.
[45]钱稻孙. 对译[J]. 书渗，1939(8)：4-5.
[46]钱稻孙. 对译[J]. 书渗，1940(3)：2.
[47]钱稻孙. 对译[J]. 书渗，1940(4)：2-3.
[48]钱稻孙. 对译[J]. 书渗，1940(5)：2-3.
[49]钱稻孙. 贺陆奥国出金诏书歌一首并短歌[J]. 书渗，1940(7)：2-3.
[50]钱稻孙. 对译[J]. 书渗，1940(12)：4-5.
[51]钱稻孙. 对译万叶[J]. 书渗，1941(1)：2-3.
[52]钱稻孙. 丹比真人笠麻吕下筑紫时作歌一首并短歌[J]. 书渗，1941(2)：2-3.
[53]钱稻孙. 对译[J]. 书渗，1941(3)：2-3.
[54]钱稻孙. 对译万叶集[J]. 书渗，1942(7)：3.
[55]钱稻孙. 万叶集选译(二)[J]. 中和月刊，1941(3)：45-50.
[56]钱稻孙. 万叶集选译(三)[J]. 中和月刊，1941(4)：58-63.
[57]钱稻孙. 万叶歌译汉[J]. 中和月刊，1942(2)：9-10.
[58]钱稻孙. 万叶集选译[J]. 中和月刊，1942(7)：7-9.
[59]钱稻孙. 安贵王歌一首并短歌[J]. 中国留日同学会季刊，1943(3)：90.
[60]钱稻孙. 水江浦岛子歌[J]. 北大文学，1943(1)：107.
[61]钱稻孙. 万叶一叶[J]. 日本研究，1944(1)：95-98.
[62]钱稻孙. 万叶一叶[J]. 日本研究，1944(2)：102-105.
[63]钱稻孙. 万叶一叶[J]. 日本研究，1944(4)：100-101.
[64]钱稻孙. 万叶一叶[J]. 中国文学，1944(4)：8-11.
[65]钱稻孙. 谈谈万叶集[J]. 中华周报，1945(2)：10.
[66]鸿巢盛广. 萬葉集全釋（全六册）[M]. 日本：廣文堂書店，1931-1935.
[67]福井久藏. 枕詞の研究と釈義[M]. 日本：不二書房，1933.
[68]钱稻孙译. 万叶集精选[M]. 北京：中国友谊出版公司，1992.
[69]许慎著，段玉裁注. 说文解字注[M]. 郑州：中州古籍出版社，2006.
[70]中国社会科学院语言研究所词典编辑室编. 现代汉语词典. 第7版[M]. 北京：商务印书馆，2016.
[71]高木市之助，五味智英，大野晋校注. 日本古典文学大系. 萬葉集（全四册）[M]. 日本：岩波書店，1957-1962.
[72]佐佐木信纲，新村出. 万葉図録（文献篇·地理篇）[M]. 日本：靖文社，1940.

[73]佐佐木信纲，新村出．万葉図録（文献篇· 地理篇）解说［M］．日本：靖文社，1940.

[74]佐佐木信纲编．新訓万葉集（上、下卷）［M］．日本：岩波書店，1927.

[75]佐佐木信纲编．白文万葉集（上、下卷）［M］．日本：岩波書店，1930.

[76]郭沫若．理想的翻译之我见[M]//罗新璋，陈应年．翻译论集(修订本)．北京：商务印书馆，2009：402.

[77]孙久富．关于日本和歌汉译的形式问题[J]．中国翻译，1984(7)：19-23.

[78]刘德润．俳句和歌汉译之我见[J]．教学研究，1986(3)：54-60+17.

[79]潘小多．和歌汉译中形式的选择与信息的增减——以《百人一首》为例[J]．日语学习与研究，2009(4)：57-64.

[80]罗兴典．“和歌”不等于“汉诗”——和歌汉译形式美再探[J]．日语学习与研究，1990(5)：34.

[81]关永昌．短歌汉译形式浅探[J]．日本研究，1995(2)：57-61.

[82]尾崎畅殃．大伴家持の作品[M]//久松潜一．万葉集講座．第六卷．日本：有精堂，1972：257.

[83]清水克彦．長歌［M］//久松潜一．万葉集講座．第四卷．日本：有精堂，1973：177-180.

[84]山岸德平校注．日本古典文学大系14．源氏物語［M］．日本：岩波書店，1958.

[85]钱稻孙．源氏物语(选译)[J]．译文，1957(50)：70-80.

[86]丰华瞻．诗歌翻译的几个问题[M]//罗新璋，陈应年．翻译论集(修订本)，北京：商务印书馆，2009：886.

[87]王树藩．《日本古典诗歌汉译问题》读后的问题[J]．日语学习与研究，1983(3)：27-31.

[88]契冲著．武田裕吉校注．万葉代匠記（三）［M］．日本：冨山房百科文庫，1938：254.

[89]高野正美．旋頭歌·仏足跡歌［M］//久松潜一．万葉集講座．第四卷．有精堂，1973：216.

[90]周振甫．诗经译注(修订本)[M]．北京：中华书局，2010.

[91]屈原．楚辞[M]．汤漳平译注．郑州：中州古籍出版社，2005.

[92]土桥宽．万葉集の序詞［M］//久松潜一．万葉集講座．第三卷．有精堂，1973：291-310.

[93]范晔. 后汉书[M]. 北京：中华书局，2007：522.
[94]林海鹰.《太平御览》引《释名·释天》考(下)[J]. 汉字文化，2004(4)：18.
[95]中西进，王晓平. 智水仁山[M]. 北京：中华书局，1995：56.
[96]许渊冲. 文学与翻译[M]. 北京：北京大学出版社，2016：139.
[97]本居宣长. 玉勝間 [M]. 日本：岩波書店 [M]. 1934：217－218.
[98]贺茂真渊. 冠辞考(上、下卷)[M]. 日本：交盛館，1894：5.
[99]鹿持雅澄. 万葉集古義. 枕詞解 [M]. 日本：国書刊行会，1898：2－3.
[100]土桥宽. 古代歌謡論 [M]. 日本：三一書房，1960.
[101]折口信夫. 日本文学の発生·序説 [M]. 日本：河出書房，1951：28.
[102]吉本隆明. 初期歌謡論 [M]. 日本：河出書房新社，1977：146－241.
[103]西乡信纲. 枕詞の詩学 [J]. 文学，1985(2)：13.
[104]贺明真. 试论日本和歌的等值翻译[J]. 外语教学，1981(4)：53－63.
[105]丘仕俊. 日本和歌的格律与技巧[J]. 外国语(上海外国语学院学报)，1985(3)：60－61.
[106]李濯凡. 枕词的汉译[J]. 日语学习与研究，2007(4)：85.
[107]傅仲涛. 柿本人麻吕之反歌二首[J]. 馆刊，1937(1)：53－59.
[108]周作人译. 古事记[M]. 上海：上海人民出版社，2015.
[109]谢六逸. 日本文学史[M]. 上海：上海书店，1991.
[110]吴卫峰. 白話か文言か：日本古典詩歌の中国語訳について (その一) ——谢六逸とその《日本文学史》[J]. 東北公益文科大学総合研究論集，2010(16)：11.
[111]杨烈译. 万叶集[M]. 长沙：湖南人民出版社，1984.
[112]李芒译. 万叶集选[M]. 北京：人民文学出版社，1998.
[113]契冲. 武田裕吉校注. 万葉代匠記(二) [M]. 日本：冨山房百科文庫，1939：17.
[114]卞建华. 传承与超越：功能主义翻译目的论研究[M]. 北京：中国社会科学出版社，2008：97.
[115]克里斯汀娜·诺德. 目的、忠诚及翻译中的惯例[M]//谢天振. 当代国外翻译理论. 天津：南开大学出版社，2008：145.
[116]赵乐甡译. 万叶集 [M]. 南京：译林出版社，2009.
[117]鲁迅. 关于翻译(下)[M]//罗新璋，陈应年. 翻译论集(修订本). 北京：商务印书馆，2009：367.

[118]王东风．跨学科的翻译研究[M]．上海：复旦大学出版社，2014：4．
[119]山室三良．一封信[J]．北平近代科学图书馆馆刊，1937(1)：76．
[120]林璋．解读严复“信达雅”[J]．中国科技翻译，2000(4)：4．
[121]王晓平．日本诗经学史[M]．北京：学苑出版社，2009：215．
[122]周文革．中国传统译论中的“中庸”之道[J]．湖南科技大学学报(社会科学版)，2011(5)：158－159．
[123]钱稻孙．在学园门口的临别赠言[J]．中和月刊，1942(8)：11－17．
[124]韦庆媛．图书馆的另类馆长钱稻孙[J]．读书，2010(8)：98．
[125]顾良．周作人和钱稻孙——我所知道的两个认识日本的人[J]．宇宙风，1936(27)：195－197．
[126]张文成著．李时人，詹绪左校注．游仙窟校注[M]．北京：中华书局，2010：4．
[127]杨联陞．哈佛遗墨．杨联陞诗文简[M]．北京：商务印书馆，2004．
[128]严复译．天演论[M]．上海：世界图书出版公司，2013：13．
[129]陈珂瑶．《鲁迅日记》中的钱稻孙[J]．现代中文学刊，2013(4)：104．
[130]吉川幸次郎著，钱婉约译．我的留学记[M]．北京：中华书局，2008：107－108．
[131]茅盾．茅盾散文第一集[M]．北京：中国广播电视出版社，1995：427．

后　记

本书是在我的博士学位论文基础上修改而成的。在具有浓厚学术气氛的西安交通大学攻读学位的四年半，对我来说是一场心智成长的旅程，使我能够始终保持乐观向上的心态。在将压力逐渐转化为动力的过程中，我能以一颗沉静平和的心去探求真知。无论四季如何轮转交替，一壶清茶、一部经典都会使我乐在其中，学习、钻研已然成为每日不可缺少的生活习惯。从博士论文的撰写到本书得以顺利出版的过程中，我得到了学界众多师长和亲朋好友的支持与帮助。

我的导师，西安交通大学外国语学院的金中教授长期以来对我的悉心指导和不断鼓励使我感动颇深。记得刚入校时，金老师教导我做学问不能操之过急，先耐心学习再研究写作，他从学习方法和研究方法上都给我了耐心地指导，鼓励我多参与学术研讨会，多方面听取他人的意见。老师说，博士阶段只是一个开始，要走好以后的研究道路必须认真对待学习研究的全过程，以成为该研究领域的专家为终极目标。因此，在整个博士研究期间，老师始终严格要求我，我感谢老师的耐心和关怀，也感恩老师的鼓励与付出。从老师身上我看到了一位真正的学者所有的严谨态度和刻苦钻研的精神，这些都成为我终身受用的宝贵财富。

西安交通大学的博士生导师霍士富教授精彩的文学翻译批评课，给予我极大的启发。在日语博士研究生定期学习交流会上，我宣读的论文多次受到霍老师的当面指导，使我的研究思路得以拓展，从而能够更全面、更客观地看待问题。

我还要感谢西安外国语大学的毋育新教授、张忠锋教授、杨晓钟教授和西北大学的高兵兵教授。在我撰写论文过程中，老师们在研究范围、研究方法等方面提出许多指导性建议，在学术上给予我极大的鼓励和帮助。同时我还要感谢西安交通大学的李建群教授、张再林教授、桑仲刚教授、张长安教授，西安外国语大学的聂军教授以及所有评审专家的费心审读和宝贵意见。所有和我共同努力的同窗好友们，以及西安交通大学外国语学院、西安外国语大学的老师们为我顺利完成学业提供了很多支持和帮助，在此也向他们由衷地表示敬意。

博士毕业之后，我又回到了曾经任教的西安外国语大学。重执教鞭的我，在西安外国语大学日本文化经济学院领导和同事们的帮助下，开始了新的教学和科研工作。本书的出版也离不开他们的不断鼓励和大力支持。

得知论文修改后即将出版的消息，金中教授为拙著拨冗作序，大大提高了本书的学术含量。西安交通大学出版社的编辑及其他工作人员为本书的出版给予了大力支持；我所在的单位西安外国语大学日本文化经济学院对本书的出版提供了全面资助，在此一并致以诚挚的谢意！

在本书写作过程，我阅读了大量国内外相关文献，借鉴了众多学者的研究成果。诸位导师和评审专家也为本书的修改提出了宝贵的意见。然而由于史料的有限性以及自身视野的局限性，本书的诸多地方还有待进一步修正和完善。本书的完成是上一场历练的结束，也是下一场历练的开始，未来的研究道路还需要更多的努力和积累。

孙伏辰

2018 年 12 月

西安交通大学（初稿）

2020 年 11 月

西安外国语大学（修订稿）